精益生产与管理

主编　林　源　宫丽男　谭丽娜

精益生产与管理课件

北京交通大学出版社
·北京·

内 容 简 介

本书从精益生产方式的理论体系、支撑技术和实施过程三个维度编写，以介绍精益生产体系为主线，重点介绍精益生产基础知识。全书由精益变革、现场管理及改善、TPM 管理、品质管理、均衡化生产、连续流生产六大模块组成。教材内容具有理论联系实际、注重实践教学、实用性强等鲜明特点。在专业知识讲解过程中注重融入职业文化、工匠精神、岗位职责等职业能力元素。

本书适用于应用型本科、职业本科、高职高专等相关专业师生，也可用于企业基层员工培训学习。

图书在版编目（CIP）数据

精益生产与管理 / 林源，宫丽男，谭丽娜主编. --北京 ： 北京交通大学出版社，2025. 3.
ISBN 978-7-5121-5477-3（2025.7 重印）

Ⅰ. F273

中国国家版本馆 CIP 数据核字第 2025H2X934 号

精益生产与管理
JINGYI SHENGCHAN YU GUANLI

策划编辑：张　亮　　责任编辑：陈跃琴
出版发行：北京交通大学出版社　　电话：010-51686414　　http://www.bjtup.com.cn
地　　址：北京市海淀区高梁桥斜街 44 号　　邮编：100044
印 刷 者：北京鑫海金澳胶印有限公司
经　　销：全国新华书店
开　　本：185 mm×260 mm　　印张：15.5　　字数：384 千字
版 印 次：2025 年 3 月第 1 版　　2025 年 7 月第 2 次印刷
定　　价：45.00 元

本书如有质量问题，请向北京交通大学出版社质监组反映。对您的意见和批评，我们表示欢迎和感谢。
投诉电话：010-51686043，51686008；传真：010-62225406；E-mail：press@bjtu.edu.cn。

前言

党的二十大报告指出，建设现代化产业体系，坚持把发展经济的着力点放在实体经济上，推进新型工业化，加快建设制造强国、质量强国、航天强国、交通强国、网络强国、数字中国。实施产业基础再造工程和重大技术装备攻关工程，支持专精特新企业发展，推动制造业高端化、智能化、绿色化发展。

制造业是我国国民经济的主体，是立国之本、兴国之器、强国之基。自改革开放以来，我国制造业持续高速发展，建成了门类较齐全的产业体系，有力地推动了工业化和现代化进程，显著增强了综合国力。

目前，我国正在迅速成为世界重要的制造业中心之一。但是，世界经济陷入低迷期，经济全球化遭遇逆流，全球能源供需版图深刻变革，随之中国制造业在当今快速多变、竞争日趋激烈的市场环境中，还面临着比以往更多的来自低成本、短周期和高品质等方面的压力，严重制约着中国制造型企业的稳健发展。为了解决当前的困境，很多企业开始纷纷学习并导入精益生产。实施精益生产已经成为制造类企业提高核心竞争力的有效途径。

被称为工业界的第二次革命和21世纪的标准生产方式——精益生产，在21世纪成为企业普遍的管理方式。它既是一种以最大限度减少企业生产所占用的资源和降低企业管理与运营成本为主要目标的生产方式和业绩改进策略，同时它又是一种改善的理念和文化。

为培养出更多的精益生产与管理职业人才，来满足企业对更多精益生产与管理人才的需求，急需编写一本系统介绍精益生产原理与应用的教材。作者根据现行企业对现场人员精益生产与管理知识和技能的需求编写了本书。

本书由精益生产方式的理论体系、支撑技术和实施过程三部分组成，以介绍精益生产体系为主线，并主要结合企业应用案例，详尽介绍了各种精益生产的组成技术及其原理。全书共分六大模块，分别为精益变革、现场管理及改善、TPM管理、品质管理、均衡化生产、连续流生产。

本书由长春职业技术学院林源、宫丽男、谭丽娜主编，具体编写工作分工如下：长春职业技术学院宫丽男负责模块1和模块2的编写，林源负责模块3和模块4的编写，谭丽娜负责模块 5 和模块 6 的编写，林源负责全书统稿。在编写过程中，参考和引用了国内外专家的一些成果和文献资料，在此谨向有关作者致以诚挚的谢意。

限于编者的水平和经验，书中欠妥和疏漏之处在所难免，恳请读者不吝赐教。

编　者

2024 年 12 月

目 录

模块 1

精益变革

企业理念是所有其他原则的基石。管理决策应以长期理念为基础，使整个企业的运作与发展能配合着朝向这个比赚钱更重要的共同目的。这就需要企业一方面为顾客、社会、经济创造价值，另一方面为自己的行为、保持与提高创造价值的技能等负责。

广义精益生产方式在 20 世纪西方工业企业再造奇迹，在汽车、航空、电子等高技术行业被作为新一代工业革命来推广。精益思想也跨出了它的诞生地——制造业，其管理哲学开始在各个行业传播和应用。精益模式冲击和再造着近百年来人们习以为常的大规模成批处理和层级管理的观念，正在改变着人们的工作方式，它不仅降低了资源的消耗，而且提高了人们生产的效率和产品质量，已经成为新一轮企业管理革命的指导思想。

模块概述

为了更好地了解、学习精益生产与管理的知识和内容，我们首先要了解精益生产产生的背景、条件及发展过程；掌握精益生产理念、体系及精益生产原则；尤其是要掌握浪费的识别与改善，为接下来的学习打下坚实基础。

教学目标

知识目标	能力目标	素质目标
（1）了解精益生产产生的背景、条件及发展过程； （2）掌握精益生产理念及体系； （3）掌握精益生产原则； （4）掌握生产过程中七大浪费的识别与改善	（1）说明精益生产产生的背景、条件及发展过程； （2）熟知精益生产理念及体系、精益生产原则； （3）能够识别并改善生产过程中发现的七大浪费现象	（1）培养精益求精的精神； （2）培养团队合作精神； （3）具备良好的安全意识、风险意识

学习导航

单元 1.1　精益生产产生的背景、条件及发展过程；

单元 1.2　精益生产理念及体系；

单元 1.3　精益生产原则；

单元 1.4　生产过程中的七大浪费的识别与改善。

单元 1.1　精益生产产生的背景、条件及发展过程

精益生产产生的背景

问题引导

引导问题 1：简述工业制造生产方式的三个阶段。

____

____

引导问题 2：简述丰田生产方式的产生和发展过程。

____

____

引导问题 3：简述精益生产方式的起源和发展过程。

____

____

相关知识

1.1.1　单件小批（手工作业）生产方式

工业制造生产方式的发展主要经历了三个阶段，它们是单件小批生产方式、大批量生产方式和精益生产方式。三者内容各不相同，单件小批生产方式向大批量生产方式转变被称为工业界的第一次革命，大批量生产方式向精益生产方式转变被称为工业界的第二次革命。

在 17 世纪初期开始出现手工生产，以手工单件生产为主，例如英国议员伊夫 •亨利 •埃利斯在 1894 年委托法国巴黎庞阿尔-勒瓦瑟机床公司制造一辆汽车，现在这辆汽车已被收藏在伦敦科学博物馆。到了 18 世纪，蒸汽机的问世，手工业开始普及。但是手工作业规模很小，生产效率也非常低，一个公司通常只有几十个人，很多工人本身就是业主，没有明确的分工，组织结构极为分散。这一时期，通常采用非常简单的通用机床设备、工具对金属和木材进行加工，但员工凭借着自身的精湛技艺，生产出的产品更像艺术品，这正好迎合了客户进行专门设计和生产的需求。但是，一个产品从开发到生产所用的时间过长，同时因手艺不同、标准不统一容易造成质量问题，次品率高，这导致产品成本高，所以价格也高。单件小批生产制造的产品大多为生产资料，如大型船舶、电站锅炉、化工炼油设备、汽车厂的流水线生产设备等。此时的企业组织结构仍较分散，管理层次仍较简单，通常由业主或代办直接与顾客、雇员和协作商联系。

在工业化初期，单件小批生产方式非常盛行，主要有以下特点：

① 单件小批生产企业往往直接来自客户需求，对市场有着敏锐的洞察能力。

② 充分尊重客户需求，具有灵活应变的能力，能最大限度地满足客户对某些产品特定的要求。

③ 大部分企业是小作坊生产，管理简单。

④ 产品制造周期长，订货期长，生产呈周期性重复。

⑤ 通用化设备，人工操作更多，生产效率低，产品质量不易保证。

⑥ 产量极低，劳动生产率低下，生产成本高，越来越不适应工业发展的要求。

1.1.2 大批量生产方式

20 世纪初期，制造业生产方式以手工单件生产为主。由于生产率低、生产周期长，导致产品价格居高不下。人们对产品有需求却无力购买，最后致使许多作坊和工厂面临倒闭的危机。第二次工业革命以后，随着机器的全面普及使用，机器渐渐代替人力成为生产制造的主要方式，从而大大促进了生产力的发展，提高了生产率。大批量生产方式就在这种背景下应运而生。

大批量生产又被称作重复生产，是生产大批量标准化产品的生产类型。大批量生产方式从形成到发展主要经历了萌芽期、形成与发展期和全盛期三个阶段。

1. 萌芽期

19 世纪中叶，美国福特汽车公司亨利 • 福特规定每个零件都采用统一的计量标准，零件获得完全的互换性，使福特公司取得了巨大的生产效率，如福特公司一名装配工的平均工作周期由 514 min 下降到 2.8 min。美国制造业已具有劳动分工、零件的互换性和专用机器等特点，已具备了大量生产方式的雏形。但进入 20 世纪后，美国模式的这些特征已经不足以支持许多大企业的成长。

2. 形成与发展期

1903 年，美国福特汽车公司成立，亨利 • 福特在试造了几个车型后，终于推出了改变世界的 T 型车。1913 年，福特意识到要降低成本、提高质量，必须采用流水作业进行大量生产，为此建立了世界上第一条汽车装配流水线。流水线生产大大提高了生产效率，使工人的工作周期从 2.8 min 缩短为 1.9 min。大批量生产流水线成为现代工业生产的主要特征，它以大批量生产、标准化作业来提高生产效率、降低生产成本，促进了大批量生产方式的发展，有助于创建以规模经济为基础的商业市场。流水线不仅仅为汽车制造业带来了变革，更为全球整个工业界带来了伟大的变革。为此，大量生产方式的概念广为传播。

3. 全盛期

第二次世界大战后，为了满足日益多样化的市场需求，斯隆总裁把通用汽车公司的产品按照售价，从低到高分为五个车型系列，并据此成立相对独立的以利润为中心的事业部，斯隆的创造性思想将规模经济与范围经济很好地融合起来，解决了为降低制造成本要求产品标准化和用户要求车型多样化之间的矛盾。目前，大批量生产方式已成为全球工业界的主导生产方式。

大批量生产成为主导生产方式后，对美国 20 世纪经济力量的迅猛发展起了巨大的推动作用。除了大型企业内部的原型样机制造车间还保留了手工作业方式外，大批量生产实际上已成为美国大型制造商采用的唯一生产方式。

从美国福特汽车公司创立第一条汽车生产流水线以来，大批量的生产流水线一直是现代工业生产的主要特征。这种大批量单一品种生产方式具有以下基本特征：

① 生产的产品产量大而品种少，重复生产一种或少数几种产品，工艺过程和生产条件稳定。

② 工作地长期固定要完成同种产品的第一、第二道工序，专业化程度较高。

③ 产品设计通用化、系列化、标准化程度高，零件互换性好，刚性生产线大大提高了生产效率，质量稳定易于保证，降低了生产成本，提高了生产效率。

④ 多采用专用、高效设备和工艺装备，生产过程机械化、自动化程度及设备利用率较高，生产效率高。

⑤ 多采用流水生产、自动生产线等生产组织形式，生产计划细致周密，生产过程易于控制，生产周期较短，成本低。

⑥ 毛坯制作广泛采用金属模机器造型、压铸、精铸、模锻、精锻等方法，毛坯精度高，加工余量小，材料利用率高。

⑦ 在劳动组织上最大限度地利用分工原则，工人作业分工细，用熟练的工人替代技艺高超的工匠，对工人的技术水平要求不高，主要从事简单和重复性的操作，并且不需要培训来实行岗位替换。

⑧ 在组织结构上，工厂成立了各职能部门，出现了专业的设计人员和专门的管理人员。

大批量生产方式的特点是以单一品种的大规模生产来降低产品成本。大批量生产方式是围绕功能专业化和劳动详细分工而设计的庞大生产组织，把固定费用分散到工厂、设备以及生产线组成上，产品的巨大产量形成了规模经济，这种高效能降低了单件成本。

大批量生产方式的优势是能实现规模经济和降低产品成本，但它只适用于单品种、稳定的市场需求，而一旦市场的需求出现多样化、特殊化和不稳定，由于生产规模庞大、大量采用专用设备、专业化分工等原因，企业很难快速调整，难以适应市场变化的需要。因此，大量生产方式对于多品种、小批量生产就很难发挥它的优势。

1.1.3 丰田生产方式

20 世纪 50 年代，第二次世界大战刚刚结束，日本经济萧条，缺少资金，生产效率低，日本制造业当时的生产效率只有美国制造业的 1/9～1/8。日本要发展汽车产业，但是又不可能全面引进美国成套设备来生产汽车，因此也就无法照搬美国的大量生产方式。那么日本怎样建立自己的汽车工业呢？丰田人发现，日本的社会文化背景与美国是大不相同的。日本的家族观念、服从纪律和团队精神是美国人所不具备的，日本没有美国那么多的外籍工人，也没有美国生活方式所形成的自由散漫和个人主义的泛滥。丰田人总结了本国的这些优势后，开始了制造汽车的探索和实践。丰田公司逐步形成了新的生产方式，初期被称为大野式管理，在 1962 年才被正式命名为丰田生产方式（Toyota production system，TPS），但丰田生产方式真正引起制造业的关注是在 1973 年的石油危机以后，1974 年丰田汽车公司向外正式公布了丰田生产方式。自此，经过了几十年的努力完善和不断改进，终于形成了如今世界著名的丰田生产方式。

丰田生产方式的发展，主要得益于丰田佐吉、丰田喜一郎和大野耐一等三个主要人物。

丰田佐吉是丰田公司的奠基者。19 世纪，丰田公司生产织布机。1902 年，丰田佐吉发明了自动纺织机，他的发明打开了自动纺织业的大门，使一名工人同时看管多台机器，并可使设备在发生故障时自动报警停机，这就是 TPS 自动化的前身。

丰田喜一郎是丰田佐吉的长子。20 世纪 30 年代，丰田开始建立汽车制造厂。丰田喜一郎赴美学习亨利·福特的生产制造系统，他把福特的传送带技术在日本的小规模汽车生产中加以改造应用，提出了在生产线的各个工序中，只在下道工序需要时上道工序才进行生产的观点，这就奠定了准时化生产的基础。

在丰田英二（丰田喜一郎的侄子）领导时期，大野耐一概括出了丰田生产方式的完整体系。20 世纪 50 年代，美国的超级市场给了他很大的启迪，并由此发明了拉动式生产系统，同时开发了一系列工具来实现他的生产模式，最著名的工具就是看板。

与大批量生产方式相比，丰田生产方式主要有以下特点：

① *准时生产* 只在需要的时候、按必需的量生产所需的产品。这种理念能够大幅度减少闲置时间、作业切换时间、库存、劣质品、不合格的供应商、产品开发设计周期。

② *看板管理* 利用看板传递物料搬运指令信息和生产指令信息。利用这种方法，可使成本提高的零部件库存减少，甚至接近于零，从而实现了较高的生产率。

③ *员工参与* 部分权力下放，员工参与管理，充分调动员工的积极性，从而降低产品返修率，形成和谐的企业文化。

1.1.4 精益生产方式

20 世纪 70 年代石油危机以后，丰田生产方式在日本汽车工业企业中得到迅速普及，并显示出了巨大的优越性。此时，整个日本的汽车工业生产水平已迈上了一个新台阶，并在 1980 年以 1 100 万辆的年产量全面超过美国，成为世界汽车制造第一大国。

不仅是在汽车行业，在家用电器、数控机床等行业的市场竞争中遭受了惨重失败的美国，终于意识到致使市场竞争失败的关键，那就是美国制造业的生产水平已落后于日本，而落后的关键又在于日本采用了全新的生产方式——丰田生产方式。

为此，1985 年美国麻省理工学院筹资 500 万美元，确定了国际汽车计划的研究项目。在丹尼尔·鲁斯教授的领导下，组织了 53 名专家和学者，从 1984 年到 1989 年，用了 5 年时间对 14 个国家的近 90 个汽车装配厂进行实地考察，查阅了几百份公开的简报和资料，对西方的大量生产方式与日本的丰田生产方式进行对比分析，最后于 1990 年出版了《改变世界的机器》（*The machine that changed the world*）一书，第一次把丰田生产方式定名为精益生产（lean production，LP）。

《改变世界的机器》一书，从以下 5 个方面论述了精益生产的特征：

① *以用户为“上帝”* 产品是面向用户的，所以应与用户保持密切联系，将用户纳入产品开发过程，以多变的产品、尽可能短的交货期来满足用户的需求，真正体现用户是“上帝”的精神。

② *以“人”为中心* 应充分发挥一线员工的积极性和创造性，下放部分权力，使员工积极为企业建设献计献策。此外，还要满足员工学习新知识和实现自我价值的愿望，形成独特的具有竞争意识的企业文化。

③ *以“精简”为手段* 应实现组织机构精简化，去掉一切多余的环节和人员。在生产过程中，采用先进的柔性加工设备，可减少非直接生产工人的数量。另外，采用准时化（just in time，JIT）生产和看板方式管理物流，可大幅度减少甚至实现零库存，也可减少库存管理人员、仓储设备和仓储场所。

④ 团队工作组和并行设计 精益生产强调以团队工作方式进行产品的并行设计。团队工作组是指由企业各部门专业人员组成的多功能设计组，对产品的开发和生产具有很强的指导和集成能力。团队工作组是企业集成各方面人才的一种组织形式。

⑤ 准时供货方式 准时供货方式可以保证最小的库存和最少的在制品数。为了实现这种供货方式，应与供货商建立起良好的合作关系，相互信任，相互支持，利益共享。

精益生产追求的目标是精益求精、尽善尽美、不断地降低成本，做到零废品、零库存和产品品种的多样化。它比以往的任何一项技术包含的内容更多，涉及的范围更广，解决的问题也更全面。精益生产将改变几乎所有的公司事务，包括消费者的选择、工作的内涵、公司的命运，甚至国家的前途。正如20世纪初福特生产方式所带来的工业飞跃一样，精益生产也将使制造业进入一个崭新的时代，并将对世界的政治与经济变化产生深远的影响。

20世纪五六十年代，以大野耐一为代表的丰田汽车开发了准时生产制，被美国学者施恩伯称为狭义精益生产方式，而以戴尔和沃尔玛为代表的美国公司的精益生产被称为扩展的精益生产方式或广义精益生产方式。

进入20世纪90年代，精益生产演变成一种全新的管理理念，这就是精益思想（lean thinking）。精益思想在汽车制造企业被广泛应用并取得成功之后，迅速地渗透到电子产品生产、铁路车辆制造、船舶制造、飞机制造等各个行业，成为继流水生产方式之后人类现代先进制造技术的又一个里程碑，到了20世纪90年代末，精益思想作为一种具有普遍性的管理思想，开始在除制造业以外的其他行业传播和应用，成功地在医院、商场、酒店、物流、运输、信息、计算机软件开发等领域应用。同时，随着研究的深入和理论的广泛传播，各种新理论、新方法层出不穷，如大规模定制（mass customization）与精益生产相结合、单元生产（cell production）、JIT、5S的新发展、TPM的新发展等。很多美国大企业将精益生产方式与本公司实际相结合，创造出了适合本企业需要的管理体系，如美国联合技术公司（UTC）的ACE管理（achieving competitive excellence，获取竞争性优势）、精益六西格玛管理、波音的群策群力、通用汽车的竞争制造系统（GM competitive MFG system）等。通过这些方法的具体化，即采用一系列的图表指导公司顺利地推行精益生产方式，目前精益生产已成功地应用在制造、建筑设计和施工、服务、民航和运输、医疗保健、通信和邮政管理，以及软件开发和编程等领域。

到了21世纪，精益思想受到政府部门的广泛关注，"精益政府"的概念应运而生，在国防建设、政府职能、社保体系建设中发挥着越来越大的作用。

实战演练

1. 简述大量生产方式的特点。
2. 简述精益生产的特征。
3. 简述单件小批生产方式的特点。

学习评价

学习本单元后，请学生根据自身学习体会，结合下表所列内容进行评价。

单元 1.1 学习评价表

姓　名		组　别		班　级		
日　期		综合评价等级				
评价指标	评价标准	分值	评价方式			
			自我评价（占 30%）	小组评价（占 30%）	教师评价（占 40%）	单项得分
课前预学	课前预习本任务相关知识，查找相关资料	5				
	完成问题引导部分的题目	5				
课堂参与	认真听讲和练习	10				
	积极参与小组讨论，并有详细笔记	10				
课堂互动	积极回答教师的问题	5				
	与小组成员有效合作，尊重他人	5				
	在小组活动中能围绕主题发表自己的观点	10				
自主探究	独立思考，自主学习，能发现问题	10				
	主动寻求解决问题的方法	10				
	善于观察、分析、思考，能提出创新观点	5				
综合素养	具有一定安全意识、责任意识、规范意识	5				
	具有吃苦耐劳的精神和严谨认真的学习态度	5				
学习成果	能在规定时间内完成本人的分工任务	10				
	完成课后作业	5				

单元 1.2　精益生产理念及体系

精益生产概述

问题引导

引导问题 1：精益生产的特点有哪些？

引导问题 2：简述精益屋的构成。

引导问题 3：简述准时化生产的概念。

相关知识

1.2.1 精益生产的含义

精益生产，又称精良生产，其中“精”表示精良、精确、精美，即少而精，代表更少的投入，只是在适当的时间生产必要数量的市场急需产品（或下道工序急需的产品）；“益”表示利益、效率，即所有经营活动都要有益、有效，并具有经济性。精益生产就是及时制造，消灭故障，消除一切浪费，向零缺陷、零库存进军。

与大批量生产方式相比，精益生产注重时间效率，其焦点是识别整个价值流，使价值增值流动并应用顾客拉动系统，使价值增值行为在最短的时间内流动，找出创造价值的源泉，彻底消除无效劳动和浪费，不断降低成本，提高劳动生产率，无止境地改善企业生产方式，寻求生产和经营服务的尽善尽美。精益生产方式的主要特点如下：

① *一切为用户着想，产品直接面向用户* 将用户纳入产品开发过程，产品更新换代步伐加快，把开发时间减至最小，尽早把产品投放市场，克服了大量生产方式中由于分工过细所造成的信息传递慢、协调工作难、开发周期长等缺陷。精益生产适应产品小批量、多元化，其生产经营方式更加适应市场的瞬息变化。

② *生产柔性强* 以客户需求拉动的接单式生产，要求从供应链到制造加工，再到仓储物流都得具备很强柔性，把小批次、大批量轮番生产改变为多批次、小批量生产，最大限度地降低在制品储备，快速响应、迅速应对，提高适应市场能力，如看板管理、安灯系统、分时配送等都体现出其强大的柔性。尽可能短的交货期的生产，可提高生产率，减少浪费，最大限度地满足用户的需求。

③ *采用准时生产方式* 杜绝一切超前、超量制造，采用快换工装模具新技术，追求小型化、标准化、自动化技术，通过一系列标准化要求减少人工失误，大幅度减少闲置时间、作业切换时间，提高产品质量。

④ *强调团队工作组方式* 集成各方面人才进行产品的并行设计，对产品的开发和生产具有很强的指导和集成能力。同时，在劳动力使用上强调一专多能，配合人员技能成长、合理化建议制度等，充分发挥一线员工的积极性和创造性，重视员工之间的交流，通过员工的智慧持续改善，灵活地发挥出员工的最大劳动价值。

⑤ *劳资关系相对融洽，侧重人机互动* 强调人与机器融合，即机器能发现和反馈问题，人能及时调整和解决问题，以避免质量问题的发生。一旦出现质量问题，就要停下来解决问题，避免有问题的产品进入下一道工序，造成更多的浪费。

⑥ 实现准时供货　保证最小的库存和最少的在制品数，与供货商建立起良好的合作关系，一反大批量生产方式追求纵向一体化的做法，把 70%左右的零件、部件的设计和制造委托给协作厂进行，达到相互支持和利益共享的目的。

⑦ 追求的目标是精益求精、尽善尽美　不断地降低成本，做到零废品、零库存和产品品种的多样化，可缩短产品周期、减小规模效益影响。

单件小批、大批量、精益三种生产方式的对比，如表 1–1 所示。

表 1–1　单件小批、大批量、精益三种生产方式对比

比较项目	单件小批生产方式	大批量生产方式	精益生产方式
时期	1950 年前	第一次工业革命	第二次工业革命
所适应的市场	极少量的单件需求	物资缺乏、供不应求	个性化的买方市场
产品特点	完全按顾客要求单件生产	标准化、少品种、小批量	个性化、多品种，多样化、系列化
生产目标	完成交货	尽可能好	追求尽善尽美
工作方式	个人独立	分工、专门化	集成、多能、综合工作组
质量观	—	将一定量的次品看成生产中的必然结果	认为让生产者自身保证产品质量的绝对可靠是可行的，且不牺牲生产的连续性
对待库存态度不同	—	适当的库存是用以缓冲各个生产环节之间的矛盾、避免风险和保证生产连续进行的必要条件	不断降低库存以消灭库存产生的“浪费”
生产计划控制	—	只下达，从前往后推进，半成品多，反应迟缓	结合客户需求，专业化精确控制，需求拉动
设备和工装	通用、灵活、便宜	大量专用设备，移动率低、高效、昂贵	柔性制造中心，移动率高、柔性高、效率高
自动化	无	刚性自动化	柔性自动化
调整切换	—	调整时间长	零调整切换
作业分工与作业内容	粗略、丰富	细致、简单、重复	较粗略、多技能、丰富
对操作工人的要求	懂设计制造，有较高的操作技能	不需要高深的专业，员工素质低	多技能，员工素质高
库存水平	高	大量库存积压	接近零库存
设备保障	—	故障率高，抓抢修	零故障，TPM 管理
制造成本	高	低	更低
产品质量	由工人的技艺来保证，质量低	检验部门事后把关，不良品多，2σ 标准	由工人保证，质量高，零缺陷，6σ 标准
现场管理	—	现场脏乱差、无序	6S 日常化，洁净美观

续表

比较项目	单件小批生产方式	大批量生产方式	精益生产方式
对人的态度	粗暴命令	强调管理中的严格层次关系	强调个人对生产过程的干预，尽力发挥人的能动性
用人制度	—	强调达到个人工作高效的分工原则，并以严格的业务稽核来促进与保证	强调相互协作及业务流程的精简
供应商	不相关	竞争对手	合作伙伴
用户关系	单件单一	产品品种单一	产品面向用户
供货方式	—	大库存缓冲	JIT 方式，零库存

精益生产是一种不做无用功的精干型生产系统，通过变革系统结构、人员组织、运行方式、市场供求，从而消除浪费、降低成本、加快反应速度。

1.2.2 精益生产管理的八大理念

精益生产管理的八大理念：职能化、标准化、利润源泉、暴露问题、团队、现场管理、持续改善、人本化。

1. 职能化理念

精益生产方式的职能化理念主要反映在“不良品不转入后工序”原则的落实，确保“良品”，这是生产活动的首要条件，任何要素都不能作为轻视质量的理由，否则就是“本末倒置”。精益生产方式强调检验是一种不创造价值的浪费，检验活动的最终目的是消除不良，并非挑选不良。

2. 标准化理念

标准化活动是确保任何一个团体、任何一个系统有效运作并持续改进的最基本的前提条件。然而，在实际操作中总有一些不尽如人意的地方。其中，最主要的原因有两点：一是制定的标准本身脱离实际；二是实际操作者对标准的理解不够。为此，精益生产方式推出“标准作业”制度。

3. 利润源泉理念

精益生产关注的是如何通过不断地降低成本来提高利润。它的观点是利润的源泉在于制造过程和方法。制造过程和方法的不同，生产成本也会大不相同。

4. 暴露问题理念

精益生产方式非常强调问题的再现化，即把潜伏的问题全都暴露出来，以便进一步改善。其中采用的手段主要包括：不许过剩生产、追求零库存、目视管理、停线制度等。过剩生产和库存的浪费与其他浪费是有本质区别的。

5. 团队理念

精益生产方式的“团队”理念，主要体现在有利于相助的设备布置形式、设立“接棒区”“自主研究会”、与协作企业的长期合作关系，以及追求全体效率等。

6. 现场管理理念

精益生产方式强调现场是一个有机体，绝不能将现场看成是将“脑”托付给管理部门，而只有“手脚”的场所。管理部门不能成为现场的“指挥官”，应以“提供服务”的姿态，扶持现场，并充分挖掘现场的潜能，建立现场的自律机制，使现场真正处于“主人公”的位置。企业精益生产活动的重点就是企业的现场管理，企业推行的现场管理大多数都是 6S 管理，6S 管理可以说是企业管理工作的基础，6S 管理也是精益生产活动的基础。

7. 持续改善理念

精益生产方式有以下 5 项改善精神守则：

① 抛弃固有的旧观念。

② 不去找不能做的理由，而去想能做的方法。

③ 学会否定现状。

④ 不等十全十美，有五成把握就可动手。

⑤ 打破砂锅问到底，找出问题的症结。

这样通过不断改善，最终实现“集小变以成大变，化不可能为可能”的目的。

8. 人本化理念

精益生产的“人本化”理念主要反映在“多能工制度”上。在以往大批量生产时代，为追求高产量，就将作业彻底地细化。精益生产方式中的提案制度、自主管理活动，以及“少人化”过程减少人员时从优秀人员中减少等制度，都是“人本化”理念的具体表现。

1.2.3 精益生产的技术体系：丰田的精益屋

丰田汽车公司原社长、现丰田公司副会长张富士夫先生把丰田生产方式概括为“丰田屋”，如图 1-1 所示。为何要以丰田屋来表示？因为丰田屋代表了丰田生产方式的结构体系。如果房子的屋顶、梁柱和地基不稳固，这间房子也不会稳固，只要其中任何一个环节脆弱，就会使整体变得脆弱，所以屋顶追求的是最佳品质、最低成本、最佳安全、最高员工士气等目标；房屋的两大支柱是准时化生产和自动化；房屋的里面是人员与团队，进行持续的改进以消除浪费；房屋的基础是丰田模式理念、目视化管理、标准作业和平衡化生产等。此丰田屋中的每一个要素本身都很重要，但更重要的是这些要素彼此之间相互强化。

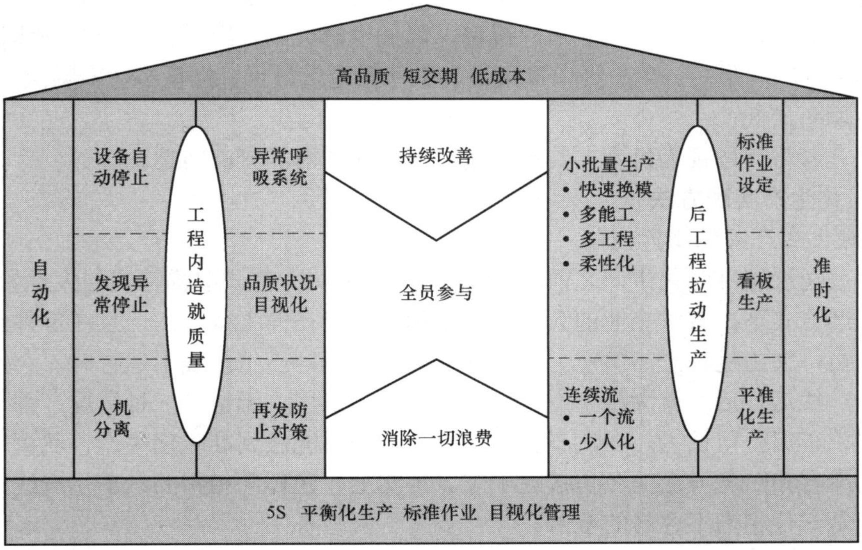

图 1-1 丰田屋

精益生产要求充分发挥人的主观能动性，通过持续改进，采用自动化和准时化等方法，消除制造中的各种浪费，降低成本，实现利润最大化。

1.2.4 准时化

一、准时化的概念

准时化生产就是在必需的时刻按必需的数量生产必需的产品。例如，在汽车部件的组装生产线上，各组装工序所需要的物料要从其前工序领取，那么物料仅需在必需的时候按必需的数量到达生产线即可。如果准时化生产在全企业得以实现，就可以完全消除工厂里的库存，仓库就没有必要了。

表 1–2 为准时化生产与传统生产的比较。对于传统生产，一个优秀的员工往往是干得最多，并且能够提前甚至超额完成生产任务的工人；而企业的领导在传统观念的指导下也在不断鼓励工人尽量多干，最好提前甚至超额完成生产任务。而准时化生产要求是将需要的零件在需要的时间按需要的数量供给每一道工序，保证要什么就及时给什么，需要时就及时送到、要多少给多少，即所谓的“三及时”。这就要求进行思想观念的大转变。

表 1–2 准时化生产与传统生产比较

JTT 要求		JIT 观念	传统生产观念
时间	必需的时刻	接到生产指示板的时候	提前完成任务
数量	必需的数量	能够销售出去的数量	超额完成任务
产品	必需的产品	只生产销售出去的产品	先生产，可能明天就要

1. 准时化生产具体目标

准时化强调适时适量生产，消除非增值的等待时间、搬运时间或其他原因的延误时间，缩短产品生产周期，因此可以彻底消除浪费，降低生产成本。准时化生产的具体目标为：库存量最低、准备时间最短、生产提前期最短、零件搬运量最小、批量小（多频次）、废品量最少、机器故障率最低。

准时化理念将问题视为机会，其核心在于揭露问题而非掩盖问题。

2. 准时化生产实现方法

1）准时化生产实现分析

在丰田公司采用准时化生产之前，世界上的汽车公司大都采取福特式的大批量生产方式。在大批量生产方式下，有时企业的人员、设备和流水线在停工待料；一旦在零件到达后，全体人员总动员，突击进行产品生产。在这种生产方式下，当生产线不运行时，会造成库存的短缺；而生产线运行后，就大量生产，会产生库存的积压。无论哪一种情况，都导致了资源的严重浪费。丰田公司认为，在汽车生产过程中，如果能做到准时化生产，就可以使生产过程中产品的库存和财务方面的负担接近于零。事实上，在环环相扣的汽车生产线上，要实现准时化生产是一件相当不容易的事情。

首先，影响各环节生产计划的因素有很多，要考虑这些因素，做到各工序都按照“准时化生产”要求进行生产，有很大难度。通常，造成生产计划出现变化的因素主要有预测误差、管理失误、次品返工、设备故障、出勤波动等。

其次，各生产环节环环相扣，一环出错，就有可能造成整个生产线的连锁反应。如果上述某些因素导致某一道工序出现问题，那么由于连锁反应，必然会引起下一道工序出现停工待料。这时，不管主观上是否愿意，这种连锁反应势必造成生产线的停工或生产计划的改变。如果对这种状况置之不理，各道工序仍按照生产计划进行，必然会造成生产线上各道工序之间的脱节。其结果是，一方面，会造成某些零件短缺；另一方面，仓库中却堆放着成堆的用不着或不急用的零件。这样一来，生产效率就会降低，最终导致企业效益下降。

在生产现场，如果无法判断生产情况是处于正常状态还是处于异常状态，就会导致对出现的异常状态处理不及时，或某一生产线因人手过多而生产过量，造成无法及时改进的局面。

2）准时化生产技术手段

支撑准时化生产的主要技术手段是拉动式生产，通过拉动式生产，可杜绝一切形式的浪费、尊重人性、调动人的积极性，以及形成良好的外部协作关系等。

拉动式生产即首先由供应链最终端的需求“拉动”产品进入市场，然后由这些产品的需求决定零部件的需求和生产流程。这是采用了一种超越常规的生产顺序——以最后组装线为起点，由后向前推进。即在丰田公司的生产过程中，以生产工序的最后组装线为起点，后一道工序的人员按照必需的数量，在必需的时刻，去前一道工序领取所必需的零部件，而前一道工序只生产被领取数量的零部件。这种方式被称为拉动式生产。这就是实现准时化生产所依据的“拉动”原理。

3）缩短生产过程时间分析

图 1-2 描述了如何缩短生产过程时间以实现准时化生产。从图中可知，产品和零部件的制造过程时间包括产品的加工时间和停滞时间。

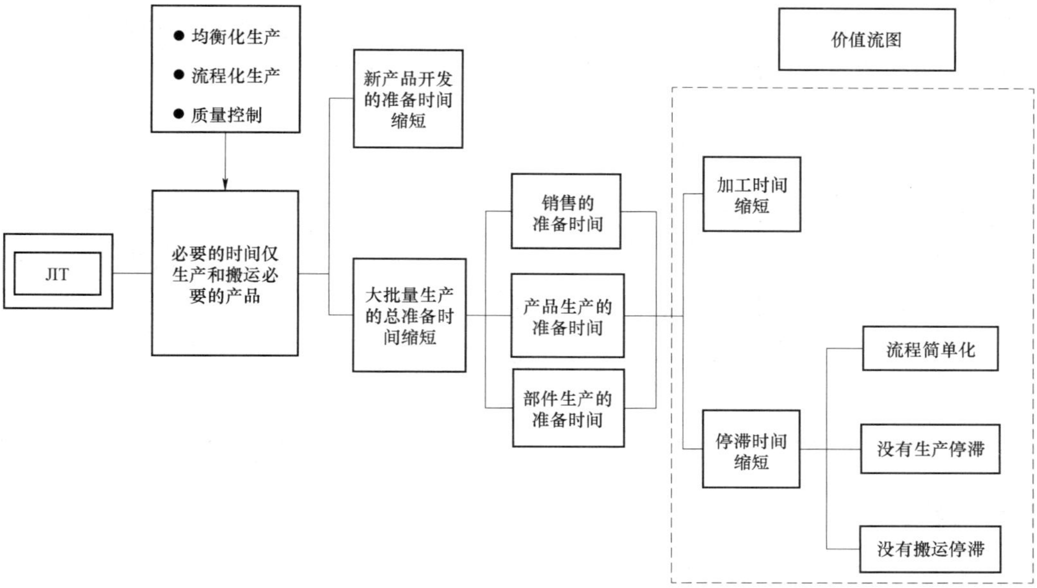

图 1-2　缩短生产过程时间分析

有关资料显示，一般停滞时间要占整个生产时间的 80%～90%。因此，要缩短生产过程时间，主要应设法缩短停滞时间。可以通过分析整个生产过程的价值流图，找出问题点并加以改善，从而缩短生产过程时间。

造成停滞时间的原因，一般包括流程复杂、生产停滞和搬运停滞，因此停滞时间的缩短可以从简化流程、减少生产停滞、减少搬运停滞 3 个途径来解决。

通过以上分析可知，产生停滞的原因主要有流程复杂、生产批量大、以销定产差和物流水平低等 4 个方面，如表 1–3 所示。

表 1–3　产生停滞的原因与解决方法

产生停滞因素	解决方法	备注
流程复杂	整流化	整流化与一个流统称为流程化
生产批量大	一个流	
以销定产差	按生产节拍来组织生产	—
物流水平低	提高物流效率	—

对于流程复杂和生产批量大，可以分别通过整流化和一个流生产，即流程化来解决；对以销定产意识薄弱，可以严格按照生产节拍组织生产来解决；对于物流水平低，可以通过加强准时化物流来解决。

4）准时化生产技术体系

表 1–4 为准时化生产技术体系，包括实现准时化生产的前提、方法、基础和工具。实现准时化生产的前提是实施均衡化生产、同步化生产和质量稳定，通过生产计划来控制；实现准时化生产的方法是生产流程化，包括整流化和一个流，需要通过生产组织来保证；实现准时化生产的基础是按节拍进行生产，涉及标准作业和少人化，这也需要通过生产组织来保证；实现准时化生产的工具是看板的运行，需要依靠工厂现场进行控制。

表 1–4　准时化生产技术体系

实现准时化生产	内容	保障层面
前提	均衡化（总量均衡、品种与数量均衡）、同步化，质量稳定	生产计划
方法	流程化（一个流、整流化）	生产组织
基础	生产节拍（标准作业、少人化）	
工具	看板	工厂现场控制

1.2.5　自动化

1. 自动化发展

“自动化”一词起源于丰田公司，与一般意义上的自动化有不同含义。自动化一般表示从手工作业加工转向机器自动加工，而丰田公司所说的“自动化”（jidoka）则是在“动”字左边加上人字旁的“自动化”，其意义是给机器赋予类似人的智能，使之能够自律地控制各种异常情况。

自动化的思想是丰田公司创始人——丰田佐吉在发明自动织布机的过程中逐渐形成的。在改进织布机的过程中，丰田佐吉萌发了“一有异常马上停机，绝对不生产次品”“人不做机器的看守奴”的思想。1926 年，丰田佐吉就成功研制出具有类似人的“智能”的自动织布机，这种自动织布机在运行过程中，一旦发现断线或者缺线，就会自动停止运转，可以避免不合格的产品。

随后，大野耐一等丰田公司的管理者按照丰田佐吉的思路，在全公司范围内推行和完善自动化的方法。1955 年前后，丰田公司开发了利用目视化管理手段发现工序异常的安灯制度、用于作业人员停止生产线运行的停车按钮，以及出现异常情况就自动停车的装置。1962 年开发了充满作业方式和防止错误操作系统。1966 年，在实施自动化的样板厂——上乡工厂建成了“自动化”生产线。1971 年，在各总装线上实施了固定位置停止方式。

经过多年的发展和不断完善，自动化已成为保证质量、降低成本的一个重要手段。

2. 自动化定义和内容

简单地说，自动化就是让机械具有人的智慧，能够监测异常并自动停止。但它又不局限于机器设备的自动化。随着现代技术的发展，如今的机器设备大都具有自动化的功能，智能化水平也不断提高。因此，自动化的理念不仅仅是指机械设备的自动化，它还包含了组装线上人员的作业。作业者自动化的“自”是指作业者自身，在认为自己做的作业“不行”或“出现了次品”的情况下，作业者自身能停止错误操作。当生产线出现异常状况时，每个作业人员都能控制生产线的停止与重新启动。这样，人员、机器或生产线一旦发生异常就马上停止操作。因此，丰田自动化的概念也可以解释为自动地监视和管理不正常的手段。表 1–5 为丰田自动化与常规自动化的比较。

表 1–5　丰田自动化与常规自动化的比较

丰田自动化	常规自动化
机器自身可以发现异常并及时停机	出现异常需有人停机，否则将连续运行
不产生不良品，可以防止设备、模具、夹具等出现故障损坏	不能及时发现不良品产生，易造成设备、模具、夹具出现故障损坏
容易发现异常原因，防止再次发生	难以及时发现异常原因，容易再次发生
省人	省力

自动化拥有发现异常或缺陷并且能够使生产线或者设备停下来的装置，这种装置称为自动化装置。一发生异常情况，生产线就停下来，使得工作人员必须查明原因并采取措施防止再次发生，因此具有质量管理功能。除此之外，它还有削减人员、弹性生产和尊重人性等功能。图 1–3 为自动化的原理与作用。

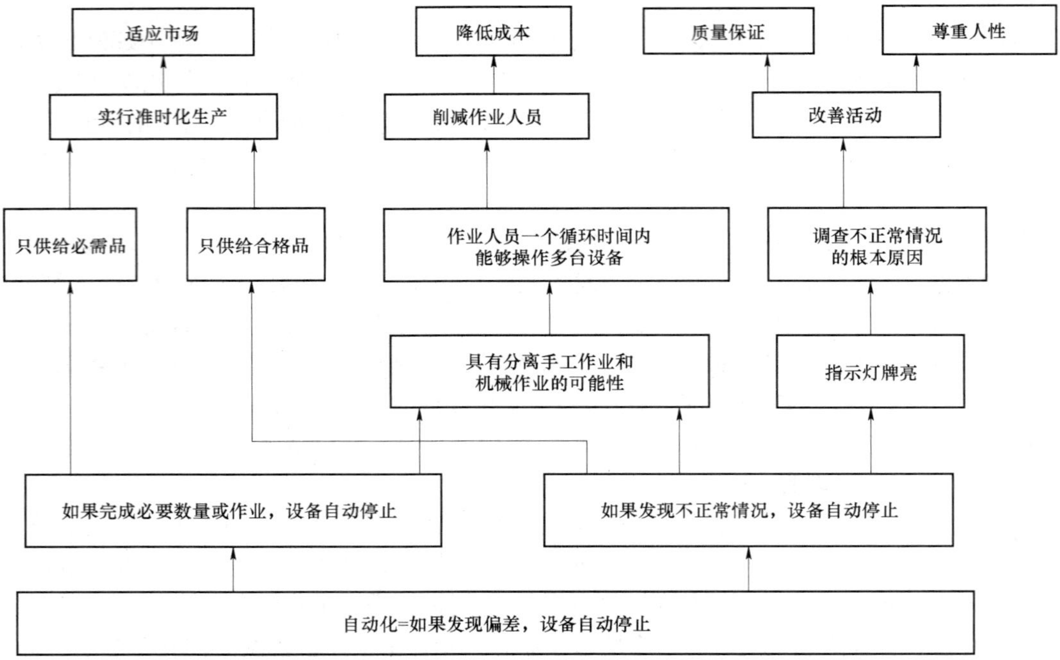

图 1-3　自动化的原理与作用

1）削减作业人员，降低成本

如果安装了自动化装置，就不需作业人员监视设备运转。这样可以实现人机分离和一人多工序操作，削减作业人员，因此可以降低成本。

2）适应需求

因为生产完所需要的零部件设备就自动停下来，而且可以防止不合格品从前一个工序流入后一个工序，所以通过自动化可以消除过剩的库存，按准时化要求适应需求。

3）尊重人性

运用自动化方法，一旦工序发生异常或出现问题的话，工作人员必须查明原因并采取措施防止再次发生，所以能促进改善活动，从而激发员工工作积极性，最大限度地增强对人性的尊重。

由此可见，自动化是实现精益生产的基本目标（降低成本）及其他 3 个次要目标（适时生产、品质保证、人性尊重）的重要手段。自动化与准时化是精益生产的两大支柱，如果将准时化与自动化的关系喻为棒球比赛的话，那么准时化就是团队协作，也就是积极配合，而自动化则是提高每个人的技能。

自动化也可以解释为自动地监视和管理异常的手段。它可以防止不合格品从前工序流入后工序，不使后工序造成混乱，并以此保证准时生产。因此，在实际应用中它主要有 2 方面的作用：提高生产效率和防止异常流出，即通过人机分离来提高效率，通过异常管理实现人机分离和保证品质，如图 1-4 所示。

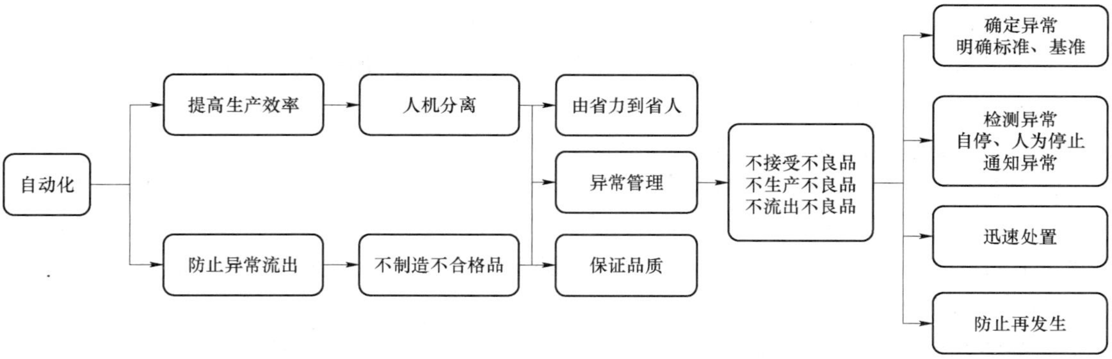

图 1–4　自动化的作用

3. 人机分离

在生产现场，经常可以看到：在机器运行的过程中，操作人员处于看管监视状态。虽然机器已高度自动化，但为了排除小故障、补充材料、防止异常状况的发生，仍需要安排人员看管机器。为了彻底消除这种看管的浪费，可采用自动化方法。这样当设备在自动运行时，人员可以离开，去操作另一设备或做其他工作，即所谓的人机分离。

1）人机分离程度

物料在设备上加工往往要经过搬运、上料、加工、下料等环节。这些工作分别用机器或人工完成。当机器自动工作时，操作员可以离开；当机器工作完成时，操作员回来继续进行人工操作。当分配给机器的工作较多时，则需要人工的工作就少，操作员可以离开时间就越长，能操作的机器数就越多，因此要确定合适的人机分离程度。图 1–5 为人机分离的程度等级。

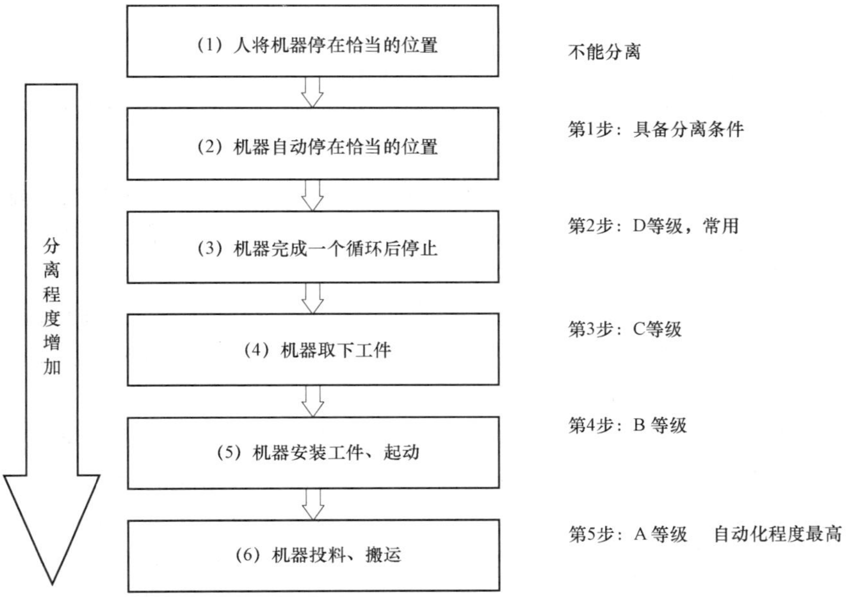

图 1–5　人机分离的程度等级

图中根据人机分离程度划分为 A、B、C、D 4 个等级，其中 A 等级分离程度最高，自动化程度也最高，B 等级至 D 等级依次降低。具体说明如下：

① 机器自身不能停止，需要人将机器停在恰当的位置，不能实现人机分离。

② 机器可以自动停在恰当的位置，可以实行人机分离，但分离程度最低。

③ 机器完成一个循环后停止，属于 D 等级，这是丰田公司常用的等级。

④ 机器完成一个循环，机器取下工件后停止，属于 C 等级。

⑤ 机器完成一个循环后，机器取下工件，安装新工件、起动后停止，属于 B 等级。

⑥ 机器完成一个循环后，机器取下工件，安装新工件，起动后可以投料、搬运，属于 A 等级，此等级实现全自动操作，自动化程度最高，已不需要人工操作，是人机分离的极限。

2）人机分离的推行方法

从实施人机分离进程可以看出，在实施自动化的过程中，往往要提高设备的自动化程度，如采用机械化的手段来减少人的工作量，让机器从事自动夹紧工件、松开工件、复位、搬运等工作。但更为重要的是，机器能够取代人工自动监视异常状况，加工完成后能够自动停止。为了更好地实现人机分离，重点应该考虑以下 2 方面：

① 监视作业和保持作业自动化。监视作业和保持作业往往使人处于等待状态，对生产效率影响大，是需要考虑的主要内容。

② 特殊作业自动化，例如，需要经验作业、谋求定量化；恶劣环境作业；重体力作业等。

在实现人机分离时，要综合权衡投资和效果的关系。为了节省投资，一般按以下原则确定：

① 优先采用人机分离程度 D 等级。由机器完成加工工作，物料的上料、下料等准备工作由人工完成。机器容易做就让机器做，人工容易做就让人工做。

② 只对有问题的部分实施自动化。

4. 异常管理

1）异常管理的概念

对于管理的本质，大野耐一有着独特的见解。他认为所谓的管理，就是在顺利的情况下不用看管，一旦有什么异常，则尽快地发现并采取措施。例如，在美国西部的很多农场中，只有极少数的牛仔看管着几千头牛，一般情况下，牛仔什么都不做，牛群也只是磨磨蹭蹭地向前走，可是牛群一旦离开既定路线，牛仔就策马驰向头牛纠正线路。要是几头牛走出了牛群，他们就通过鞭打使这几头牛返回牛群。

因此，管理的目的就是以异常状况作为中心进行管理，在丰田公司这被称作“异常管理”。如果采用异常管理，就能提高管理能力或者扩大管理范围，一名作业人员能操作多台自动化机器，一个组长和班长能够看管多条生产线。

生产现场的异常管理是指为了能够检测、控制、解决生产过程中的错误、突发和失控状况而制定的一系列措施和管理手段。在现场管理中，针对每天出现的异常状况，快速应对并及时处理，防止其再发生，因此现场管理也称为异常管理。自动化是现场管理的重要手段，因为自动化具有自动地监视和管理异常的作用，如自动报警装置、防错装置、操作人员异常目视板、QC 工程表、设备能力表等。

2）异常管理的体系

从不接受不良、不生产不良、不转移不良的品质保证观点出发，异常管理主要分 4 大步骤：确定异常、能够检测异常、迅速处置异常和防止异常再发生。异常管理步骤如图 1–6 所示。

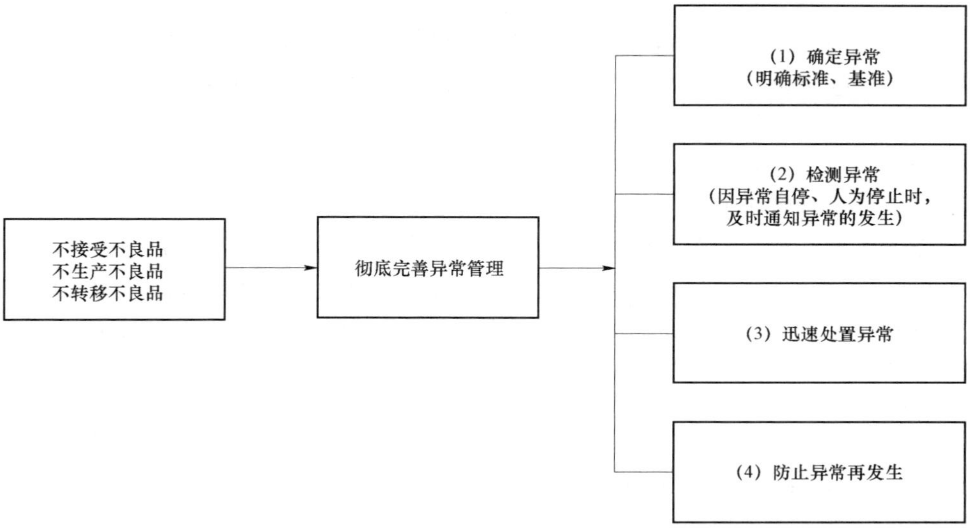

图 1-6　异常管理步骤

实施异常管理分以下 4 个步骤。

第 1 步：对异常进行确定

确定异常即确定什么是异常，这需要制定完善的异常标准并使相关人员遵守。异常的确定是异常管理的重要一步。要做好确定异常工作，主要从以下 5 个方面入手：

① 检查是否进行正确操作。

② 培训人员，让其遵守。

③ 确定设备保全管理项目。

④ 确认各工程质量管理项目。

⑤ 防止质量确认的遗漏等。

第 2 步：检测异常

检测异常包括以下 3 部分内容：

① 能够检测异常，即能够通过各种方式检测出在人员、设备、物品方面异常的状况。

② 因异常自停或人工停止作业。发生异常时，可以通过自动化装置停止或人工停止作业。当设备或生产线上装有自动化装置时，在生产现场一旦发生异常情况，自动化装置动作而自动停止设备或生产线。操作人员也可以在发现异常时，人工停止设备和生产线。

③ 及时通知异常。当异常发生时，设备自动停止或人工停止作业，并及时通知相关人员。通知方式一般采用报警装置或系统。报警装置或系统要在发生异常时及时将必要的信息通知给必要人员。通过报警装置或系统，不必投入过大的人力，就能够掌握人员、设备是否正常，并可以使相关的人员正确处理异常。安装报警装置时，要明确：谁想知道什么、想让谁知道什么、自己采取什么行动、让被通知的人采取什么行动等。

第 3 步：迅速处置异常

在生产现场，当通过各种途径把异常状况及时通知相关人员后，相关人员必须迅速作出处理，以消除异常现象，把停线造成的损失控制在最小。

设备异常的处理方法包括：① 暂定处置，如规格限制；② 紧急处置，如自动线转换为手工作业。不管怎样，都是让设备或生产线先运转起来。

品质异常的处理步骤如下：① 检查现场现物，判断重要性，迅速处理；② 联络相关联部门；③ 迅速进行后工程品质确认；④ 进行对象范围把握和不良品排除（不良品分类识别，良品选出等）；⑤ 排除原因，起动设备；⑥ 研究对策和再发生防止，再次明确各工序的异常内容。

第 4 步：防止异常再发生

当异常发生后，如果只是临时性地消除异常现象，找出的原因不够充分的话，那么以后类似的问题还会再发生，解决问题的对策也就没有什么意义，只能达到治标的效果。因此，只有找到隐藏在问题背后的真正原因（即真因），并设法解决，使之不重复发生，才能达到治本的效果。防止再发生可以采用 5W 法。

5. 防错法

1）防错概述

防错（mistake-proofing），也叫防呆（fool proofing），是指通过设计一种方法或程序，消除产生差错的条件或使出错的概率减到最低。它是一种通过在作业过程中采用自动作用、报警、标识、分类等手段，使作业人员即使不特别注意也不会失误的方法。防错法是实施自动化以防止异常发生的一个重要方法，它的基本前提是：任何需要通过人员干预和判断的活动，都是有可能发生错误的。

其实，在日常生活中，防错法的应用随处可见。例如，当微波炉的门处于开放状态时，它将不会工作；当飞机的舱门没有关好时，指示灯将一直闪亮等。

2）防错的作用

防错强化了操作的程序和顺序。当错误发生或产生缺陷时，它可以通过发信号或停止作业来防止产品或机器的损坏、防止人员受到伤害等。防错的作用可以概括如下：

① 操作轻松，提升效率与产品质量　防错消除了工人的作业困难，可防止失误的发生，并消除缺陷，可实现第一次即把事情做好，消除返工与检查，提升效率与产品质量。

② 减少对技能的依赖，尊重工人的智能　防错减少了依靠人的记忆、经验的重复工作/行为，将操作人员的时间和精力解放出来，以从事更具有创造性和附加价值更高的活动。

③ 消除作业危险，提供安全保障　防错法能够防止因为操作人员失误或其他原因而引起的损伤和安全事故，从而有效地保证了生产的安全有序进行。

3）防错思路

表 1–6 为防错思路。

表 1–6　防错思路

思路	目标	方法	评价
消除	消除可能的失误	在产品设计与工艺制定时防错	最好
替代	用更可靠过程代替目前过程	运用机器人或自动化生产技术	较好
简化	使作业更容易完成	合并，实施 IE 改善	较好
检测	在进入下一道工序前对错误进行检测并剔除	在操作失误时给予警告	较好
减少	将失误影响降至最低	采用熔丝进行过载保护等	好

实战演练

1. 简述“丰田精益屋”两大支柱的内容及实施方法。
2. 简述精益生产的理念。
3. 阐述防错思路。

学习评价

学习本单元后，请学生根据自身学习体会，结合下表所列内容进行评价。

单元 1.2 学习评价表

<table>
<tr><td>姓　名</td><td colspan="2"></td><td>组　别</td><td colspan="2"></td><td>班　级</td><td colspan="2"></td></tr>
<tr><td>日　期</td><td colspan="3"></td><td colspan="3">综合评价等级</td><td colspan="2"></td></tr>
<tr><td rowspan="2">评价指标</td><td rowspan="2" colspan="2">评价标准</td><td rowspan="2">分值</td><td colspan="4">评价方式</td></tr>
<tr><td>自我评价（占 30%）</td><td>小组评价（占 30%）</td><td>教师评价（占 40%）</td><td>单项得分</td></tr>
<tr><td rowspan="2">课前预学</td><td colspan="2">课前预习本任务相关知识，查找相关资料</td><td>5</td><td></td><td></td><td></td><td></td></tr>
<tr><td colspan="2">完成问题引导部分的题目</td><td>5</td><td></td><td></td><td></td><td></td></tr>
<tr><td rowspan="2">课堂参与</td><td colspan="2">认真听讲和练习</td><td>10</td><td></td><td></td><td></td><td></td></tr>
<tr><td colspan="2">积极参与小组讨论，并有详细笔记</td><td>10</td><td></td><td></td><td></td><td></td></tr>
<tr><td rowspan="3">课堂互动</td><td colspan="2">积极回答教师的问题</td><td>5</td><td></td><td></td><td></td><td></td></tr>
<tr><td colspan="2">与小组成员有效合作，尊重他人</td><td>5</td><td></td><td></td><td></td><td></td></tr>
<tr><td colspan="2">在小组活动中能围绕主题发表自己的观点</td><td>10</td><td></td><td></td><td></td><td></td></tr>
<tr><td rowspan="3">自主探究</td><td colspan="2">独立思考，自主学习，能发现问题</td><td>10</td><td></td><td></td><td></td><td></td></tr>
<tr><td colspan="2">主动寻求解决问题的方法</td><td>10</td><td></td><td></td><td></td><td></td></tr>
<tr><td colspan="2">善于观察、分析、思考，能提出创新观点</td><td>5</td><td></td><td></td><td></td><td></td></tr>
<tr><td rowspan="2">综合素养</td><td colspan="2">具有一定安全意识、责任意识、规范意识</td><td>5</td><td></td><td></td><td></td><td></td></tr>
<tr><td colspan="2">具有吃苦耐劳的精神和严谨认真的学习态度</td><td>5</td><td></td><td></td><td></td><td></td></tr>
<tr><td rowspan="2">学习成果</td><td colspan="2">能在规定时间内完成本人的分工任务</td><td>10</td><td></td><td></td><td></td><td></td></tr>
<tr><td colspan="2">完成课后作业</td><td>5</td><td></td><td></td><td></td><td></td></tr>
</table>

单元 1.3　精益生产原则

问题引导

引导问题 1：简述精益生产五大原则。

引导问题 2：简述怎样区分增值和非增值的生产活动。

引导问题 3：简述推动式生产和拉动式生产的区别。

相关知识

精益生产的原则

1.3.1 精益思想的五大原则

精益思想的五大原则，如图 1–7 所示，即站在客户的价值立场上，识别出产品的价值流，使价值不间断地流动，按客户需求拉动生产，永远追求尽善尽美。

1. 价值

我们应从客户角度正确确定产品价值（value），因为企业产品（服务）的价值只能由最终用户来确定，价值也只有满足特定用户需求，才有存在的意义。产品价值是由产品的功能、特性、品质、品种与式样等所产生的价值，是商品的一种属性，其大小取决于生产这件商品所必需的社会必要劳动时间。价值是客户需要的中心内容，也是客户选购产品的首要因素，因此在一般情况下，它是决定客户购买总价值大小的关键和主要因素。

产品价值是由客户需要来决定的，在分析产品价值时应注意：

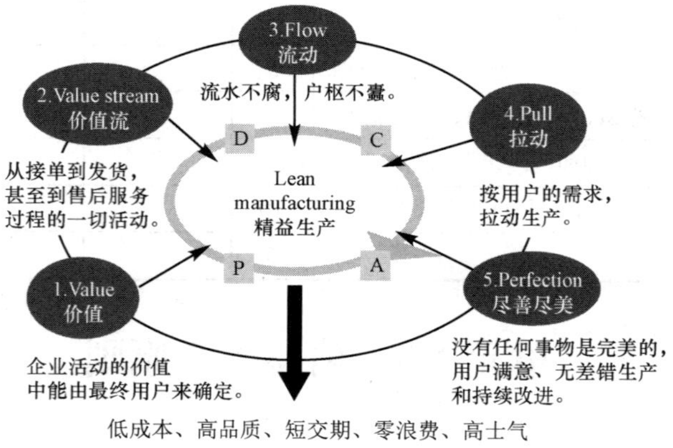

图 1–7 精益思想的五大原则

① 在经济发展的不同时期，客户对产品有不同的要求，构成产品价值的要素及各种要素的相对重要程度也会有所不同。例如，我国在计划经济时期，由于产品长期短缺，人们把获得产品看得比产品的特色更为重要，因而他们在购买产品时更看重产品的耐用性、可靠性等，而对产品的花色、式样、特色等却较少考虑；在市场商品日益丰富、人们生活水平普遍提高

的今天，人们往往更为重视产品的特色质量，如要求功能齐备、质量上乘、式样新颖等。

② 在经济发展的同一时期，不同类型的客户对产品价值也会有不同的要求，在购买行为上显示出个性特点和明显的需求差异性。因此，这就要求企业必须认真分析不同经济发展时期客户需求的共同特点，以及同一发展时期不同类型客户需求的个性特征，并据此进行产品的开发与设计，增强产品的适应性，从而为客户创造更大的价值。

按照马克思政治经济学的观点，价值就是凝结在商品中无差别的人类劳动，即产品价值。

2. 价值流

识别价值流（value stream），即识别从原材料到成品赋予价值的全部活动（VA、NVA），消除或缩减非增值的活动与过程。从原材料到成品赋予价值的全过程，包括从概念到投产的设计过程，从订货到送货的信息过程，从原材料到产品的转换过程，全生命周期的支持和服务过程。

价值流有三个核心，具体如下：

① *以价值流为中心*　企业应当将所有的经营管理活动围绕着价值流展开，这意味着企业需要认识到其存在的目的是为了向客户提供价值，并且要确保所有的工作都能够支持这个过程。

② *客户至上*　在当今竞争激烈的市场环境中，企业必须始终关注客户需求，并将这种关注纳入日常工作中，这意味着企业不仅要根据客户的需求来设计和制造产品，还要深入理解客户的行为和偏好，以便更好地满足他们的期望。

③ *不断消除浪费*　企业在价值流中可能会产生大量的浪费，如不必要的步骤、过度加工、等待时间等。这些浪费不仅降低了个别活动的效率，还减少了整个流程为客户创造的价值。因此，企业需要通过持续改进的方式来减少这些浪费，从而提高整体的运营效益。

3. 流动

精益思想要求创造价值的全过程都要流动（flow）起来，即便过失、废品和返工都造成过程的中断、回流，环境、设备完好，也要系统地进行流程设计、能力规划、5S、全面生产性维护（TPM）等，避免瓶颈造成的阻塞，实现每个过程和每个产品连续的流动。这里强调的是不间断地“流动”，要动员所有的人都必须和部门化的、批量生产的思想作斗争，采用持续改进、JIT、单件流等方法，消除所有步骤的停滞活动，尽可能压缩全过程不增值的无效时间，达到在任何批量生产条件下创造价值的连续流动。

所有的停滞是企业的浪费，使创造价值的各个活动（步骤）流动起来，保证那些增值活动不中断、不偏离、不回流、不等待！

4. 拉动

精益生产体现出“需求拉动”的思维方式，层层拉动（pull），即形成了一整套环环相扣并完全围绕最终目标的系统解决方案。需求拉动就是按客户的需求投入和产出，使客户精确地在他们需要的期间内得到需要的东西。拉动的意义在于当用户一旦需要，就能立即进行设计、计划和制造出用户真正需要的产品的能力，减少了大量的库存和现场在制品，大量地压缩了提前期，以满足用户的实际需要。实现拉动的方法是采用单元布置，对原有的制造流程进行改造，以实行 JIT 生产和顺畅生产。

1）生产方式的演变

生产方式的演变如表 1–7 所示。

表 1–7　生产方式的演变

时间	生产方式	市场特点	生产特点
19 世纪前	手工作坊生产	需多供少：手工作坊，为富人生产	产量低、品质不能保证、技能要求高、生产周期长
19 世纪—20 世纪	批量生产	供需两旺	以流水线为主体的大规模生产，产量大、品质提高
21 世纪	适应客户定制的“多品种”“小批量”生产	多品种，小批量，变化快	产量和品种能快速应对市场变化，实现柔性生产

2）推动式生产系统

推动式生产系统适用于大批量生产方式，它根据某个时期的市场需求预测和在制品库存计算出计划生产的数量，根据各工序的标准资料确定生产的提前期，并从前面的工序开始推动后面的工序，一步一步地生产出产品。推动式生产方式具有以下特点：

① 用超量的在制品保证生产不间断地进行，每个生产环节都规定在制品定额和标准交接期。在制品管理被看成是组织均衡生产的重要环节。

② 生产指令是生产作业计划。当预先安排的作业与实际需求脱节的时候，就会出现一些无用或暂时不用的零件大量堆积，而一些短缺零件又供不应求的现象，迫使工人不得不连班加点赶急件，产生一系列的无效劳动和浪费。

③ 信息流与物料流分离。

3）拉动式生产方式

在拉动式生产方式中，客户需求拉动生产安排。而在生产过程中，下一道工序也可以被看作是上一道工序的客户，上一道工序只生产下一道工序所需数量的产品。每一道工序的生产都是由其下道工序的需要拉动的，生产什么、生产多少、什么时候生产都是以正好满足下道工序的需要为前提。拉动式生产方式具有以下特点：

（1）坚持一切以后道工序需求出发，宁肯中断生产，也不搞超前超量生产。拉动式生产的核心就是准时化，就是要求在需要的时候，生产需要的产品和需要的数量，所以又把它称为准时化生产（just in time，JIT）。

（2）生产指令不仅仅是生产作业计划，而且还用看板进行调节。看板成为实施拉动式生产的重要手段。

（3）以前方生产拉动后方生产，准时服务于生产现场。

（4）把供应商、协作配套厂的生产看作是主厂生产制造体系的组成部分。

5. 尽善尽美

精益生产方式是通过人员组织、系统结构、运行方式和市场供求等方面的变革，采用价值流分析方法找出更隐藏的浪费，做进一步的改进，以加快价值流动，形成良性循环而趋于尽善尽美的过程。通过尽善尽美（perfection）的价值创造过程（包括设计、制造和对产品或服务整个生命周期的支持），为客户提供尽善尽美的价值。“尽善尽美”是永远达不到的，但持续地对尽善尽美的追求，将造就一个永远充满活力、不断进步的企业。

1.3.2　丰田模式的管理理念——4 大类 14 项管理原则

杰弗里・莱克认为：丰田汽车公司的贡献在于创造了一个货真价实的精益组织，该组织是全世界学习型组织的最佳典范之一。杰弗里・莱克把丰田模式的管理理念总结为 4 类共 14 项管理原则。

第 1 类：长期理念。

原则 1：管理决策以长期为客户、社会、经济创造价值的理念为基础，即使因此牺牲短期财务目标也在所不惜。

第 2 类：正确的流程方能产生正确成果。

原则 2：建立连续的作业流程以使问题浮现。

原则 3：实施拉动式生产方式以避免生产过剩。

原则 4：使工作负荷水准稳定（生产均衡化），以取代大多数公司批量生产方式中经常启动、停止，停止、启动的做法。

原则 5：具有立即暂停以解决生产问题的能力，将就地改进质量以提升长期生产力的理念融入企业文化中。

原则 6：在工作场所中的任何地方都使工作标准化，以维持流程的可预测性、规律的动作时间，以及规律地产出。

原则 7：运用视觉管理使问题无处隐藏，以支持“单件流”与拉动式生产方式。

原则 8：使用可靠的、已经过充分测试的技术协助员工，改进生产流程，并能快速实施。

第 3 类：借助员工与合作伙伴的发展，为组织创造价值。

原则 9：培养深谙公司理念的领袖，使他们成为公司理念与做事方法的模范，并能教导其他员工。

原则 10：培养与发展信奉公司理念的杰出人才与团队，持续努力教导员工如何以团队合作方式实现共同目标。

原则 11：重视合作伙伴与供货商网络，激励外部合作伙伴，要求它们成长与发展并助其改善。

第 4 类：持续解决根本问题是学习型组织的驱动力。

原则 12：亲临现场查看，依据亲自证实的资料来思考与叙述，然后验证获得完全的数据。

原则 13：制定决策时要稳健，周全考虑所有的选择，并征得一致意见；实施决策时要迅速。

原则 14：通过不断反省与持续改善，要求员工改进流程、去除浪费，以变成学习型组织。

实战演练

1. 简述推动式生产和拉动式生产的优缺点。
2. 简述丰田公司“持续解决根本问题是学习型组织的驱动力”这一理念原则的具体内容。

学习评价

本单元学习后，请学生根据自身学习体会，结合下表所列内容进行评价。

单元 1.3 学习评价表

姓　名		组　别		班　级			
日　期		综合评价等级					
评价指标	评价标准	分值	评价方式				
			自我评价（占 30%）	小组评价（占 30%）	教师评价（占 40%）	单项得分	
课前预学	课前预习本任务相关知识，查找相关资料	5					
	完成问题引导部分的题目	5					
课堂参与	认真听讲和练习	10					
	积极参与小组讨论，并有详细笔记	10					
课堂互动	积极回答教师的问题	5					
	与小组成员有效合作，尊重他人	5					
	在小组活动中能围绕主题发表自己的观点	10					
自主探究	独立思考，自主学习，能发现问题	10					
	主动寻求解决问题的方法	10					
	善于观察、分析、思考，能提出创新观点	5					
综合素养	具有一定安全意识、责任意识、规范意识	5					
	具有吃苦耐劳的精神和严谨认真的学习态度	5					
学习成果	能在规定时间内完成本人的分工任务	10					
	完成课后作业	5					

单元 1.4　生产过程中的七大浪费的识别与改善

问题引导

引导问题 1：生产过程中七大浪费现象包括：

____

____

引导问题 2：简述浪费的含义。

____

____

引导问题 3：简述生产过程中七大浪费产生的原因。

____

____

相关知识

1.4.1 经营思想

众所周知，企业经营的最终目的就是获取最大的利润，而如何获取最大的利润却因经营思想不同而导致做法不同。企业的经营思想可分为成本主义、售价主义和利润主义三种，如图 1–8 所示。

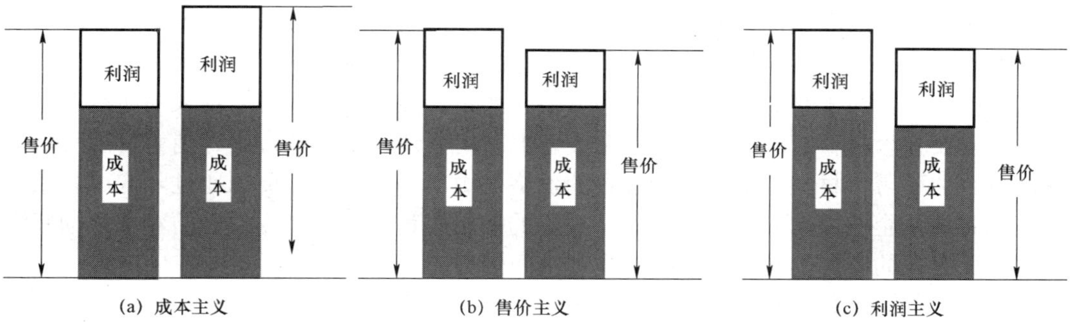

图 1–8 企业的经营思想

1. 成本主义

以成本为中心，加上预先设定的利润，由此得出售价的经营思想称为成本主义，即

售价=成本+利润

例如，生产成本为 1 000 元，利润定为成本的 20%，即 200 元，则售价为 1 200 元。当市场需求增多，供不应求时，企业抬高售价来获得更多的利润。这类产品大都属于垄断性商品，消费者没有选择的余地，但这样的卖方市场是十分有限的。

2. 售价主义

以售价为中心，当市场售价降低时，利润也随之减少，这样的经营思想称为售价主义，即

利润=售价–成本

例如，市场售价是 1 200 元，现在的生产成本为 1 000 元，利润就是 200 元。当市场竞争导致售价降为 1 100 元时，成本仍是 1 000 元，利润就降低为 100 元。

提示： 采用这种经营思想的企业大都属于没有危机感和缺乏改善意识的企业，在市场竞争日益激烈的今天更加难以生存。

3. 利润主义

以利润为中心，当市场售价降低时，成本也必须降低，以便维持目标利润的经营思想称

为利润主义，即

成本=售价–利润

例如，公司的目标利润是 100 元，现在市场的售价是 800 元，那么目标成本就是 700 元。如果市场的售价降至 700 元，为了维持 100 元的目标利润，则必须降低成本至 600 元。很显然，采用这种经营思想的企业就可以在竞争中立于不败之地。

以上 3 种经营思想的目标虽然都是利润，但由于立足点不同，导致其经营结果也完全不同。成本主义是建立在生产垄断性商品以获得高额利润的基础上的，虽然垄断地位保证了利润，但市场需求仍将影响利润的大小，并且一旦失去垄断地位企业将会走向倒闭。售价主义经营思想完全是消极地适应市场，供不应求时企业就抬高售价，供大于求时就降低售价，这种经营理念的缺点是太过被动，终会被市场拖垮。而利润主义顾名思义追求的就是利润，企业为了保证利润，会努力改进生产中所存在的问题，使企业立于不败之地。在自由竞争的市场环境下，商品的售价受到市场的供需影响，当需求大于供应时，可以依靠提高售价或增加销售量来获得更高的利润，也就是卖方市场。但现今市场竞争日益激烈，供应大于需求，也就是买方市场，企业要想获得更大的利润，就必须努力降低成本。

从本质上说，成本是为了实现利润应从销售额中扣除过去、现在、将来的所有的现金支出，这不仅仅包含材料、消耗品、人工和设备的费用，还包括管理费用、销售费用及财务费用等。对企业而言，材料、消耗品和设备的价格是由市场决定的，要想通过降低成本来获取利润，就必须从企业内部着手，将人工、设备的使用等管理成本作为改善的对象，彻底消除在这些方面存在的各种浪费，达到提高盈利空间的目的。

因此，精益生产采用利润主义的经营思想，通过彻底消除浪费和提高效率来实现降低成本的基本目标，从而实现利润最大化的最终目标。

1.4.2 浪费的概念与类型

1. 消除浪费的重要性

大野耐一认为“减少一成的浪费相当于增加一倍的销售额”，这句话真可谓至理名言。试想一下，假设在商品售价中成本占 90%，利润占 10%，如果一切生产维持现状，想把利润提高一倍，那就必须把销售额增加一倍，这是很困难的事情。然而从占商品售价 90%的总成本中消除 10%的浪费因素，就相对容易多了。因此消除浪费对增加企业效益有非常大的意义。

2. 企业基本活动

企业的基本活动可分为增值活动和不增值活动。

1）增值活动

增值活动是指改变形状、改变质量及组装等能够产生附加价值的活动。站在客户的立场上，只有 4 种活动可以增值：使物料变形、组装、改变性能、部分包装。相关资料显示，物料从进厂到出厂，只有不到 5%的时间是增值的。因此，即使是增值作业，也需要进一步改善。

2）不增值活动

不增值活动是指不产生附加价值的活动，即不增加产品功能、不提高产品品质的活动，对最终产品及客户没有意义。不增值活动约占企业生产和经营活动的 95%。不增值活动可以分为可以不做的作业和不得不做的作业。

① *可以不做的作业*　指只使成本增加而不产生附加价值的作业。可以不做的作业约占企

业生产和经营活动的 35%，是最需要改善的活动，例如等待、寻找、返修等。

② *不得不做的作业*　指到目前为止虽不能增值但却不得不做的作业。不得不做的作业约占企业生产和经营活动的 60%，例如更换作业程序、为取工件走动、打开零件的包装等。

3. 浪费的概念

精益生产中的浪费指超出增加产品价值所必需的绝对最少的物料、机器和人力资源、场地和时间等各种资源的部分，这里包含 2 层含义：

① *一切不增加价值的活动都是浪费*　不增值活动指对最终产品及客户没有意义的行为，例如检验、等待、搬运等活动属于不增加价值的活动，属于浪费。

② *超过“绝对最小”界限的增值活动*　尽管是增加价值的活动，但所用的资源超过了“绝对最少”的界限，也是浪费。例如，过量使用设备或使用的设备精度过高、过量使用人力、过量使用材料等。

4. 浪费的类型

七大浪费的识别

以精益生产的观点来审视企业，就会发现到处存在各种不同的浪费。丰田公司总结出生产现场通常存在的七大浪费。不仅在生产线上有这七大浪费情形，而且在产品开发流程、接收订单流程及办公室管理流程中都可以找出这七类浪费情形。七大浪费类型如表 1–8 所示。

表 1–8　七大浪费类型

序号	浪费类型	主要内容
1	制造过剩	制造过早、过多而产生库存——最大的浪费
2	库存	原材料库存、产成品库存、生产过程的在制品
3	搬运	耗费时间、人力，占用搬运设备与工具，可能碰坏物料
4	加工	超过需要的工作：多余的流程或加工，精度过高的作业
5	动作	不创造价值的动作、不合理的操作、效率不高的姿势和动作
6	等待	人员的等待、设备的等待
7	不良品	返工引发设备与人员工时的损失、废品的损失等

1）制造过剩浪费

制造过剩浪费指制造过多或制造过早造成库存而产生浪费。制造过多是指生产量超过需要量，制造过早是指比预定的需求时间提前完成生产。

制造过剩浪费被视为最大的浪费。精益生产强调准时生产，就是在必要的时间生产必要数量的必要产品。由于其他原因而生产出来的产品，都是浪费。而所谓的必要产品和必要的时间，就是指客户已经决定要购买的产品与购买时间。假设客户要购买 10 辆汽车，每辆汽车的价格是 10 万元，如果企业为此生产了 12 辆汽车，多余的 2 辆汽车并没有卖出去，只能变成库存，那么企业就会产生 20 万元的浪费。即使按照客户要求的生产量进行生产，假如 1 min 制造一台汽车就足够了，但是为了防止变故，就改为 50 s 生产一台汽车。此改变导致提前完成了生产，过早制造出来的产品需要暂时搁置，也就产生了库存，从而产生存储成本及管理浪费。

精益生产绝不允许制造过剩，原因如下：

① 制造过剩的实质是提前消耗了材料费、人工费和管理费等费用。

② 制造过剩的浪费会把“等待的浪费”隐性化，因为在本来必须等待的时间里，做了“多余”的工作。

③ 制造过剩会造成在制品的积压，使生产周期变长、质量衰减。

④ 制造过剩会迫使作业空间变大，使机器间的距离加大，进而引发搬运和走动等其他浪费，使得先进先出变得困难，并因此而带来安全隐患。

⑤ 制造过剩会积压大量的资金，企业还要为此而多付利息。

⑥ 制造过剩会使信息传递不畅，导致管理者无法判断生产线是处于正常状态还是异常状态。

⑦ 制造过剩会导致现场难以改善。

2）*库存浪费*

库存是企业经济活动的重要组成部分，它具有双重性：一方面，库存占用资金，减少企业利润，甚至导致企业亏损；另一方面，库存能防止产品短缺，有效缓解供需矛盾，使生产尽可能均衡进行。因此，批量生产方式认为库存是必要的。精益生产方式强调库存是万恶之源，这是丰田公司对浪费的见解与传统见解最不相同的地方。在精益生产中，几乎所有的改善行动皆会直接或间接地与消除库存有关，因为库存会造成下列的浪费：

① 产生不必要的搬运、堆放、保管、寻找等浪费。当库存增加时，需要增加搬运量和搬运工具，需要增加堆放场地和防护措施，需要增加保管、领用和盘点等日常管理的额外时间等，这些都是不增值活动所产生的浪费。

② 为保证先进先出，需要增加额外搬运，由此产生搬运浪费。当库存增加时，新入厂的材料会堆在原有的材料上，要保证先入库的先使用，就必须进行额外的搬运。

③ 产生资金占用、利息损失及管理费用方面的浪费。当库存增加时，用于生产经营活动的资金会大量沉淀在库存上，不仅造成资金总额增大，还会增加利息和库房的管理费用。而这些常常隐含在公司管理费中，只有专门列出，才能发现问题的严重性。

④ 物品变成呆滞品的浪费。当库存增加时，库存量会大于使用量，甚至会造成长期的积压，使物品变成呆滞品。特别当产品换型时，这种问题可能会更加严重。首先，为了盘活这些积压物资，需要进行额外的投入，其次，由于放置的时间较长，库存产品的质量会出现衰减。如果将出售的是积压的产品，则要削价处理，导致企业的盈利下降；如果将要出售的是积压的原材料，则市场价格可能会下降，从而造成库存的实际价值下降，企业利润减少。

⑤ 占用厂房空间，造成投资建设仓库的浪费。当库存增加时，就需要额外增加放置场所，占用厂房空间，造成投资建设仓库的浪费。

⑥ 设备能力及人员需求的误判。由于库存的存在，即使设备能力不平衡也很难发现（库存越多，越不容易看出来）。由于有较多的库存，库存管理部门需要增加人员对库存进行管理，制造部门需要更多的人员来生产产品用于补充库存，需要增添设备来保证生产库存所需要的设备能力，从而形成新一轮的浪费。

⑦ 掩盖问题，失去改善机会。由于有了充足的库存，出现机械故障、不良产品、设备能

力不平衡等问题时，可以用库存先顶上，问题就可以慢慢解决，甚至不用解决，即问题被掩盖住了，进而也不会产生改善对策，因此失去了进一步的改善机会。

精益生产正是依靠不断地减少库存（包括在制品），使各种问题不断地被暴露出来，并设法解决，以此来不断提高管理水平。

拓展学习

经常有“库存之海”的说法。企业依靠库存维持生产，就好像在大海里的船在一定水平面下能正常运行一样。企业、库存与企业潜在问题的关系就如同大船、水平面高度与海底凹凸不平的礁石的关系一样［如图 1–9（a）所示］。从水面上看风平浪静，大船畅通无阻，似乎没有任何问题，殊不知水底危机重重，隐藏着无数暗礁，随时可能使船触礁沉没。而当水面下降时，礁石便显露出来［如图 1–9（b）所示］，这时就可以设法将礁石一一去除，避免触礁惨剧的发生。也就是说，当库存减少后，隐藏的问题便能显现出来，采取措施解决这些问题后，可再次降低库存量，继续暴露问题，再予以解决。如此循环下去，方可保证企业的生产正常运行。因此，降低库存，可以暴露问题，使企业得到改善的机会。

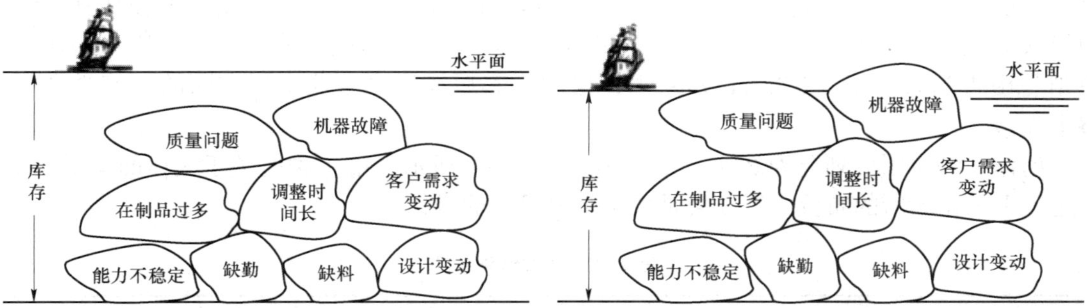

（a）库存掩盖问题　　（b）减少库存暴露问题

图 1–9　库存隐藏问题

3）搬运浪费

生产中，搬运是一种常见现象。因为不管如何搬运，也不会产生附加价值，因此搬运也是一种浪费。有研究表明，工业品在全部生产过程中平均只有 5%～10%的时间处于直接加工制造过程中，其余 90%～95%的时间都处于搬运、储存状态。在我国，一般企业的搬运费用占生产成本的 20%～30%，由此可见消除搬运浪费将会产生较大的经济效益。

之所以会出现搬运浪费，主要是因为搬运会增加物料在空间中的移动时间，多耗费人力，占用搬运设备与搬运工具，在搬运过程中会因碰坏等原因造成不良品等浪费。

国内目前有不少企业管理者认为搬运是必要的，不是浪费。因此，很多人对搬运浪费视而不见，更谈不上去消灭它。也有一些企业利用传送带或机器搬运的方式来减少人工搬运，这种做法只是改进了搬运工具，实际上并没有消除搬运浪费。

4）加工浪费

超过需要的加工作业称为加工浪费。加工浪费分两种：一种是质量标准过高的加工浪费，即过分精确的加工浪费；另一种是作业程序过多的浪费，即多余的加工浪费。加工浪费将导致产品成本增加。

提示：在产品制造过程中，有很多加工工序是可以通过取消、合并、重排和简化改善 4 原则进行改善的。

5）动作浪费

不产生附加价值的动作、不合理的操作、效率不高的姿势和动作均是动作浪费。常见动作浪费有 12 种：两手空闲、单手空闲、作业中途停顿、动作太大、左右手交换、步行过多、转身动作、移动中变换方向、不明作业技巧、伸背动作、弯腰动作、重复动作等。设计好的作业，可以省掉很多多余的动作，既节约了时间，又可以减轻工人劳动负荷。

提示：在设计动作时，需要符合动作经济原则。

动作分析是方法研究中的一种微观分析，它是以操作者在操作过程中的手、眼和身体其他部位的动作作为分析研究对象的。记录动作的最基本单位是动素，即动作要素，人体动作由 18 种动素组成。通过动作分析，找出并剔除不必要的动素，在此基础上确定最佳操作方法和动作时间标准，以达到使操作简便、高效省力的目的。

在动作设计或改善过程中，要尽量符合动作经济原则。以最低限的疲劳获得最高的效率。寻求最合理的作业动作时，应执行动作经济原则，也称作省工原则，即使作业（动作的组成）能以最少“工”的投入，产生最有效率的效果，达成作业目的的原则。动作经济原则是由吉尔布雷斯（Gilbreth）率先提出的，其后经许多工业工程方面的专家学者研究整理而成。

动作经济原则可划分为 3 大类 22 项，如表 1–9 所示。第 1 类是关于人体的运用，第 2 类是关于工作场所的布置，第 3 类是关于工具设备的设计。

表 1–9　动作经济原则

关于人体的运用原则	关于工作场所的布置原则	关于工具设备的设计原则
（1）双手应同时开始并同时完成动作； （2）除规定休息时间外，双手不应同时空闲； （3）双臂的动作应对称、反向并同时进行； （4）手的动作应以最低的等级而得到满意的结果； （5）物体运动量应尽可能利用，但当需要肌力制止时，应将其减至最小程度； （6）连续的曲线运动，比方向突变的直线运动为佳； （7）弹道式运动，较受限制或者受控制的运动轻快自如； （8）动作应尽可能地运用轻快的自然节奏，因节奏能使动作顺畅及自发	（1）工具、物料应放置在固定地方； （2）工具、物料及装置应布置在工作者前面近处； （3）零件、物料的供给，应利用其重量坠送至工作者的手边； （4）工具、物料坠落应尽量利用重力实现； （5）工具、物料应依最佳的工作顺序排列； （6）应有适当的照明，使视觉舒适； （7）工作台及座椅的高度应保证工作者坐立适宜； （8）工作椅式样及高低应能使工作者保持良好姿势	（1）尽量排除手的工作，而以夹具或脚踏工具代替； （2）可能时，应将两种工具合并使用； （3）工具、物料应尽可能预放在工作位置上； （4）手指分别工作时，各指负荷应按照其本能予以分配； （5）设计手柄时，应尽可能增大与手的接触面； （6）机器上的杠杆、十字杆及手轮的位置，应能使工作者极少变动姿势，且能最大限度地利用机械力

为了便于记忆，又可以将动作经济原则归纳为以下 10 条：

第一条原则：双手动作应同时且对称。

第二条原则：手的动作应尽可能用最低等级且又能获得满意结果的动作完成。

第三条原则：尽可能利用物体的动能，曲线运动较方向突变的直线运动为佳，弹道式运动较受控制的运动轻快，动作尽可能轻松有节奏。

第四条原则：工具、物料应置于固定处及工作者前面近处，并依最佳的工作顺序排列。

第五条原则：零件、物料应尽量利用其重量坠送至工作者前面近处。

第六条原则：应有适当的照明设备，工作台及座椅式样及高度应使工作者保持良好的姿势及坐立适宜。

第七条原则：尽量解除手的工作，而以夹具或足踏工具代替。

第八条原则：可能时，应将 2 种或 2 种以上工具合并为 1 种。

第九条原则：工具、物料应尽可能预放在工作位置。

第十条原则：手指分别工作时，各指负荷应按其本能予以分配；手柄设计，应尽可能增大与手的接触面；机器上杠杆、手轮的位置，尽可能使工作者少变动其姿势。

更综合地说，动作经济原则可归纳为以下 4 点：

①同时使用双手，避免一手操作一手空闲。

②力求减少动作单位数，避免不必要的动作。

③尽可能地减少动作距离，避免出现全身性活动。

④追求舒适的工作环境，减少动作难度，避免不合理的工作姿势或操作方式。

动作优化、减少（去除）和工装化是动素改善的三大方法，其具体操作要点如表 1–10 所示。

表 1–10　动素改善的三大方法及其操作要点

改善重点	基本原则	操作要点
动作优化	（1）使肢体更加协调； （2）前后动作连接； （3）减少注意点	（1）使动作方向与作业进行方向一致； （2）合并、组合 2 个以上的动素； （3）用身体的不同部位代替手的动作； （4）尽可能多利用左手； （5）减少眼球的多余动作及不必要的判断； （6）提高自动化程度； （7）整理、整顿、定置、定位
减少（去除）	（1）减少每次的运动量； （2）减少动作次数； （3）去除不必要的动作	（1）利用重力及动力进行作业； （2）消除反重力方向的作业； （3）缩小作业范围； （4）多个工件同时作业； （5）合并动素； （6）适当利用工具消除某些动素
工装化	利用简单工具进行作业	（1）设计适当的工具用于作业； （2）改善工具形状、性能、精度，使之更便于作业

6）等待浪费

由于某种原因造成的机器或人员等待称为等待浪费。造成等待浪费的原因通常有：生产线品种切换、计划安排不当导致忙闲不均、缺料使机器闲置、上游工序延误导致下游工序闲置、机器设备发生故障、生产线不平衡、人机操作安排不当等。

还有一种等待是监视机器的浪费。有的企业购买了高速、高价、性能优的自动化设备，为了使其能正常运转，或出于其他原因，如监控运行状态、补充材料、排除小故障等，企业通常会安排人员在旁监视，这种浪费称为“闲视”浪费。

7）不良品浪费

不良品浪费是由于工厂内出现不良品，在进行处置时所造成的时间、人力、物力上的浪费，以及由此造成的相关损失。这类浪费具体包括：

① 不良品不能修复而产生废品时的材料损失。

② 设备、人员和工时的损失。

③ 额外的修复、鉴别、追加检查的损失。

④ 有时需要降价处理产品，或者由于耽误出货而导致工厂信誉的下降。

提示：精益生产提倡零不良率，要求及早发现不良品，确定不良品发生的源头，从而杜绝不良品的产生。

除了以上七大浪费外，丰田公司又提出了第八大浪费：未能发挥员工积极性的浪费。在企业中，人是最主要、最活跃的要素，若员工积极性不高，再好的生产要素也无法创造出价值。

5. 浪费的层次

前面介绍的各种浪费并非各自独立，而是具有一定的关联关系。可以把浪费分为 4 个层次，各层具有递推关系，如图 1–10 所示。

1）第 1 层浪费

过剩的生产能力称为第 1 层浪费。在现场导致浪费的根本原因是存在过剩生产能力，也就是存在多余的生产要素，包括人员、设备、材料和场地，这些超出必要的生产要素构成了第 1 层浪费——生产要素浪费。

第 1 层浪费的后果：不仅要付出多余的劳务费、折旧费和利息，而且会引发第 2 层浪费。

2）第 2 层浪费

制造过剩浪费称为第 2 层浪费。制造过剩浪费也即制造现场的工作进度过快。

第 1 层浪费是引发第 2 层浪费的直接原因。在基本生产要素有过剩的情况下，会产生等待。为避免等待现象，尤其是人员等待，便会提前制造出自认为客户需要的产品，即制造过剩浪费。

这里所说的制造过剩有 2 种：一种是产销不适应，在所规定的时间内产出了数量过剩的产品；另一种是在规定的时间之前完成了生产任务。从市场经济的角度考虑，第 2 种过剩是在一定的时间内产品的生产速度超过了产品的销售速度。按照传统的生产经营观念，这可能是求之不得的好事，但是从精益生产的角度看，这才是最基本的浪费。

3）第 3 层浪费

过剩库存浪费称为第 3 层浪费。第 2 层浪费直接导致第 3 层浪费的产生。制造过剩浪费必然会产生过剩的库存。如果对过剩的库存进行搬运、重新摆放，制造过剩浪费就会更难以发现。实际上，正是因为存在制造过剩浪费，反过来才需要更多的人员。

4）第 4 层浪费

过剩库存浪费除了直接导致增加利息支出加大成本之外，还需要更大容量的仓库、更多的搬运人员、更多的运输设备、更多的库管人员等，这样就产生了第 4 层浪费。

以上 4 个层次的浪费会导致直接材料费、直接劳务费、间接劳务费、固定资产折旧费和一般管理费巨增，结果是加大产品成本。

根据浪费层次的递推关系，要消除浪费，首先考虑如何消除产生浪费的基础——过剩的生产能力，这样才能实现企业降低成本的目的。消除第 1 层浪费的重点是消除过多的人员，因此首先要解决作业人员等待的问题。如果过多人员的浪费能作为等待浪费清楚地显现出来，那么此后的作业重新分配、减少冗员就成为可能，这就意味着有可能降低第 2 层、第 3 层、第 4 层浪费产生的追加成本。图 1–10 左侧提供了消除这些浪费的好途径。

为了彻底消除这些最基本的浪费，精益生产采用了最著名的准时化生产、自动化生产等先进的生产管理手段。

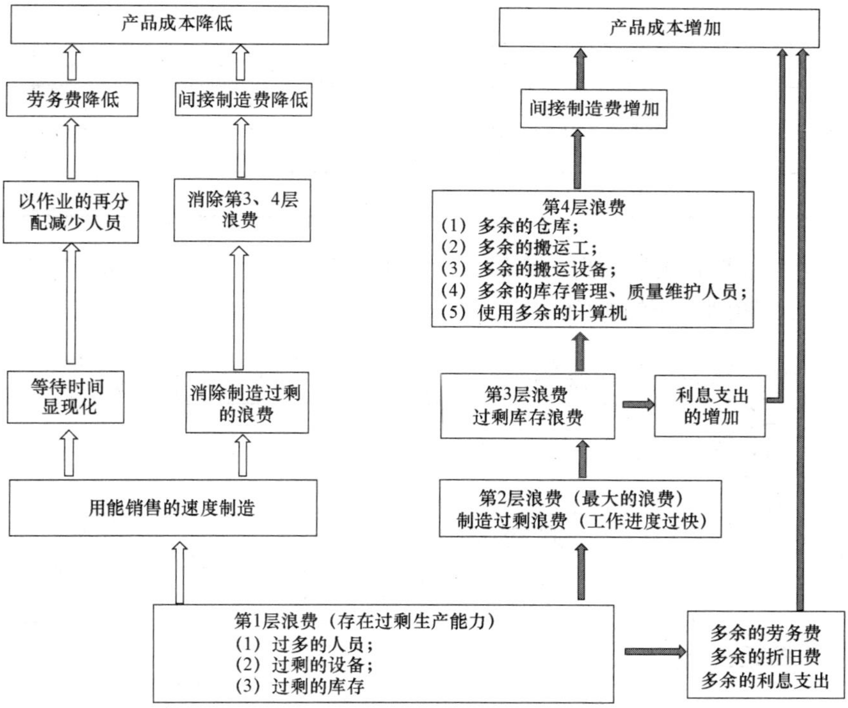

图 1–10　浪费的 4 个递推层次

实战演练

1. 观看一个烤吐司的视频，请大家在观看中认真观察视频中的男人在烤吐司的过程中都存在哪些浪费。

2. 查找沙盘中（图 1–11）的生产现场中存在哪些浪费，并填写浪费查找表。

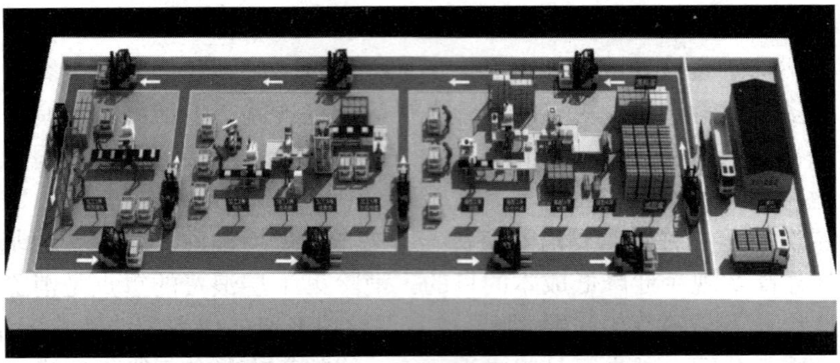

图 1–11　实战演练题 2 沙盘

浪费查找表

组别	过量生产	库存浪费	搬运浪费	不良缺陷	动作浪费	等待浪费	过度加工
1							
2							
3							
4							
5							

3. 图 1–12 中是某人从起床到上班的活动流程（框中的数字单位为 min），思考能否通过改善帮他缩短从起床到上班的时间？

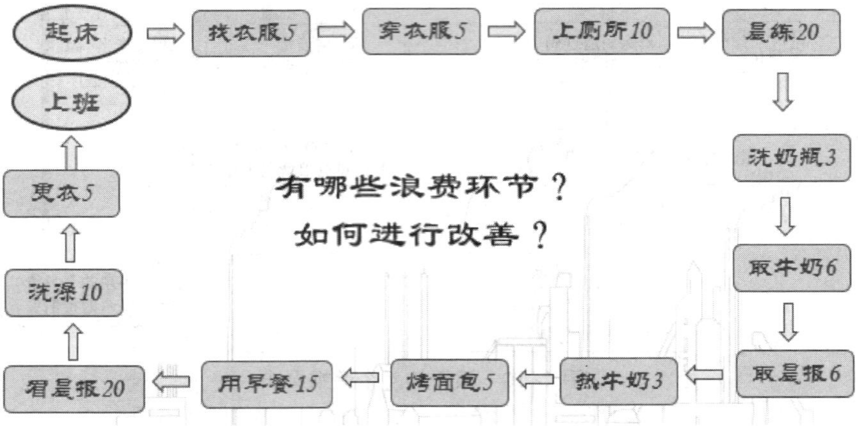

图 1–12　实战演练题 3 图

学习评价

本单元学习后，请学生根据自身学习体会，结合下表所列内容进行评价。

单元 1.4 学习评价表

姓　名		组　别		班　级		
日　期		综合评价等级				
评价指标	评价标准	分值	评价方式			
			自我评价（占 30%）	小组评价（占 30%）	教师评价（占 40%）	单项得分
课前预学	课前预习本任务相关知识，查找相关资料	5				
	完成问题引导部分的题目	5				
课堂参与	认真听讲和练习	10				
	积极参与小组讨论，并有详细笔记	10				
课堂互动	积极回答教师的问题	5				
	与小组成员有效合作，尊重他人	5				
	在小组活动中能围绕主题发表自己的观点	10				
自主探究	独立思考，自主学习，能发现问题	10				
	主动寻求解决问题的方法	10				
	善于观察、分析、思考，能提出创新观点	5				
综合素养	具有一定安全意识、责任意识、规范意识	5				
	具有吃苦耐劳的精神和严谨认真的学习态度	5				
学习成果	能在规定时间内完成本人的分工任务	10				
	完成课后作业	5				

模块 2

现场管理及改善

现场管理是指用科学的标准和方法对生产现场各生产要素进行管理。现场管理要对包括人（操作人员的技术水平、知识技能、工作经验、工作态度、健康状况等）、机（生产设备、辅助设备、测试仪器等硬件设施的性能、精度、稳定性、可维护性及定期保养情况）、料（构成产品的原材料、零部件、组件等所有物料，涵盖其质量、规格、性能、供应商信誉、供应稳定性、存储条件等因素）、法（生产过程中的工艺流程、作业指导书、标准操作程序（SOPs）、质量控制计划、检验标准等）、环（生产现场的环境条件，如车间的温湿度、洁净度、噪声、照明、通风、防尘、防静电、消防安全等）、测量（对产品各阶段的质量检测、监控、记录与分析，以及所使用的测量设备的精度、校验周期、测量方法的科学性与标准化）等进行合理有效的计划、组织、协调、控制和检测，使其处于良好的结合状态，从而达到优质、高效、低耗、均衡、安全、文明生产的目的。

模块概述

现场管理是精益生产管理方式实施的基础，我们在此模块着重学习现场管理方法中的 5S 管理方法及目视化管理方法，介绍两种方法的内容及实施过程。通过学习，使读者能够编写相关文件，并解决现场发现的实际问题。

教学目标

知识目标	能力目标	素质目标
（1）了解现场管理的对象及管理目标； （2）了解 5S 管理具体的内容及历史由来； （3）了解目视化管理工具； （4）了解目视化管理内容	（1）能够根据具体情况编写 5S 的相关文件； （2）能够实施具体工具的行迹管理； （3）能够根据具体的现场情况实施目视化管理	（1）培养一丝不苟的工作精神； （2）培养团队合作精神； （3）具备良好的安全意识、风险意识

单元导航

单元 2.1　现场管理的对象及目标；
单元 2.2　5S 管理；
单元 2.3　目视化管理。

单元 2.1　现场管理的对象及目标

5S 现场管理

问题引导

引导问题 1：生产要素有哪些？

____

____

引导问题 2：在现场改善时要坚持“三现”主义。“三现”主义的具体内容是什么？

____

____

引导问题 3：简述现场管理的目标。

____

____

相关知识

2.1.1　现场改善的相关概念

现场是指企业为顾客设计、生产、销售产品和提供服务，以及与顾客交流的地方。现场为企业创造附加值，是企业生产管理的载体和基础。狭义的现场是指供企业内部直接从事基本生产或辅助生产的场所，如车间、工厂、生产第一线、基本作业单元、班组、工序等。

现场管理涉及企业各方面的管理工作，包括生产管理、质量管理、工艺管理、设备工装管理、人员管理、物流管理、组织管理、成本管理、环境管理和安全管理等方面。它可以最大限度地激活人、物、设备的作用，在保证质量的前提下，使每道工序追求高效率化。

现场改善意为对现场进行改善和优化。改善过程是发现问题、查找原因、找到解决方案的过程，是持续不断、反复进行的改进过程。

精益生产的基础是改善活动。为维持精益生产的优势并使其进一步发展，以精益生产思想为基础，支撑现场稳步进行生产的管理者的作用就变得尤其重要。管理者要保证每一个现场都没有不合理的现象出现，要将物料、设备和人员更为有效地组合起来。丰田汽车公司认为自己的优势就是生产现场，而准时化生产和自动化是其生产现场优势的具体表现。为保证产品数量和品种的均衡、抑制各工位的生产过剩、防止异常的发生，应充分理解现场改善的相关概念，只有这样精益生产的思想才能得到巩固，而所有这一切都要通过现场实践来实现。

2.1.2 现场改善的观念

1."三现"主义

在进行现场改善时，要坚持"三现"主义。"三现"主义包括：现地，即发生问题的地点；现物，即对发生问题的对象进行确认；现实，即摒弃完全凭经验和感觉进行判断的习惯，注重数据和事实，对问题进行分析，找出真正原因。

"大野圈"源自日本丰田汽车公司生产方式的奠基人大野耐一，这是他用于训练其部下的方法，即用粉笔在车间地板上画一圆圈，让接受培训的人站在其中数小时，学习观察现场、发现问题，大野耐一会随时返回检查其部下现场观察之所得，对于那些回答"没有发现问题"的人，他们会被要求在圈内站更长的时间来学习如何发现问题。大野耐一将生产现场的浪费归纳为过量生产、库存、搬运、等待、动作的浪费，以及过度加工和不良 7 种，如果不充分了解现场的实际情况，就无法有效识别浪费，更谈不上开展改善活动解决问题了。图 2-1 为"大野圈"的应用样式。

图 2-1 "大野圈"的应用样式

在生产现场发现问题和解决问题是持续提升生产现场运营水平的必由之路，"大野圈"为训练班组长发现浪费提供了非常有效的方法，它为团队主管的日常改进活动提供了结构化的方式，也为时间有限的高级主管提供了了解现场的机会。"大野圈"的实施应用步骤如下：

① 选择一个安全的并且容易观察到现场作业的观察点，拿粉笔或者胶带在观察点画一个圆圈，作为"大野圈"的位置。

② 站在"大野圈"中观察作业过程 30 min。

③ 记录这段时间内你发现的 30 个问题点，可以是浪费现象，也可以是针对安全、环境、空间及能源应用等方面的问题。

④ 对记录的问题进行浪费类型划分，以便根据不同类型的问题采取有针对性的措施进行改善。

⑤ 和现场团队进行问题的根本原因分析，从而确定后续的改善对策。

⑥ 在后续的 30 min 内，将安全问题放在首位，和现场团队一起至少实施一项改善措施来解决现场的具体问题，通过 30 min 的改善活动让现场发生改变。

⑦ 无法在 30 min 内解决问题的，须将问题清单列在现场的班组管理板上，便于后续现场团队继续解决这些问题，也便于管理者定期返回现场跟进问题解决的进度，以及提供需要的支持。

“大野圈”改善活动的步骤强调 30/30/30，在 30 min 内识别出 30 个问题，通过 30 min 的改善活动至少解决一个问题，表 2-1 所列为“大野圈”改善活动问题记录表。

表 2-1 “大野圈”改善活动问题记录表

序号	问题描述	浪费分类							要素区分			
		过量生产	库存	搬运	等待	动作	过度加工	不良	安全隐患	环境影响	人因工程	能源损耗
1												
2												
3												
4												
5												
6												
7												
8												
9												
10												
11												
12												
13												
14												
15												
16												
17												
18												
19												
20												
21												
22												
23												
24												
25												
26												
27												
28												
29												
30												

2. 现场改善的态度与基本精神

在进行现场改善的过程中，要坚持 10 条基本精神和态度，具体如下：

① 抛弃传统制造方式的观念。

② 与其说明做不出来的理由，不如考虑如何去做。

③ 不要找借口，首先要把握现状。

④ 好的事情马上去做，不好的事情马上停止。

⑤ 不要好高骛远，要从 60 分做起。

⑥ 有错误马上原地纠正。

⑦ 不逼到绝境，就想不出好办法。

⑧ 查找真正的原因，要在问 5 次“为什么”之后，并考虑改善方法。

⑨ 与其 1 个人拼命苦想，不如集合 10 个人的智慧。

⑩ 改善无止境，以目前最差为起点。

2.1.3 现场改善的目标

现场改善的目标包括：提高产品质量、提高作业效率、减少浪费、减轻劳动强度、改善设备布局、实现少人化等。衡量改善效果的 7 大指标为：质量、生产效率、在制品数量、面积、周转时间、零件品种、安全。虽然现场改善的评价指标很多，但如果通过单一标准来评价现场改善的结果的话，那么把生产率作为衡量现场改善综合效果的评价尺度是很合适的。生产率可以按每人每小时的产出量进行计算。例如，在某条生产线上，如果每个月 3 个作业员用一天的实际劳动时间 10.7 h 生产产品 5 081 件，则：

生产率=5 081/（3×10.7）=158［件/（人·h）］

对改善的重视程度与需要改善的效果不同，现场管理水准会有很大差异。现场管理水准分为 5 级，如表 2–2 所示。

表 2–2　现场管理水准

级别	管理者	现象	员工
一级	忙碌就是在努力工作	现场乱糟糟，开会总是迟到	我们已经够忙啦
二级	明白未能给产品增加价值的都是浪费	开始用业务流程进行管理，懂得管理时间	
三级	流程化管理，重视改善	各环节均使用流程图管理，小组经常聚会讨论改善课题	具备多项操作技能
四级	天天在研究如何再增加价值	实际工作效率达到 75%以上，设备因故障而停线的情况基本消除	
五级	价值流管理	实际工作效率达到 85%以上，库存（物料、成品等）是该行业中最低的，全员主动地参与到改善活动中	新人也能很快跟上运营程序

现场管理及改善涉及内容较多，可以采用的手法也很多，其中 5S、目视管理、基础 IE 是最基础的常用手法。

实战演练

1. 简述现场改善最基础的常用手法有哪些。
2. 阐述在进行现场改善过程中要坚持的 10 条基本精神和态度。
3. 简述“大野圈”的实施应用步骤。

学习评价

学习本单元后，请学生根据自身学习体会，结合下表所列内容进行评价。

单元 2.1 学习评价表

姓　名		组　别		班　级		
日　期		综合评价等级				
评价指标	评价标准	分值	评价方式			
			自我评价（占 30%）	小组评价（占 30%）	教师评价（占 40%）	单项得分
课前预学	课前预习本任务相关知识，查找相关资料	5				
	完成问题引导部分的题目	5				
课堂参与	认真听讲和练习	10				
	积极参与小组讨论，并有详细笔记	10				
课堂互动	积极回答教师的问题	5				
	与小组成员有效合作，尊重他人	5				
	在小组活动中能围绕主题发表自己的观点	10				
自主探究	独立思考，自主学习，能发现问题	10				
	主动寻求解决问题的方法	10				
	善于观察、分析、思考，能提出创新观点	5				
综合素养	具有一定安全意识、责任意识、规范意识	5				
	具有吃苦耐劳的精神和严谨认真的学习态度	5				
学习成果	能在规定时间内完成本人的分工任务	10				
	完成课后作业	5				

单元 2.2 5S 管 理

5S 管理概述

问题引导

引导问题 1：阐述 5S 的具体内容。

____

____

引导问题 2：简述“三定一标识”的具体内容。

____

____

引导问题 3：阐述 5S 的具体目标。

____

____

相关知识

2.2.1 5S 的起源与发展

5S 起源于日本，是一种在生产现场对人员、机器、材料、方法等生产要素进行有效管理的方法。5S 在塑造企业形象、降低成本、准时交货、安全生产、高度标准化、创造令人心旷神怡的工作场所、现场改善等方面发挥了巨大作用，逐渐被各国的管理界所认识。

有些企业在原来 5S 的基础上，增加了安全（safety），形成“6S”；再增加节约（save），形成“7S”。也有加上习惯化（shiukanka）、服务（service）及坚持（shikok，），形成“10S”。但是万变不离其宗，核心内容还是 5S。

2.2.2 5S 的含义、作用、目的

1. 5S 的含义

5S 是指（整理，seiri）、（整顿，seiton）、（清扫，seiso）、（清洁，seiketsu）、（素养，shitsuke），如表 2–3 所示。因为 5 个单词前面发音都是“S”，所以称为“5S”。

表 2–3 5S 含义表

中文	英文	典型例子
整理	Organization	倒掉垃圾，长期不用的东西放仓库
整顿	Neatness	30 s 内就可找到要找的东西

续表

中文	英文	典型例子
清扫	Cleaning	谁使用谁负责清洁（管理）
清洁	Standardisation	管理的公开化、透明化
素养	Discipline and training	严守标准、团队精神

2. 5S 的作用

5S 是企业管理和现场改善的基础，因其简单、有效，所以被认为是提升现场管理水平的第一步。实施 5S 活动，可以在品种、品质、成本、交货期及安全等方面发挥作用，具体如下：

① *多品种* 5S 可以减少寻找模具、夹具、工具和刃具的时间，从而可以缩短作业转换的时间，有利于实现多品种生产的要求。

② *高品质* 品质是指产品性价比的高低，是产品本身所固有的特性。好的品质是赢得顾客信赖的基础。5S 能确保生产过程的迅速化、规范化，能十分有效地为好的品质打下坚实的基础。

③ *低成本* 5S 的推动能减少库存量和各种浪费，避免不均衡，大幅度地提高效率，从而达到成本的最优化。

④ *短交货期* 交货期体现了公司响应市场需求的能力。为了适应社会发展需要，越来越多的企业从大批量生产转向多品种少批量生产。品种增加，管理难度加大，各种错误率增大。5S 是一种有效的预防方法，能及时发现异常，减少问题的发生，保证快速、准时交货。

⑤ *高安全* 通过实施 5S 活动，可使工作场所干净整洁、物品摆放井然有序、通道顺畅，这就能很好地避免意外事故的发生。

3. 5S 的目的

① *改善生产现场环境* 通过整理、整顿、清扫等活动，创造一个整洁有序的工作环境，提高工作效率，减少浪费，保障安全生产。

② *提升生产效率* 通过 5S 管理，员工可以在一个干净整洁的工作环境中集中精力工作，提高工作效率，减少不必要的浪费和时间消耗。

③ *保障产品质量* 优化的工作环境和严格的 5S 管理可以帮助企业遵守质量标准，减少错误发生，保证产品的质量和安全性。

④ *提升企业形象* 整洁有序的工作环境不仅能吸引顾客，还会因为口碑相传成为其他公司学习的榜样，增强企业的威望和吸引力。

⑤ *提升员工素质和归属感* 通过参与 5S 管理活动，员工可以更清楚地认识自己的工作环境，提高对工作的责任感和归属感，形成良好的工作习惯。

⑥ *促进持续改进* 5S 管理是一个持续改进的过程，通过对工作流程和环境的持续改进，企业能够适应市场变化，保持竞争力和可持续发展力。

综上所述，5S 管理不仅关注于短期内的效率提升和环境改善，而且能够促进企业长期发展和员工素质的整体提升。

2.2.3　5S 活动的内容

5S 活动内容（1）　5S 活动内容（2）

1. 整理

1）整理的定义和作用

表 2-4 为整理的定义和作用。整理实施时，首先对工作场所进行全面性的检查，包括眼睛看得到的地方和看不到的地方；其次是区分必需品与非必需品，即去掉不需要的物品，留下需要的物品，然后再根据物品的使用频率来决定它的管理方法，如“放在作业区内，由员工带在身边”“集中放在车间某个规定处”或“由管理部门保管”等。清理非必需品时，应注意使用价值，而不是原来的购买价值，也就是使用价值的优先级大于购买价值。图 2-2 为非必需品的处理方法。

整理是一个永无止境的过程。现场每天都在变化，整理贵在日日做、时时做，如果仅偶尔突击一下，做做样子，就完全失去了整理的意义。所以整理是一个循环的工作，需要随时进行。

表 2-4　整理的定义和作用

项目	整理（seiri）
定义	明确区分需要与不需要的物品，去掉不需要的物品，保管需要的物品
作用	（1）使现场无杂物，过道通畅，增大作业空间，提高工作效率； （2）减少碰撞，保障生产安全，提高产品质量； （3）消除混杂材料的差错； （4）有利于减少库存、节约资金； （5）使员工心情舒畅，工作热情高涨

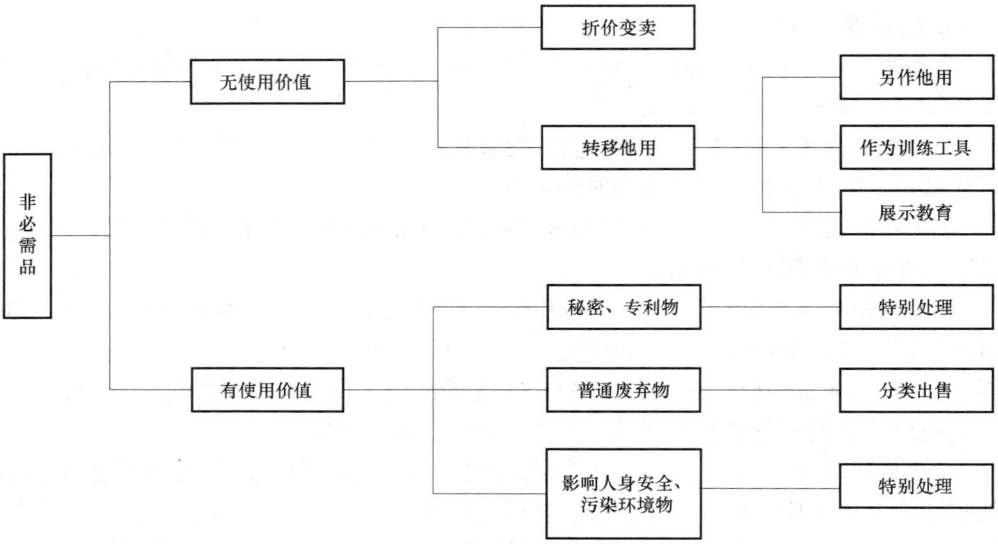

图 2-2　非必需品的处理方法

2）推进整理的步骤

① 做好教育工作　对员工也应施以教育，让员工明白整理的潜在利用价值，必须把看得到和看不到的物品进行彻底整理。

② 进行定点摄影　采用定点摄影方法了解现状，将整理前的照片和整理后的照片放在一起进行对比，以显现出实施整理的效果。

③ 区分必需品和非必需品　将所有的物品逐一判别，“要”与“不要”的判定标准就是明确“必需品”与“非必需品”。对于必需品，应调查使用频率，决定日常用量及放置位置，并用恰当的方法保管。

④ 处理非必需品　对贴了非必需品红牌的物品，必须一件一件地核实现品实物和票据，确认其使用价值。对非必需品，可采用改用、修理、修复、作价卖掉、废弃处理的方法进行处理。

⑤ 对整理效果进行检查　明确责任区域，每日坚持自查；同时，还要对整理进行检查，发现问题要及时发出整改通知，督促改进。

⑥ 每天循环整理　整理是一个循环的工作，应根据需要而随时进行，需要的物品留下，不需要的物品处理掉。

表 2–5 为整理活动的具体检查内容。

表 2–5　整理活动的具体检查内容

检查内容	不良现象	推行注意事项
作业台、椅子	（1）不用的作业台、椅子也放在现场； （2）杂物、私人物品藏在抽屉里或台垫下面； （3）当天不用的材料、设备、夹具堆放在台面上； （4）材料的包装袋、包装盒用完后仍放在台面上	多注意被锁住的柜子内、桌底、柜顶等一些平常不注意、容易隐藏的地方
货架	（1）现场到处都有货架，几乎变成临时仓库； （2）货架大小与摆放场所不相适应，或与所摆放之物不相适应； （3）不用的货物、设备、材料都堆放在货架上面	对该区域进行三次整理工作后再分类
通道	（1）弯道过多，机械搬运车辆通行不便； （2）行人通道和货物通道并混而用； （3）作业区与通道混在一块	确认区域规划的合理性
设备	（1）现场有不使用的设备； （2）残旧、破损的设备有人使用但无人维护； （3）过时老化的设备仍在点点停停，勉强运作	确认设备是否需要专业部门鉴定，防止有用的设备被丢弃

续表

检查内容	不良现象	推行注意事项
办公台	（1）办公台多过作业台，几乎所有管理人员都配有独立办公台； （2）每张办公台都有一套相同的办公文具，未能共用； （3）办公台面干净，抽屉里杂乱无章； （4）不能用的文具也放在办公台上； （5）私人物品随意放置； （6）茶杯、烟灰盅放在办公台上； （7）办公台上堆放了许多文件、报表	能少用就不用多
文件资料	（1）新旧版本并存，分不清孰是孰非； （2）过期的仍在使用； （3）需要的人员没有，无关人员反倒持有； （4）保密文件未被有效管理，任人阅读； （5）个人随意复印留底	（1）注意文件夹内的文件整理； （2）注意电子文档类文件的管理
公共场所	（1）空间用来堆放杂物； （2）洗涤物品与食品混放； （3）消防通道堵塞； （4）排水、换气、调温、照明设施存在问题	（1）注意垃圾场； （2）注意公共场所各个角落的空箱及来货区的区域规划

3）实用工具与方法

（1）必需品与非必需品的区分、处理方法

先区分必需品和非必需品，然后将非必需品清理出现场，对“不要”物品给予清除。表 2–6 为必需品和非必需品的区分、处理方法。

表 2–6　必需品与非必需品的区分、处理方法

类别	使用频度		处理方法	备注
必需品	每小时		放工作台上或随身携带	
	每天		现场存放（工作台附近）	
	每周		现场存放	
非必需品	有使用价值	每月	分类后出售	普通废弃物
		一年以上	仓库封存	涉及机密、专利的要特别处理
		随时	特别处理	影响人身安全、环境污染的要特别处理
	无使用价值	随时	废弃/变卖	
		一年以上	另作他用，或作为训练工具展示教育	

（2）红牌事例

红牌事例如表 2–7 所示，即在现场寻找问题点并在对象物上挂红牌，让大家明白问题所在，并积极去改善，从而达到整理的目的。

表 2–7 红牌事例

5S 红牌			
区分	1. 原材料 5. 机械设备、电器装置 2. 在制品 6. 模具、夹具、工具 3. 半成品 7. 清扫工具、垃圾 4. 成品 8. 其他		
名称			
编号		数量	
理由	1. 不必要 2. 不急用 3. 不良 4. 停产、换线 5. 未及时处理 6. 其他		
责任车间（部门）	车间（部门）： 班组（科室）： 生产线：		
张贴日	日期 年 月 日	改善期限	日期 年 月 日前
处理方法	1. 丢弃 4. 移到红色保管区域 2. 返还 5. 整理 3. 清扫 6. 其他		
效果确认	□可（关闭） □不可（重想对策）		
主管领导签字		5S 管理办公室签字	
效果确认	□可（关闭） □不可（重想对策）		
备注			

2. 整顿

1）整顿的定义和作用

表 2–8 为整顿的定义和作用。整顿就是要对通过整理后留在工作现场的物品按便于使用的原则分门别类放置，进行定点、定位摆放，明确数量，即定置管理，并有效地进行标识。

表 2–8 整顿的定义和作用

项目	整顿（seiton）
定义	将必需品依照规定的位置整齐摆放，明确标识
作用	（1）提高工作效率，缩短工序转换时间、作业准备时间； （2）异常情况（如丢失、损坏）能马上发现； （3）非担当者的其他人员也能明白要求和做法； （4）不同的人去做，结果应是一样的（已经标准化）

整顿的要素，即场所、方法、标识，具体包括：

① 放置场所　物品的放置场所要 100%设定，生产线附近只能放真正需要的物品，物品

的保管要定点、定容、定量，详见“3 定”原则。

② *放置方法* 要易取，不超出所规定的范围，在放置方法上多下功夫。

③ *标识方法* 放置场所和物品原则上一一对应，现物的表示和放置场所的表示，表示方法全公司要统一，在表示方法上多下功夫。

2）整顿的若干规定

整顿的若干规定如下：

（1）地面通道宽度

① *主通道*：120 cm 以上，其中人行道宽度最低应在 1.0 m 以上。

② *区域通道*：80 cm 以上，其中单向车道为“最大车宽+0.8 m”，双向车道为“最大车宽×2+1.0 m”。

③ *辅助通道*：50 cm 以上。

（2）定位线

定位线用于地面物品的定位，视实际情况可以采用实线、虚线或四角定位线等形式，线宽 3～6 cm。定位线通常采用黄色或白色线条。下面介绍几种常用定位线形式。

① 对消防器材、危险物品及配电设施的定位，为达到警示效果，其前方禁止摆放的区域（如消防栓前、配电柜前）使用红白相间的胶带警示。

② 位置变动类物品定位时，常采用虚线定位法。

③ 形状规则的小物品定位时，可采用四角定位法，其中物品角与定位角线间距应为 2～4 cm。

④ 货架常用四角定位，有时演化为从通道线或区划线上延伸的定位形式。

提示：位置已经固定的办公桌及相应设施设备，不使用专门的定位线。

（3）标识

① *生产场地标识* 采用不同颜色的油漆、胶带、地板砖或栅栏划分区域，具体如下：绿色——通行道/合格品；绿线——固定永久设置；黄线——临时/移动设置；白线——作业区；红线——不合格区/不合格品。

在摆置场所标明摆放的物品；在摆放物品上应进行标识；某些产品要注明储存/搬运注意事项和保养时间/方法；暂放产品应挂暂放牌，指明管理员、时间跨度。

② *文件柜标识* 文件柜内用分隔胶条和标贴标识；文件柜门左上角贴柜门标签（标签大小尺寸根据文件柜具体设定）。

（4）设备设施

① 配电箱、办公设备、工具架、公共设施等的标签，粘贴时要求其高度与使用者视线基本相平；在同一平面上，各标签高度、间距尽量相等。

② 线束应无裸压，或者不绊人、不拖地，方便清扫卫生。

③ 插头（开关）上标识控制对象，防止误动误用。

（5）办公桌

① 桌面允许放置的物品（较长时间离开时）：文件夹（盒）、电话机（传真机）、文具盒（笔筒）、计算机、水杯、台历。

② 明确文件放置盒状态（待处理、处理中、已处理），或者明确所放置物品的具体名称。

③ 抽屉的整理、整顿。清除不要的或不应该放在抽屉内的物品；抽屉内物品要分类，做分类标识；个人用品放置在底层；有措施防止物品来回乱动。

（6）文件

① 文件夹应统一标识（标识应位于文件夹侧面）；标识应统一规格，用计算机打印。

② 文件夹所在的文件盒也应有对应标识。

③ 文件管理部门或责任者应明确并标识。

④ 有多个文件夹（5个以上）者，设置形迹管理线，以方便归位。

（7）其他

① 姓名牌、茶具、水杯应定点放置，可采用杯垫、图标等方式定位，放置位置部门内统一。

② 公用的垃圾桶、清洁用具需要定位，个人办公桌下的垃圾桶可以不定位，放置位置部门内统一。

③ 宣传板、公告栏及人员去向管理板应做定位管理。

3）整顿的实施步骤

① 整理放置场所，对整理后清理出来的场地、货架、文件柜进行再分配。

② 确定放置场所，具体包括：

a）经常使用的物品应放在附近；

b）经常使用的物品应放在肩肘之间的高度；

c）不常用的物品应放在其他地方；

d）使用频率高的工具可采用“配套方式”，即将该产品工序转换或准备作业时需要的一整套工具集中放入工具箱，需要时可从工具架上拿出工具箱直接去工作台；

e）使用频率低的工具，可采用“收集方式”，即在进行该产品工序转换或准备作业时，按作业指示图从工具箱中取出所需的工具，并集中放入一个箱子，然后拿到工作台。

③ 设置放置场所标记，具体包括：

a）在所放置的物品上标上标记，如标上物品种类、名称、编号。

b）在作业指导书、工序转换指示图、检查表等各产品、工序的指示资料中，应明确记录放置场所。

c）标记的日常检查、指正、复位等。

整顿活动的具体检查内容如表2–9所示。

表2–9 整顿活动的具体检查内容

检查内容	不良现象	推行注意事项
作业台、椅子	（1）物料凌乱地搁置在台面上； （2）台面上下的各种电源线、信号线、压缩空气管道乱拉乱接，盘根错节； （3）作业台、椅子尺寸形状大小不一、高低不平、五颜六色，有碍观瞻； （4）作业台、椅子无标识，不知道属于哪个部门、由谁管理	在确定物品定量方法时是否已做好了防呆措施

续表

检查内容	不良现象	推行注意事项
货架	（1）摆放的物品没有做识别管理，除了当事人之外，其他人一时难以找到； （2）货架太高，或物品堆积太高，不易拿取； （3）不同的物品层层叠放，难以取放； （4）没有按“重低轻高”的原则摆放	（1）针对布局是否合理，提出改善提案； （2）强调分类的重要性； （3）注意重要物品和易损件的放置容器
通道	（1）未将通道位置画出； （2）被占作他用，如作为材料摆放区； （3）部分物品摆放超出通道； （4）坑坑洼洼、凹凸不平，人员、车辆不易通行	（1）确认区域规划，结合空间利用，设计合理的布局； （2）人车分流，预留设备通道
设备	（1）使用暴力，野蛮操作设备； （2）设备放置不合理，使用不便； （3）运作能力不能满足生产要求； （4）没有定期保养和校正，精度有偏差； （5）缺乏必要的人身安全保护装置	（1）确认有无操作标准； （2）确认操作人员是否受过正确的培训； （3）设备的管理责任是否明确并细化
办公台	（1）办公台位置主次不分； （2）办公台用作其他用途； （3）台面办公文具、通信工具没有定位； （4）公共物品放在个人抽屉； （5）抽屉上锁，其他人拿不到物品	除办公用的办公台外，其他办公台一律按物品性质定做成书架、文件篮等
文件资料	（1）未分门别类，也没有用文件柜、文件夹存放； （2）没有定点摆放，四处都有，真正要用的又不能及时找出； （3）文件种类繁多，难以管理； （4）文件接收、发送未记录，或未留底稿； （5）即使文件遗失不见了，也没有人知道	（1）注意文件框内的分类是否一目了然； （2）注意文件平时是否都有人保管； （3）电子文档的整理是否及时、合理
公共场所	（1）区域、场所无标识； （2）无整体规划图； （3）物品未定位、定置； （4）逃生路线不明确； （5）布局不合理，工作效率低	（1）各车间使用路牌标识； （2）公共用品上设有爱护提示牌； （3）区域标识及门牌标识要统一，能有效宣传公司形象

常见引线的标识方法及使用范围如表 2–10 所示。

表 2–10　常见引线的标识方法及使用范围

类别	颜色	线型	线宽	使用范围	图示
网状线	黄/红	实线	10 cm	厂区门口、货柜台前（红色用于消防栓、灭火器处）	
出入口线、门开闭线	黄	虚线	10 cm	工作区出入口位置的标识、门开闭位置的标识	
通行线	黄	箭头	—	通道、楼梯的转弯处和起点处的标识	

续表

类别	颜色	线型	线宽	使用范围	图示
区域线	黄	实线	10 cm	通道、生产作业区的标识	
虎纹线	黄、黑	黄黑相间	10 cm	防撞部位，如墙角、低空防撞等	
斑马线	红	实线	5 cm	配电箱等的区域标识	
定置线	黄、白	实线	5 cm	在制品等的区域标识	
	黄、白	虚线	5 cm	垃圾桶等的区域标识	
定置线	黄、白	四角定位线、虚线	5 cm	工作台、机械设备等的区域标识	
红白线	红、白	实线	5 cm	危险区域，如防护栏杆、立柱等	

3. 清扫

1）清扫的定义和作用

清扫就是在整理、整顿的基础上，使物品和场所一直处于整洁、随时可用的状态。清扫的定义和作用如表 2–11 所示。

表 2–11　清扫的定义和作用

项目	清扫（seiso）
定义	将工作场所（机器设备）内看得见和看不见的地方清扫干净，使破旧之处复原如新，并保持干净亮丽
作用	（1）使质量保持稳定；维持仪器及设备的精度； （2）维持机器设备的稳定性，减少故障发生； （3）创造清洁的工作场所

2）清扫的基准和制度

清扫基准和制度如表 2–12 所示。

表 2-12　清扫基准和制度

对象	清扫要点、方法	工具	清扫基准要求	清扫周期	清扫时间	责任人
职场	（1）通道、地面扫擦； （2）工作台、椅子自行抹擦； （3）通风器铲垢； （4）配管配线抹擦； （5）开关在关电后抹擦； （6）抹扫覆盖、护盖； （7）天花板抹扫	拖把、抹布、毛巾、干纱布、刮刀、钢刷、扫把	（1）平整、无尘、无杂物遗落； （2）洁净、无残缺、无画迹； （3）无贴附较厚油渍、污垢，不堵塞管口； （4）干净、无尘埃、无污垢，颜色鲜明； （5）开关洁净，拨动灵活，标识清晰； （6）灯管、灯盆明亮洁净无污垢、虫网	除了每天用 5 min 清扫（1）（2）点外，其他只需每周一次	每周五下午 4:30—5:00	各责任区所属单位的全体员工
办公设备	先用纱布沾洗涤剂轻轻抹擦，再用干纱布擦净设备重点部位的表面和容易积尘的地方，如计算机、传真机、复印机、空调器等	湿纱布、干纱布	主机和重点部位的正面、背面、颈部、送风口等易积尘地方无污垢	每周一次	月初周末下午 4:30—5:00	各使用人
文档	（1）机密文件失效后一律碎掉； （2）非机密文件失效后清出资料夹； （3）无法回收利用的过期文档集中废弃或变卖	目测	（1）各现行文档内不能存失效文件，机密文档不可被轻易看到； （2）超过保管年限的表单及时集中销毁，保管年限内的表单定期装订； （3）没有无用的卡片、册子、档案、报刊等； （4）没有无用的手稿、与工作无关的文件	每月一次	月底	各文件代管人
机械设备	（1）空压系统——抹布拭擦； （2）油压润滑系统——抹布拭擦，不能用风筒吹； （3）机械转动、滑动部位——切削去垢，抹布拭擦； （4）电气系统——抹拭附属灰尘，关电后轻拭开关等； （5）工具、模具、量具——柔软纱布擦拭	抹布、纱布	（1）各系统设备不可厚积尘埃、污垢； （2）机械转动、润滑部位无阻塞、污垢、杂物； （3）电气系统洁净、干燥、无锈蚀； （4）工模量具精确锃亮	每月一次	月底或月中生产空闲停顿的时候	工程人员

3）清扫步骤

① *从工作岗位扫除一切垃圾灰尘*　作业人员要自己动手而非用清洁工代替，清除常年堆积的灰尘污垢，不留死角，将地板、墙壁、天花板，甚至灯罩的里边都要打扫得干干净净。

② *清扫、检查机器设备*　设备每天都要保持一尘不染、干干净净的状态。设备本身及其所附属的辅助设备也要清扫。清扫就是点检，通过清扫，可把污秽、灰尘，尤其是原材料加

工时剩余的东西清除掉。这样一来磨耗、瑕疵、漏油、松动、裂纹、变形等问题就会彻底地暴露出来，也就可以采取相应的弥补措施，使设备处于完好、整洁的状态。

③ 整修　对清扫中发现的问题，要及时进行整修。只有通过清扫，才能随时发现工作场所的机器设备哪些需要维修或保养，从而及时添置必要的安全防护装置。

④ 查明污垢的发生源　污垢的发生源，主要是由“跑、冒、滴、漏”等原因所造成的。如果每天进行清扫，油脂、灰尘或碎屑还是四处遍布，就要查明冒烟、滴油、漏油、漏水的问题所在。通过随时查明这些污垢的发生源，并制定污垢发生源的明细清单，再按照计划逐步地去改善，可从源头上解决问题，将污垢从根本上灭绝。

⑤ 责任化、制度化　对于清扫，应进行区域划分，实行区域责任制，责任到人，不可存在无人理的死角。

对于清扫活动，还需制定清扫的标准，具体包括：明确清扫的对象、方法、重点、周期，使用的工具、担当者等。清扫活动的具体检查内容如表2–13所示。

提示：在检查时，对发现的问题要提出改善措施，并进行落实，直到问题解决为止。

表2–13　清扫活动的具体检查内容

检查内容	不良现象	推行注意事项
作业台、椅子	（1）设备和工具破损、掉漆，甚至残缺； （2）到处布满灰尘、脏污； （3）材料余渣、碎屑残留； （4）垫布发黑，许久未清洗； （5）表面干净，里面和后面脏污不堪	这一阶段多注意设备的完好状态和点检实施的真实性、有效性
货架	（1）物品，连同外包装在内，一起放在货架上，清扫困难； （2）只清扫货物，不清扫货架； （3）布满灰尘、脏污； （4）物品放了很久，也没有再确认，有可能变质	对包装箱内物品应标识有效期；清扫货架等物，保证干净、整洁；对容易失效的物品，用明显的标识进行标注（目视管理）
通道	（1）灰尘多，行走过后有鞋印； （2）有积水、油污、纸屑、铁屑等； （3）很久未打蜡或刷油漆，表面斑斑驳驳，非常难看	确认清扫责任表，找出不能执行、维持的背后原因
设备	（1）有灰尘、脏污之处； （2）有生锈、褪色之处； （3）渗油、滴水、漏气； （4）导线、导管破损、老化； （5）滤脏、滤气、滤水装置未及时更换； （6）标识掉落，无法清晰分辨	（1）有无点检标准； （2）有无点检记录； （3）记录是否有效
办公台	（1）台面脏污，物品摆放杂乱无章，并且有积尘； （2）办公文具、通信文具污迹明显； （3）台下办公垃圾多日未倾倒	确认是否有办公设施责任人、区域负责人，以及值日要求、周期
文件资料	（1）复印不清晰，难以辨认； （2）随意涂改，没有理由和负责人； （3）文件破损、脏污； （4）文件柜、文件夹污迹明显； （5）未有防潮、防虫、防火措施	（1）文件的清晰度； （2）文件的完整性； （3）文件的保存状态

续表

检查内容	不良现象	推行注意事项
公共场所	（1）玻璃破烂，不能挡风遮雨； （2）门、窗、墙被乱涂乱画； （3）墙壁发黑，地面污水横流； （4）采光不好，视线不佳； （5）到处都污迹明显，无人擦洗； （6）无人定期进行必要的清洁、消毒	（1）基础设施管理责任化； （2）管理维护日常化； （3）专业维护定期化

4. 清洁

1）清洁的定义和作用

表 2-14 为清洁的定义和作用。清洁表现的是一种状态、一种结果，而不是“清洁”这种现象，先有清扫这样的行为，才有清洁这样的结果，二者是不可分割的。清洁就是认真做好前面 3S 工作，并进行保持。因此需要将上面讲的 3S 实施做法制度化、规范化，并贯彻执行。

表 2-14 清洁的定义和作用

项目	清洁（seiketsu）
定义	维持整理、整顿、清扫所取得的成果，继续保持现场及所有设备等的清洁
作用	保持现场、设备等清洁，使异常现象显现化（易发现），并做到异常时的对策、办法可视化，创造舒适的工作条件

2）清洁推进要领

清洁推进要领如下：① 落实前 3S 工作；② 制定目视管理、颜色管理的基准；③ 制定稽核方法；④ 制定奖惩制度，加强执行；⑤ 维持 5S 意识；⑥ 高层主管经常带头巡查，带头重视。

3）推进清洁的步骤

① 对推进组织进行教育　必须用 5S 的基本思想向组员和全体员工进行必要的教育和宣传。

② 制定清洁手册　制定专门的清洁手册，包括工作现场的清洁程序、方法和清洁状态；确定区域和界线，规定完成后的状态，设备的清扫、检查进程和完成后的状态；公司的清扫计划和责任者、规定清扫实施后及日常的检查方法，并制成看板标识在现场。

③ 明确清洁的状态，执行 5S 制度　清洁的状态，就是干净、高效、安全；严格执行已制订检查、考评和奖惩制度。

④ 定期检查　高层领导经常带头进行定期或不定期的巡查。通过检查 3S 实施的彻底程度来判断其水平和程度；定期检查，不但要检查清洁度，而且要重点检查高效的程度，并进行巡查评比。

⑤ 环境色彩化　厂房、车间、设备、工作服都采用明亮的色彩，一旦有污渍，就很明显，容易被发现。

⑥ 推进透明管理　开展清洁活动，还必须推进透明管理。坚持实施 10 min 3S 活动、5S 目视化、5S 标准化，保护生产环境，减少噪声，减少职业病。

清洁活动的现场检查表如表 2-15 所示。

表 2-15 清洁活动的现场检查表

部门：　　　　　　　检查者：　　　　　　日期：

检查内容	现场现象	检查结果 是：√ 否：×	对策、改善方案 （完成时间）
维护前 3S 活动	（1）前 3S 是否规范化、标准化； （2）是否制定清洁手册； （3）是否定期检查； （4）是否坚持 10 min 前 3S 活动		
作业现场	（1）作业现场是否保持整齐、洁净； （2）作业现场有无放置私人物品； （3）作业现场有无卫生死角		
地面通道	（1）地面应定时清洗，保持干净，环境良好； （2）治具、柜架、货架等应保持无灰尘、无油污； （3）通道或地板是否清洁亮丽		
设备	（1）设备、配电箱是否无灰尘、无油污； （2）装配机械本体是否有锈和油漆的剥落，盖子应无脱落； （3）机器设备是否定期点检		
3S 目视化、标准化	（1）是否做到现场物品透明化； （2）是否做到管理状态的定量化； （3）是否做到管理状态的视觉化； （4）是否做好 3S 的标准化		

5. 素养

1）素养的定义和作用

表 2-16 为素养的定义和作用。素养就是从遵守公司经营方针、基本规则出发，遵守工作规章、纪律，以创造舒适有序的工作环境；遵守 4S 基准，以提高劳动生产率。当然，素养不只是单纯地遵守规则，在遵守过程中发现不足加以完善才是最重要的。此外，还需不断地进行教育和训练，才能避免惰性，持之以恒，坚持到底。图 2-3 为素养形成的基本过程。

表 2-16 素养的定义和作用

项目	素养（shitsuke）
定义	使每位员工都养成良好的生活和工作习惯，自觉遵守规章制度，工作积极主动
作用	（1）营造团队精神； （2）强化人与人（内外）之间相互信赖的关系； （3）提高客户及员工满意度

图 2-3　素养形成的基本过程

2）推进素养的步骤

① 继续推动 4S 活动　通过 4S 活动的持续实践，可以使员工实际体验"整洁"的作业场所，从而养成爱整洁的习惯。

② 制定相关的规章制度并严格执行　制定相应的"礼仪守则"及"员工守则"等，保证员工达到修养的最低限度，并力求提高。

③ 实施教育训练　新进人员强化 5S 教育、实践；通过岗前培训和在岗培训，使员工养成制定和遵守规章制度的习惯，培养对公司、部门及同事的热情和责任感。

④ 推动各种精神提升的活动　参加晨会、礼貌运动等，开展 5S 活动征文比赛、5S 活动知识竞赛，实施各种激励措施，可进一步强化员工对 5S 管理的认识，营造氛围，增强部门间的团队合作精神。

素养活动培训的内容如表 2-17 所示。

表 2-17　素养活动培训的内容

培训的内容	培训效果
仪容仪表	（1）佩戴厂牌、工作证等； （2）穿着整洁得体，仪容适宜； （3）感觉精神有活力； （4）注意良好的个人卫生
作业素养	（1）提前到达工作场所，并做好开始工作的准备； （2）上班后应严格遵守规章制度，不允许吃零食、打瞌睡； （3）工作中应严格按照相关操作规范进行操作； （4）积极参与提高改善活动； （5）积极维护整理、整顿和清扫成果
待人接物	（1）早上上班见面时应相互问"早上好、早安"； （2）下午和晚上进厂，要相互说"您好""你好"； （3）下班回家应互道"再见！"； （4）进入其他部门办公室应先敲门，得到允许后才能进入； （5）称呼上级时应加职称，如"吴经理""赵主管"，称呼他人姓名时应加"先生/小姐"； （6）不得随意翻阅他人的公文、资料，不得翻动他人的私物，得到他人的帮助时应道谢； （7）借用公物，应及时归还； （8）离开他人办公室时，应主动把门关上； （9）遵守公共场所相关规定，维护各种设施和清洁

6. 5S 活动的相互关系

以上简单地介绍了 5S 的定义和推进。需要注意的是，这 5 个 S 并不是各自独立、互不相关的，它们之间是一种相辅相成、缺一不可的关系。整理、整顿、清扫是进行日常 5S 活动的具体内容；清洁则是对整理、整顿、清扫工作的规范化和制度化管理，以便能够使整理、整顿、清扫工作得以持续开展，保持高的整理、整顿、清扫水平；素养是要求员工建立自律精神，养成自觉进行 5S 活动的良好习惯。图 2-4 为 5S 活动相互关系图。

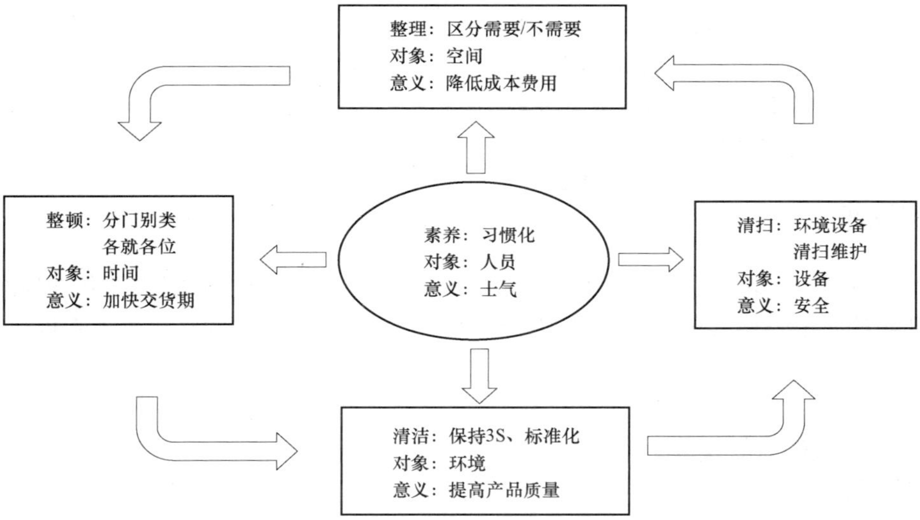

图 2-4　5S 活动相互关系图

有很多人听说 5S 作用显著，对 5S 钦佩不已。但是当了解 5S 的含义以后，却怀疑 5S 是不是真的对企业能有帮助。确实，5S 原理十分简单，但要在企业成功推行并不是件容易的事。推行 5S，如果缺乏事前的准备和规划，再加上推进及实施人员缺少共识和决心，往往会造成虎头蛇尾，有始无终。因此，推行 5S 应经历三个阶段：形式化—形事化—形势化。通过强制规范员工的行为，改变员工的工作态度，使之习惯化之后，一切事情就会变得非常自然、顺理成章。图 2-5 为 5S 推进原理。

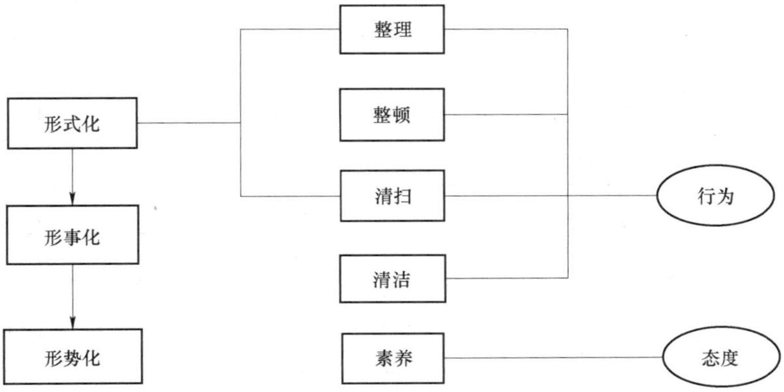

图 2-5　5S 推进原理

企业因其背景、架构、企业文化、人员素质的不同，在推行过程中可能会遇到各种不同的问题，因此 5S 的推行也没有一套固定的步骤和程序，推行办公室要根据实施过程中所遇到的具体问题，采取可行的对策，才能取得满意的效果。同时，为了使 5S 活动取得更好的效果，建议最好以小组为单位来开展 5S 活动，开展 5S 活动时应注意下列事项：

① 将开展过程分步骤进行。从容易的事开始，一点一滴脚踏实地去做；确定各步骤的实施日程，管理者要进行诊断，并给予指导；各部门、各小组之间经常交流、切磋，力争提高活动水准。

② 不要只重视形式和理论，应结合实际多实践。
③ 进行教育培训，以 5S 取得实质性效果。
④ 自制各种检查表，培养自我管理能力。
⑤ 在活动过程中不断检查、不断改进。

实战演练

1. 选择班级、寝室、实验室或自己的衣柜、书包进行 5S 管理，并编写 5S 作业标准指导书。
2. 使用给定的材料（泡棉、壁纸刀、记号笔）制作给定工具的形迹管理看板。

要求：
① 方便管理；
② 保证工具的易取易放；
③ 制作过程中保证安全。

学习评价

学习本单元后，请学生根据自身学习体会，结合下表所列内容进行评价。

单元 2.2 学习评价表

姓　名		组　别		班　级			
日　期		综合评价等级					
评价指标	评价标准	分值	评价方式				
			自我评价（占 30%）	小组评价（占 30%）	教师评价（占 40%）	单项得分	
课前预学	课前预习本任务相关知识，查找相关资料	5					
	完成问题引导部分的题目	5					
课堂参与	认真听讲和练习	10					
	积极参与小组讨论，并有详细笔记	10					
课堂互动	积极回答教师的问题	5					
	与小组成员有效合作，尊重他人	5					
	在小组活动中能围绕主题发表自己的观点	10					
自主探究	独立思考，自主学习，能发现问题	10					
	主动寻求解决问题的方法	10					
	善于观察、分析、思考，能提出创新观点	5					
综合素养	具有一定安全意识、责任意识、规范意识	5					
	具有吃苦耐劳的精神和严谨认真的学习态度	5					
学习成果	能在规定时间内完成本人的分工任务	10					
	完成课后作业	5					

单元 2.3　目视化管理

目视化管理

问题引导

引导问题 1：阐述目视化管理的具体内容。

引导问题 2：阐述目视化管理的具体对象。

引导问题 3：阐述目视化管理的工具。

相关知识

2.3.1　目视化管理的概述

1. 目视化管理的原理

在日常活动中，人们是通过“五感”（视觉、嗅觉、听觉、触觉、味觉）来感知事物的。其中最常用的是“视觉”。据统计，人的行动的 62%是从“视觉”的感知开始的。因此，在企业管理中，强调各种管理状态、管理方法要清楚明了、一目了然，从而易于明白，易于遵守，让员工能够自主地完全理解、接受、执行各项工作，这将给管理者带来极大的好处。

2. 目视化管理的含义

目视化管理就是利用形象直观、色彩适宜的各种视觉感知信息来组织现场生产活动，以提高生产效率、实施质量过程控制为目的的一种管理方式。

目视化管理以视觉信号显示为基本手段，以公开化为基本原则，尽可能地将管理者的要求和意图让大家看得见，以此来推动自主管理、自我控制。由此可见，目视化管理是一种以公开化和视觉显示为特征的管理方式，也可称之为“看得见的管理”。

目视化管理是指通过视觉采集信息后，利用大脑对其进行简单判定（并非逻辑思考）而直接产生“对”或“错”的结论的管理方法。这个方法最大的优点就是直接、快捷，因而被现代制造业企业采用。

3. 目视化管理的作用

目视化管理是实现精益生产的基础工作，是实现自动化和准时生产的有力保证，具体如

图 2–6 所示。目视化管理的具体作用有以下 6 个方面。

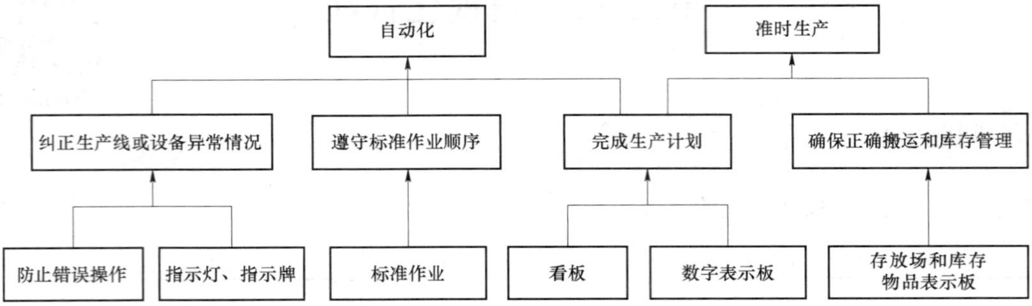

图 2–6　目视化管理与实现自动化和准时生产的关系

1）目视化管理形象直观，有利于提高工作效率

现场管理人员组织指挥生产，实质是在发布各种信息。操作工人有秩序地进行生产作业，就是接收信息后采取行动的过程。在机器生产条件下，生产系统高速运转，要求信息传递和处理既快又准。如果与每个操作工人有关的信息都要由管理人员直接传达，那么不难想象，拥有成百上千工人的生产现场，将要配备多少管理人员。

仪器、电视、信号灯、标识牌、图表等都可以发出可视信号。其特点是形象直观，容易认读和识别，简单方便。在有条件的岗位，应充分利用视觉信号显示手段，以便迅速而准确地传递信息，无须管理人员现场指挥即可有效地组织生产。

2）透明度高，发挥激励和协调作用，有利于提高自主管理、自我控制的能力

实行目视化管理，对生产作业的各种要求可以做到公开化。干什么、怎样干、干多少、什么时间干、在何处干等问题一目了然，这就有利于人们默契配合、互相监督，使违反劳动纪律的现象不容易隐藏。例如，根据车间和工种的特点，规定不同车间和工种穿戴不同的工作服和工作帽，很容易使那些擅离职守、串岗聊天的人处于众目睽睽之下，促使其自我约束，逐渐养成良好习惯。又如，车间将对员工的考核数据记录在管理看板上，起到鼓励先进、鞭策后进的激励作用。

3）目视化管理有利于产生良好的生理效应和心理效应

对于改善生产条件和环境，人们往往比较注重从物质技术方面着手，而忽视现场人员生理特点、心理特点和社会特点。例如，控制机器设备和生产流程的仪器、仪表必须配齐，这是加强现场管理不可缺少的物质条件。又如，哪种形状的刻度表容易认读、数字和字母的线条粗细的比例多少才最好、白底黑字是否优于黑底白字等问题，人们一般考虑不多，然而这些却是降低误读率、减少事故必须予以认真考虑的生理需要和心理需要。

目视化管理十分重视综合运用管理学、生理学、心理学和社会学等多学科的研究成果，能够比较科学地改善同现场人员视觉感知有关的各种环境因素，使之既符合现代技术要求，又适应人们的生理特点和心理特点。这样，就会产生良好的生理效应和心理效应，调动并保护工人的生产积极性。

4）形象直观地将潜在的问题和浪费现象都显现出来

目视化管理依据人类的生理特征，充分利用信号灯、标识牌、符号颜色等方式来发出视觉信号，鲜明准确地刺激人的神经末梢，快速地传递信息，形象直观地将潜在的问题和浪费

现象都显现出来。不管是新进的员工，还是新的操作人员，都可以与其他员工一样，一看就明白问题出在哪里。

5）促进企业文化的建立和形成

目视化管理通过对员工的合理化建议的展示、对优秀事迹和先进的表彰、公开讨论栏、关怀温情专栏、企业宗旨、远景规划等各种健康向上的内容，能使所有员工形成一种非常强烈的凝聚力和向心力，这些都是优秀企业文化的重要组成部分。

6）有利于实现自动化和准时生产

在目视化管理手段中，有指示灯、指示牌、警报器、警报灯等各种各样的警示工具，在实施自动化的时候，可以采用各种各样的目视管理手段来监控生产线的状态和生产的流动情况。当生产出现异常情况时，就可以通过这些工具及时显现出来，以达到自律控制的目的，并能预防其再发生。此外，在精益生产中采用看板和各种数字表示板作为组织生产的工具，可以有效地保证及时完成生产计划，实现准时化生产。

4. 目视化管理的水准

根据目视化管理的水平可以将目视管理划分为 4 个水准：无水准、初级水准、中级水准和高级水准，如图 2–7 所示。

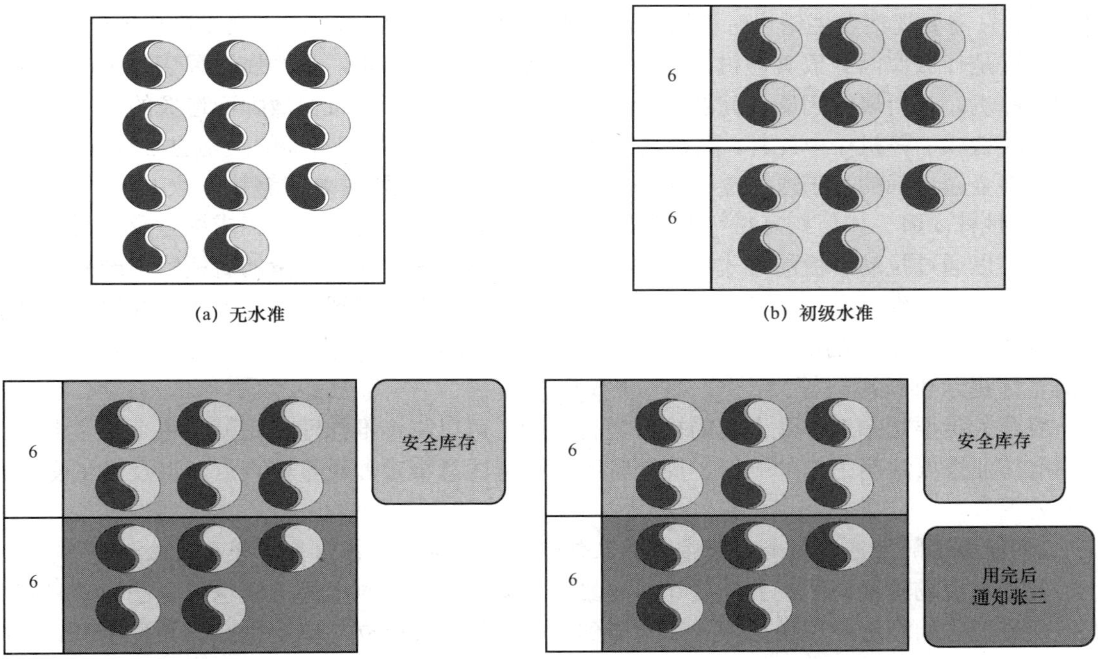

图 2–7　目视化管理的 4 个水准

① 无水准　只是简单地排列。

② 初级水准　显示当前状况，使用一种所有工人都容易理解的形式。

③ 中级水准　谁都能判断是否正常，例如安全库存。

④ 高级水准　管理方法都列明，例如达到安全库存数量要通知张三。

5. 目视化管理的基本要求

1）需要管理的地方一目了然

现场管理时，要输入相应的信息后才能基于信息做出决策。但是很多作业现场没有任何信息，导致组长不能及时了解现场生产情况，不能清楚地了解生产线上的员工数量、组长数量、辅助人员数量及有多少新员工，不知道现在的品质情况。如果没有这些基础信息，就没有办法开展后续工作，但可视化管理可以让现场情况一目了然。

大部分从现场产生的信息，经过层层传递，最后才送达最高层管理人员。在上报的过程中，信息往往越来越抽象，且远离了事实。然而，在实施可视化管理的场所，管理人员只要进入现场，就能马上看出问题，而且可以在当时、当场下达指示，从而避免信息在传递过程中出现的问题。

① 人员方面（作业人员） 评判作业人员的士气，可以由提案建议的数量、质量及缺勤次数来衡量，例如了解生产线上今天谁缺席、由谁替代其工作等，这些事项需要在现场可视化。要想知道作业人员的技能如何，可以在现场公布栏里张贴其已经接受过何种培训、还需要进行何种培训等。要想知道作业人员的工作方法是否正确，可采用标准化方法，例如陈列作业要领书等。

② 机器方面 要想知道机器是否正在生产质量良好的产品，是否附有自动化装置、防错装置等，只需要观察发生错误时机器能否立即自动停止即可。当管理人员看到机器停下来时，必须知道是什么原因导致其停机，例如，是否属于计划性停机，是否属于因切换生产作业而造成的停机，是否属于因质量问题而造成的停机，是否属于因机器故障而造成的停机，或因预防保养造成的停机……此外，润滑油的液位、更换的频率和润滑油的类别也必须标识出来，如只有将金属外部的盖子改为透明式外盖，机器内部发生故障时才能够让作业人员一眼看见。

③ 材料方面 如何判定材料的流动是否顺畅、材料是否超出客户需求数量及是否生产过多等，可以通过拉动看板的方式进行评定，可以把标明最少库存数量的看板附在产品上，作为前后流程之间生产指令沟通工具。要想标识出物料储存的位置，并且标明库存数量的水准及料号，可以用不同的颜色对其做区分；也可以利用信号灯或蜂鸣器凸显异常现象，例如用信号灯提示供料短缺等。

督导人员要想知道作业人员的操作是否正确，可以将标准作业表张贴在每个工位上。这些标准作业表要注明工作的顺序、周期时间、安全注意事项、质量核查点，以及发生变异时如何处置等。

2）容易了解生产现场是否正常，并且任何作业人员都能指出异常并及时改善

要想在现场解决问题，首先要让问题暴露出来。无法检测出异常，也就无法管理好整个流程。最理想的制造业现场是：一旦检测到异常，生产线就立刻停止生产，并且由现场支持团队快速解决问题。大野耐一曾经说过，一条绝不会停止的生产线，不是太完美了（当然，这是不可能的），就是极端差劲的。一旦生产线停止，每个人就能意识到发生了问题，然后会尽力确保此生产线不会再因相同的原因停止。“能停止的生产线”是现场可视化管理最好的例子之一。

3）任何人都知道应该如何遵守作业标准，且失误了容易更改

将标准作业表张贴在工位的正前方也算可视化管理。这些标准作业表不仅可以用来向作业人员提示正确的操作方法，而且可以让管理人员判断工作是否在依据标准进行。例如，在

作业人员离开他们的工作岗位后，管理人员就知道出现了异常现象，因为挂在工位正前方的标准作业表明确规定了在工作时间内作业人员应该在哪里工作。如果作业人员无法在规定的时间内完成他们的工作，就无法达成今天的生产目标。

虽然标准作业表记录了作业人员该如何做好自己的工作，但往往没有明确指出异常情况发生时该如何处理。因此，标准作业表首先应当记录如何确认异常情况，再列出处理异常的步骤。

每日的生产目标也应当可视化，可以将每小时及每天的作业目标列在公告栏上，在其旁边记录实际产量。此项预警信息能提示督导人员采取必要的对策达成目标，例如调动人员支援进度落后的生产线等。

4）目视化管理的要求和标准

要想达到整体、预期的效果，在具体的表现形式上要达到如下标准。

（1）要求

① 统一　目视化管理要实行标准化，各种标准的色彩、符号须统一制作，统一管理。

② 简约　各种视觉显示信号应简明易懂，一目了然，即使刚入职的人员也能明白。

③ 鲜明　各种视觉显示信号要清晰，位置要适宜，现场人员作业时也能看清。

④ 实用　具备实际使用价值，讲究实效。

⑤ 严格　现场所有人员都必须严格遵守和执行相关规定，有错必纠，有功必赏。

⑥ 赏罚分明　对于现场人员的表现，要奖优罚劣。

（2）标准

① 无论是谁都能判明是好是坏（异常）。

② 能迅速判断，准确度高。

③ 判断结果不会因人而异。

2.3.2 目视化管理工具

目视化管理工具

生产现场目视化管理工具有红牌、看板、信号灯、操作流程图、错误防止板、错误示范板、警示线、生产管理板、区域线等，具体作用及图例如表 2-18 所示。

表 2-18　目视化管理常用工具一览表

序号	工具	图示	作用
1	红牌	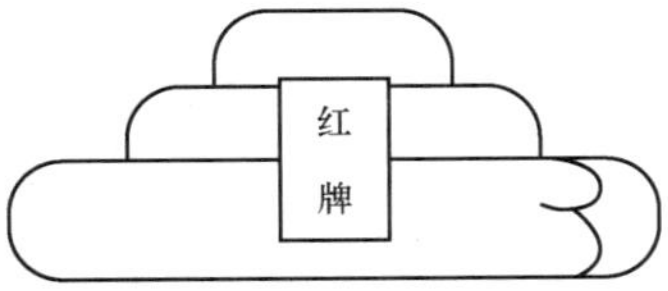	适于 5S 中的整理，用来区分日常生产活动中的非必需品，又称为红牌作战
2	看板	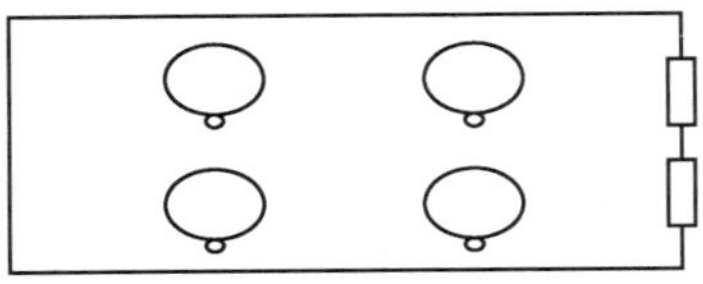	用在 5S 的看板作战（目视化管理）中，让人知道什么物品、什么功能、数量多少、谁负责等

续表

<table>
<tr><th>序号</th><th colspan="2">工具</th><th>图示</th><th>作用</th></tr>
<tr><td rowspan="3">3</td><td rowspan="3">信号灯</td><td>异常信号灯</td><td>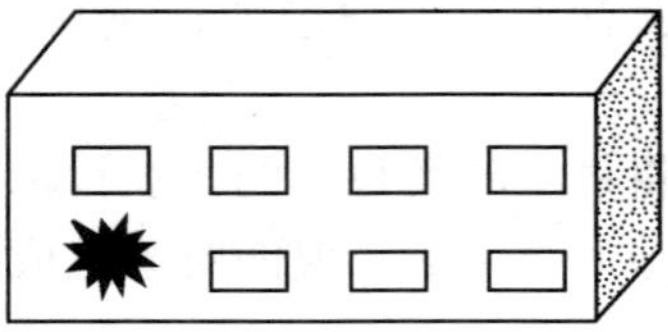</td><td>用于产品质量不良及作业异常等异常发生场合，通常安装在大型工厂的较长的生产、装配流水线。
一般设置红或黄这两种信号灯，由员工来控制，当发生零部件用完、出现不良产品及机器故障等异常时，往往影响生产指标的完成，这时由员工马上按下红灯（或黄灯）的按钮，等红灯（或黄灯）一亮，厂长（或生产管理人员）都要停下手中的工作，马上前往现场，予以调查处理</td></tr>
<tr><td rowspan="2">运转指示灯</td><td>运行中
呼叫
换模具中
机械故障
不良品发生
加工品积压</td><td>检查显示设备状态的运转、机器开动、转换或停止的状况。
停止时，还应显示停止的原因</td></tr>
<tr><td>运行中 | 停止中
本日目标 | 1 0 0 0
现在目标 | 5 5 0
现在实绩 | 5 0 0
进度 | △ 5 0
现在的时间</td><td>数字的尺寸约为：纵 50 mm、横 3 mm。按“图示”栏的图样设置，管理者在座位上就能看到生产数量的变化。
这种表示盘需要在现场安装传感器来得知通过的物品，并将其以数值的形式呈现</td></tr>
<tr><td>4</td><td colspan="2">操作流程图</td><td>作业指导书
（流程） | （作业步骤、注意事项）</td><td>操作流程图是指描述工序重点和作业顺序的简要作业指导书，有时也称为“步骤图”，用于指导生产作业。
一般在现场显示的是将人、机器、工作组合起来的操作流程图</td></tr>
<tr><td>5</td><td colspan="2">错误防止板</td><td>错误防止板
○ ○ ○ ○ × ○ ○
○ ○ ○ ○ ○ △ ○
× ○ ○ × ○ ○ ○
○表示正常，×表示异常，△表示注意</td><td>为了减少错误而做的自我管理的防止板，一般以纵轴表示时间，横轴表示作业单位。以 1 h 为单位，从后段工程接收不良品及错误的消息，在作业板中加上“○”“×”“△”等符号。
持续进行一个月，将本月的情况和上个月做比较，以设立下个月的目标</td></tr>
</table>

续表

序号	工具	图示	作用
6	错误示范板	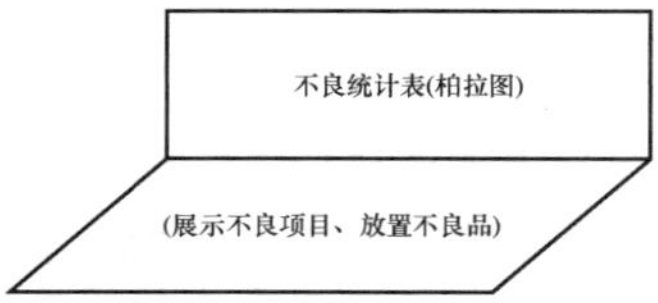	把不良品直接展现出来。具体表现形式有： ① 不良现象及其结果揭示表； ② 不良品的重点事项，在改正前后的对照相片； ③ 被示范的错误动作，以及与正确动作相比较的照片
7	生产管理板	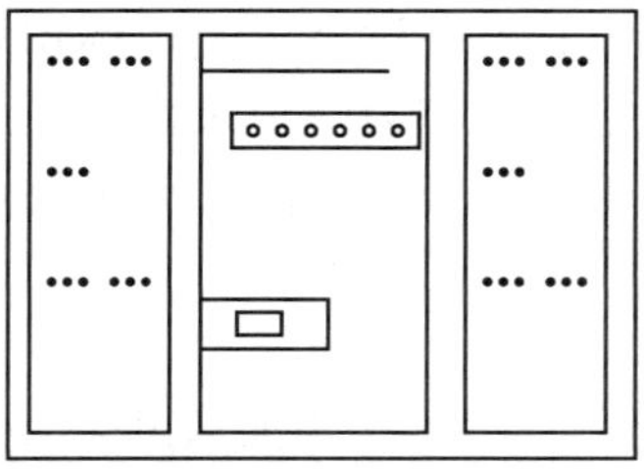	生产管理板是用来揭示生产线的生产状况、进度的表示板，记录生产实绩、设备开动率、异常原因（停线、故障）等，主要用于看板管理
8	警示线	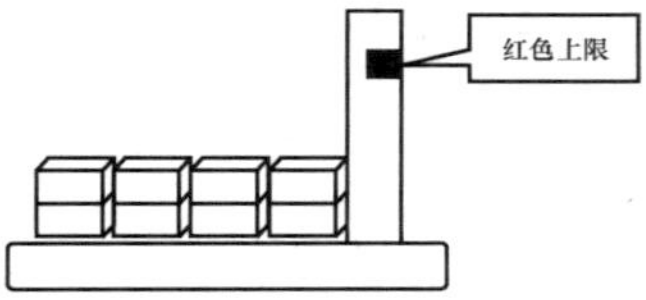	在仓库或其他物品放置场所标示警示线，以表示最大或最小的限量。警示线主要用于看板管理
9	区域线	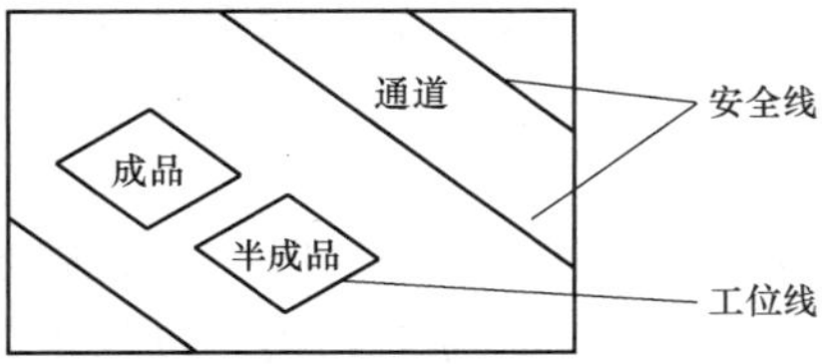	区域线就是对半成品放置的场所或通道等区域，用线条画出，主要用来整理与整顿异常原因、停线故障等，也用于看板管理

2.3.3　目视化管理内容

目视化管理内容

1. 物品管理

日常工作中，需要对工装夹具、计量仪器、设备的备用零件、消耗品、材料、在制品、完成品等各种各样的物品进行管理。“什么物品、在哪里、有多少”及“必要的时候、必要的物品、无论何时都能快速取出放入”成为物品管理目标。通过对库存物品的分类、标识和定位，企业可以实现对库存的实时监控和控制。采用醒目的标签和颜色编码系统，员工可以轻松地找到所需物品，从而提高工作效率。此外，目视化管理还能帮助企业及时发现物品短缺和积压问题，从而避免资源浪费。

2. 作业管理

工厂中的工作是通过各种各样的工序及人组合而成的。各工序的作业是否按计划进行、是否按决定正确地实施呢？在作业管理中，能很容易地明白各作业及各工序的进行状况及是否有异常发生等情况是非常重要的。通过对生产过程的可视化呈现，企业可以实时了解生产进度和目标达成情况。通过运用看板系统和流程图，员工可以清晰地了解作业流程和标准操作程序。这种透明化的管理方式有助于消除生产过程中的瓶颈和浪费现象，从而提高生产效率。

3. 设备管理

近年来，随着工厂机械化、自动化，仅靠一些设备维护人员已很难保持设备的正常运行，现场的设备操作人员也被要求加入到设备的日常维护当中。因此，操作者的工作不仅仅是操作设备，还要对设备进行简单的清扫、点检、润滑、紧固等日常维护保养工作。目视化管理的设备管理是以能够正确地、高效率地实施清扫、点检、润滑、紧固等日常保养工作为目的，以期达成设备“零故障”的目标。通过对设备进行分类、标识和维护，企业可以确保设备的正常运行和使用寿命。采用设备状态看板和故障记录表，员工可以实时了解设备的工作状况，并迅速采取相应措施，这有助于降低设备故障率和维修成本，从而提高企业的竞争力。

4. 品质管理

目视化管理能有效防止许多“人为失误”的产生，从而减少品质问题的发生。通过对品质数据的可视化分析，企业可以迅速发现品质问题并采取相应措施。采用品质控制图和品质分析表，员工可以清晰地了解产品品质状况和品质改进目标，这种持续改进的管理方式有助于提高产品品质和客户满意度。

5. 安全管理

目视化管理的安全管理是将危险的事物和行为予以“显露化”，刺激人的“视觉”，唤醒人们的安全意识，防止事故、灾难的发生。采用安全警示标识和安全巡查记录表，员工可以实时了解安全注意事项和紧急应对措施，这有助于增强员工的安全意识和应对能力，从而营造一个安全的工作环境。

6. 6S 管理

目视化管理在厂房环境维持方面，也有许多可以应用的地方。6S 就是使管理更容易目视化。良好的厂房环境维持，有助于日常的目视化，以便对错误予以纠正。可视管理也可以用 6S 的方法来构筑。

推行目视化管理，其最终目的是提高管理水平，优化组织结构，提高生产效率。一定要从企业实际出发，有重点、有计划地逐步展开管理工作。信息化时代已经来临，唯有与时俱进才能快速适应内外变化。

2.3.4 管理看板

管理看板是管理可视化的一种表现形式，那就是使数据、情报等状况一目了然和透明化的管理活动。它通过各种形式（例如标语、现状板、图表、电子屏等）揭示文件上或现场隐藏的情况，以便任何人都能及时掌握与管理现状，了解必要的情况，从而快速制订并实施应对措施。

看板是传递信号并控制生产的工具。看板管理是协调管理全公司的一个生产信息系统，就是利用看板在各工序、各车间、各工厂及与协作厂之间传送作业命令，使各工序都按照看板所传递的信息执行，以保证在必需时间制造必需数量的必需产品，最终达到准时生产的目的。看板管理是精益生产中的重要子系统。

1. 看板的类型和功能

表 2–19 为看板分类表。看板按用途可以划分为生产指示看板、领取看板、特殊用途看板，其中，生产指示看板可分为工序内看板和信号看板（三角看板），领取看板可分为工序间领取看板和外协领取看板，特殊用途看板可分为特快看板、紧急看板、共用看板、台车作为看板、供应商看板。看板按形式可以划分为一般形式看板和特殊形式看板。一般形式看板为卡片，特殊形式看板为容器、方格标识、信号灯、彩色乒乓球等能表示生产和搬运信息的任何形式。特殊用途看板和特殊形式看板统称为特殊看板。

表 2–19　看板分类表

分类方法	大类	子类	方法说明
按用途	生产指示看板	工序内看板	显示前工序必须生产或订购的零部件种类和数量等信息
		信号看板（三角看板）	信号看板（三角看板）是在批量生产工序（如冲压工序和锻造工序）内使用的看板。一批量的零件往往要分装在几个箱内，信号看板摊在该批零件的某一箱上，当后道工序领取物料进行到信号看板（三角看板）所在位置的前工序时，必须开始必要的作业
	领取看板	工序间领取看板	标示着后工序应该向前工序领取的零部件种类和数量等信息
		外协领取看板	公司向其零部件协作工厂发出的生产或供货指令信息
	特殊用途看板	特快看板	在零部件不足时发出。虽然它的作用与生产看板的作用相同，但特快看板仅限于在异常情况出现时才发出，而且使用之后一定要立刻收回
		紧急看板	应付不合格品、设备故障、额外增产、周末增产等而需要一些库存时，暂时发出紧急看板。此种看板可以以取料看板或生产看板的形式使用，但使用后一定要立即收回
		共用看板	如果两个工序乃至两个以上的工序紧密联结着，以至于可视为一个工序，则这些相联结的工序就可以使用一个共用看板
		台车作为看板	为了作业方便，像发动机或变速箱等体积较大的零部件都用台车装运。在这种情况下，台车本身就扮演着看板的角色
		供应商看板	公司与零部件协作工厂之间用的一种看板，其作用是及时向其零部件协作工厂发出生产或供货指令信息
按形式	一般形式看板	卡片	纸卡片通常装入一个透明的塑料袋中，其上一般都标有工厂名称、零部件名称、零部件编码代号、零部件数量、容器种类、工序名称、存放处等信息
	特殊形式看板	容器	使用空容器作为周转箱，每个周转箱中放置一定数量的产品或中间品。使用时，将装有中间品的容器拿走，并补放相应的空容器
		方格标识	格子中间放置产品，一旦格子中的产品被取走，则进行生产，填补空格
		信号灯	当信号灯发亮后，前工序迅速将产品送到后工序，并重新生产新的产品
		彩色乒乓球	彩色的乒乓球上注明需要生产的品种、数量。使用时，只需要将彩色乒乓球放到前一道工序，前一道工序就可以知道所需的产品

看板可以根据顾客的订购信息，承担自动调节生产计划、订购零配件、调节零配件到达时间等复杂工作。看板从生产现场开始并推广到供应商处，在现场发挥着重要的作用，对整个增值工序实现了很好的控制，而且作业员通过拉动看板可获得充足的授权来控制生产线。看板的功能如表 2–20 所示。

表 2–20　看板的功能

看板的功能	具体内容
生产及运送工作指令	看板记载着生产和运送的数量、时间、目的地、放置场所、搬运工具等信息，从装配工序逐次向前工序追溯。在装配线上，将所使用的零部件上所带的看板取下，按看板内容去前一道工序领取。前工序只生产被这些看板所领走的量，从而由看板实现“后工序领取”及“适时且生产”
防止过量生产和过量运送	各工序时间，如果没有看板，就既不能生产，也不能进行运送，因此运用看板能够做到自动防止过量生产、过量运送
目视化管理的工具	零件或产品的货架上若附有看板，则可以知道后一道工序的作业进展情况、本工序的生产能力利用情况；明确地判断库存量、产品编号、产品名称，也易于搬运
现场改善的工具	在拉式生产方式中，通过不断减少数量来减少在制品库存，不断通过改善活动解决生产线上的生产、质量和设备等问题，从而提高整个生产线的效能

2. 生产看板的使用方法

1）工序内看板的使用方法

工序内看板为单一工序进行加工时所用的看板，其使用时最重要的一点是看板必须跟随实物，即与产品一起移动。后工序来领取中间品时摘下挂在产品上的工序内看板，然后挂上领取用的工序间看板。然后该工序按照看板被摘下的顺序以及这些看板所标示的数量进行生产，如果摘下的看板数量变为零，则停止生产，这样既不会延误，也不会产生过量的库存。

如果两个工序乃至两个以上的工序紧密联结着，以至于可视为一个工序，则这些相联结的工序之间就没有必要使用工序间看板。在这种情况下，这些工序可以使用一张共同的看板。这张看板就被称为“工序内看板”。表 2–21 为工序内看板范例。

表 2–21　工序内看板范例

工序内看板			
工程名	SB–8		
产品名称	曲轴	产品代号	731 113
收容数	10	看板发行张数	3
看板编号	A5–2	安全库存	50
车型	SX50BC–150	放置处号码	F18–8

2）信号看板的使用方法

信号看板挂在成批制作出的产品上面。当该批产品的数量减少到基准数时就摘下看板，送回到生产工序，然后生产工序按照该看板的指示开始生产。没有摘牌则说明数量足够，不需要再生产。信号看板有两种类型：三角看板和材料领取看板，示例如图 2–8 所示。

前工序	仓库（存放处） ⇒	冲压No 6	后工序
编号	FT—6	品名	钢板
材料规格	70 cm×30 cm×5 cm	托盘容量	50
批量规格	300	托盘编号	8

（a）材料领取看板

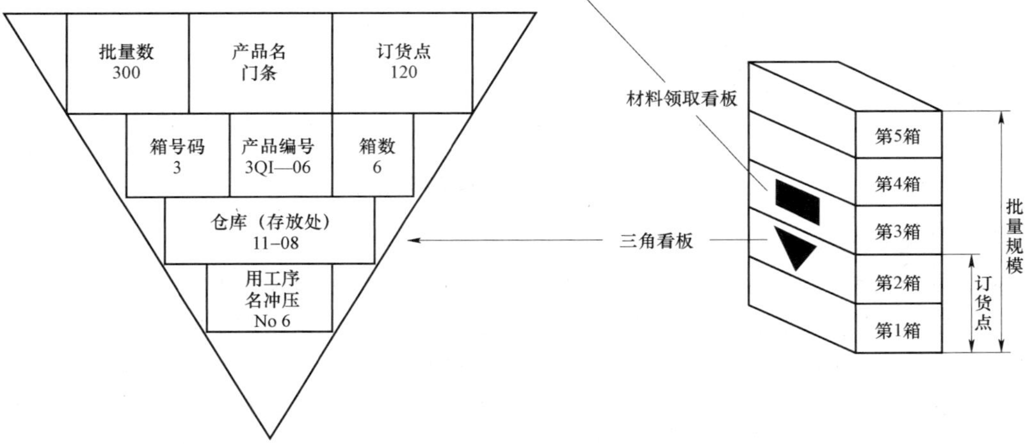

（b）三角看板　　（c）看板使用方法

图 2–8　信号看板示例

三角看板一般挂在一个批量（若干箱）的某个物料箱子上，如图 2–8（c）所示。如果领取到挂着这张看板的物料箱，生产指示就必须下达，其功能相当于工序内看板。图 2–8（b）为冲压工序的三角看板，如果零部件箱领取到下数第 2 箱时，就指示生产 300 个门条。

材料领取看板也叫材料准备看板、材料看板，如图 2–8（a）所示。如果领取到挂着这张看板的物料时，搬运指示就必须下达，其功能相当于工序间领取看板。图 2–8（c）为看板使用方法，如果领取到第 3 箱的时候，即材料领取看板所挂位置，则冲压工序就必须到物料存放处去领取一个批量（6 箱即 300 张）的钢板。

3）工序间看板的使用方法

工序间看板格式如图 2–9 所示。工序间看板挂在从前工序领来的零部件的箱子上，当该零部件被使用后，取下看板，放到设置在作业场地的看板回收箱内。看板回收箱中的工序间看板所表示的意思是“该零件已被使用，请补充”。现场管理人员定时来回收看板，集中起来后再分送到各个相应的前工序，以便领取需要补充的零部件。

图 2-9　工序间看板格式

4）外协看板的使用方法

外协看板的摘下和回收与工序间看板基本相同。在固定的时间由专人将总装配线旁零件空箱子及供货商看板回收，并按各协作厂家分开，等各协作厂家来送货时由它们带回去，成为该厂下次生产的生产指示。在这种情况下，该批产品的进货至少将会延迟一回以上。因此，需要按照延迟的回数发行相应的看板数量，这样就能够做到按照 JIT 进行周转。对外订货看板上必须记载进货单位的名称和进货时间、每次进货的数量等信息。外协看板示意图如图 2-10 所示。

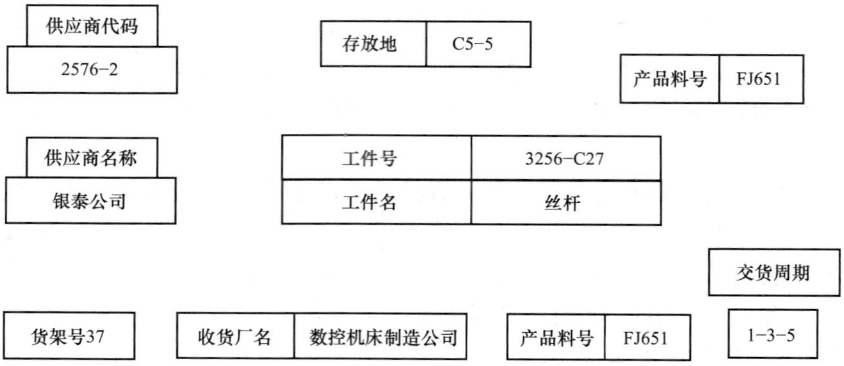

图 2-10　外协看板示意图

2.3.5　安灯应用

1. 安灯系统的定义

安灯系统（Andon）是一种现代企业的信息管理工具。Andon 原为日语的音译，日语的意思为“灯”“灯笼”，在这里表示一个系统。一般采用三色灯（红色代表质量问题，黄色代表物料问题，绿色代表设备问题等）和警报音的方式，起到报警提醒的作用，是一个快速地暴露问题和解决问题的机制在生产现场的有效应用。安灯系统能够收集生产线上设备、品质和生产过程中各种异常的信息，将异常信息通过分布在车间的各色灯和声音报警系统，告诉相应责任人快速解决问题。

安灯系统是为了使生产中发生的问题得到及时处理而安装的系统，它能够发现问题并自动地把异常信息传递给生产技术支持人员和相关负责人。同时，它能按照预先规定的信息传递点（设备、操作工、组长、相关管理人员）逐级传递异常信息。它需要预先设定的异常点做嵌入式检测，例如质量、循环时间、检测到的平均修复时间或超出时间。安灯系统让同一系统里的员工互通信息，让员工和相关管理人员尽快找出问题的根源。在企业精益生产体系里，安灯系统来自“停止及问题解决”的自动化处理机制，属于“智能警示”模块。

2. 安灯系统的标准

1）预先设定联系

第一步：作业人员发出一个可视和可听的请求。

第二步：组长或支持团队通过关闭音频信号响应请求（这是通过嵌入式测试做出响应）。

第三步：问题解决后，警示灯关闭。

安灯示例 1 如图 2–11 所示。

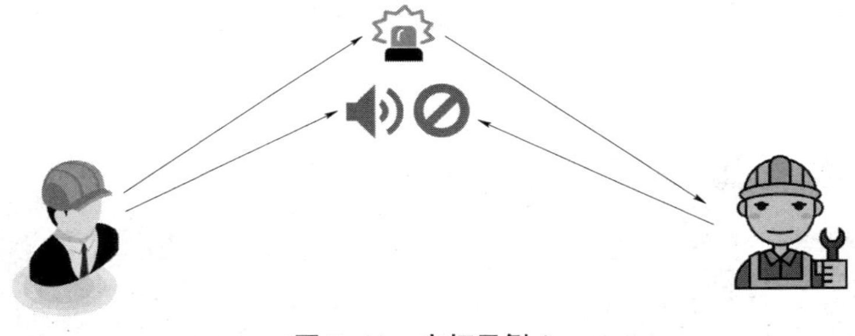

图 2–11　安灯示例 1

2）预先设定嵌入式测试

组长或支持人员是否在预先设定的时间内对来自作业人员的请求做出回应、是否预先提出设定的修复时间，这些都需要被检测。安灯示例 2 如图 2–12 所示。

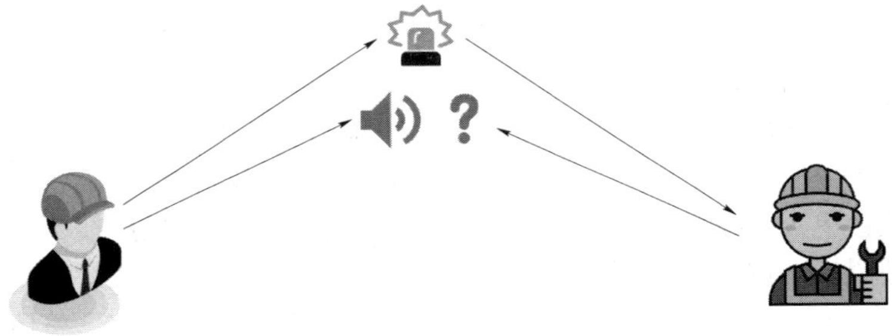

图 2–12　安灯示例 2

3）预先设定逐级传递

工厂需要确定逐级传递的时间。逐级传递必须自动进行，无须人工干涉。

3. 安灯系统的主要功能

① 工位作业管理　工位呼叫、集中事件呼叫。

② 设备运行管理　故障、运行状态、维护信息。

③ 信息可视化管理　通过信息安灯看板显示呼叫信息、故障信息、停线信息。

④ 物料呼叫　通过物料显示屏显示物料呼叫信息。

⑤ 质量呼叫　通过广播呼叫质量信息。

⑥ 设备呼叫　当设备出现故障时，通过广播进行呼叫。

⑦ 维修呼叫管理　通过维修安灯看板显示维修信息。

⑧ 公共信息管理　通过信息显示屏显示各种公共信息。

4. 安灯系统的作用及其使用

当生产线上某个工位出现问题时，作业人员会按下“求助”按钮，这时安灯系统上的相应工位号便会亮起黄灯，但整个生产线仍在作业，此时管理者必须马上做出反应，派出援助人员，帮助作业人员在规定的生产节拍内完成任务，若仍不能按时完成任务，安灯会变为红色，生产线将停下来。在必须停线的时候，管理者则发停线命令并解决问题。在自动化程度非常高的生产线上，生产工具与自动化控制装置都进行了重新设计，内置的传感器可以发现现场标准的差异，并通过使用无线电传输装置给戴耳机的管理者发送信号。无论管理者身处何地，都可以知晓问题，并可将此信息传输到工厂的电子信息板上，从而让所有的员工看到。图 2-13 为安灯系统看板。

图 2-13　安灯系统看板

1）安灯系统有助于生产现场快速地暴露问题

当生产线上出现作业者无法解决的问题，影响正常生产时，作业者就可以拉动安灯系统产生声光报警，然后将生产线停下来，等待相关的管理人员到现场来帮助解决问题。很多生产制造型企业对生产现场停线的影响非常重视，一般情况下不允许生产线停线。但是生产线如果出了问题也不停线的话，一些问题就会被掩盖，随着问题的堆积，将会产生更大的停线损失，生产损失会更大。安灯系统将发生异常停线的权利交给了生产线的普通作业者，当生产过程中不能按照标准继续工作的时候，就可以停线呼叫管理人员来解决问题，虽然时常会有小的停顿发生，但是随着问题被解决，生产线的运行会越来越安定，整体的运行效率和管理水平都会得到提升，所以安灯系统是一种有效暴露问题的道具。

2）安灯系统有助于快速地解决问题

当生产线的作业者拉动安灯停线报警后，生产线的班组长要马上到报警的生产位置，确认问题。如果是生产线作业方面的问题，通过班组长的辅助支持后，问题可以得到解决。如果是物料短缺、质量问题、设备故障等问题，可以通过安灯系统的三色灯通知相关的职能管理部门到现场来解决问题。

如果安灯系统报警超过一定的时限还没有停止，意味着相关的管理人员还没有到现场去解决问题，系统就会发出信息，通知车间经理、相关的职能管理部门领导，推动问题快速和有效地解决。

3）安灯系统可以帮助生产线对异常和损失进行定量统计和分析，为后续的改善工作提供支持和帮助

以暴露问题和解决问题为导向，以问题清零为目标，安灯系统及时、准确的数据收集和分析功能可以帮助生产线更加有效地找到问题的根源，帮助生产现场从根源上解决问题，因此安灯系统后台数据的归纳、总结和分析必不可少。表 2–22 为安灯系统后台数据的应用。

表 2–22 安灯系统后台数据的应用

生产线区分	停机类型	停机数量/次	停机时长/min
生产 1 线	人员作业	20	357
生产 2 线	产品切换	12	4 876
生产 3 线	待检	7	2 581
生产 4 线	待料	9	4 930
生产 5 线	工艺问题	1	190
生产 6 线	工装故障	12	798
生产 7 线	设备故障	182	21 209

实战演练

观察实训室内现有的目视化管理内容，并回答以下问题：

（1）分别属于什么管理内容？

（2）分别使用了哪些目视化管理工具？

（3）是否达到了管理要求？

（4）有无可以改进的地方？如何改进？

学习评价

学习本单元后，请学生根据自身学习体会，结合下表所列内容进行评价。

单元 2.3 学习评价表

<table>
<tr><td>姓　名</td><td colspan="2"></td><td>组　别</td><td colspan="2"></td><td>班　级</td><td colspan="2"></td></tr>
<tr><td>日　期</td><td colspan="2"></td><td colspan="3">综合评价等级</td><td colspan="3"></td></tr>
<tr><td rowspan="2">评价指标</td><td rowspan="2">评价标准</td><td rowspan="2">分值</td><td colspan="4">评价方式</td></tr>
<tr><td>自我评价（占 30%）</td><td>小组评价（占 30%）</td><td>教师评价（占 40%）</td><td>单项得分</td></tr>
<tr><td rowspan="2">课前预学</td><td>课前预习本任务相关知识，查找相关资料</td><td>5</td><td></td><td></td><td></td><td></td></tr>
<tr><td>完成问题引导部分的题目</td><td>5</td><td></td><td></td><td></td><td></td></tr>
<tr><td rowspan="2">课堂参与</td><td>认真听讲和练习</td><td>10</td><td></td><td></td><td></td><td></td></tr>
<tr><td>积极参与小组讨论，并有详细笔记</td><td>10</td><td></td><td></td><td></td><td></td></tr>
<tr><td rowspan="3">课堂互动</td><td>积极回答教师的问题</td><td>5</td><td></td><td></td><td></td><td></td></tr>
<tr><td>与小组成员有效合作，尊重他人</td><td>5</td><td></td><td></td><td></td><td></td></tr>
<tr><td>在小组活动中能围绕主题发表自己的观点</td><td>10</td><td></td><td></td><td></td><td></td></tr>
<tr><td rowspan="3">自主探究</td><td>独立思考，自主学习，能发现问题</td><td>10</td><td></td><td></td><td></td><td></td></tr>
<tr><td>主动寻求解决问题的方法</td><td>10</td><td></td><td></td><td></td><td></td></tr>
<tr><td>善于观察、分析、思考，能提出创新观点</td><td>5</td><td></td><td></td><td></td><td></td></tr>
<tr><td rowspan="2">综合素养</td><td>具有一定安全意识、责任意识、规范意识</td><td>5</td><td></td><td></td><td></td><td></td></tr>
<tr><td>具有吃苦耐劳的精神和严谨认真的学习态度</td><td>5</td><td></td><td></td><td></td><td></td></tr>
<tr><td rowspan="2">学习成果</td><td>能在规定时间内完成本人的分工任务</td><td>10</td><td></td><td></td><td></td><td></td></tr>
<tr><td>完成课后作业</td><td>5</td><td></td><td></td><td></td><td></td></tr>
</table>

模块 3

TPM 管理

随着工业化的不断普及，机械作业逐步代替手工作业，它克服了手工作业引起的品质不稳、无法批量生产、生产成本高等缺点。但是随之而来也带来了设备故障率与日俱增、先进生产设备维护困难、操作工人误操作等问题，使得设备维护成本不断上升。面对此种情况，世界各国都在寻找设备管理的科学方法。

模块概述

TPM 是世界上目前最科学的设备管理方法之一。我们在此模块中着重介绍 TPM 起源、TPM 活动方针与目标、TPM 活动体系、TPM 活动内容与推行，重点介绍 TPM 活动内容中的自主保全和计划保全的内容及推行过程，通过学习使读者能够正确填写相关文件，并按照要求编写相关文件及要求。

教学目标

知识目标	能力目标	素质目标
（1）了解 TPM 起源； （2）了解 TPM 活动方针与目标； （3）了解 TPM 活动体系； （4）了解 TPM 活动内容、推行步骤及过程	（1）能够根据具体情况填写设备管理的相关文件； （2）能够掌握设备综合效率 OEE 的计算方法； （3）能够根据具体设备的情况编写相关文件	（1）培养精益求精的工作精神； （2）培养团队合作精神； （3）具备良好的安全意识、风险意识

单元导航

单元 3.1　TPM 起源；

单元 3.2　TPM 活动目标及活动体系；

单元 3.3　TPM 活动内容、推行步骤及过程。

单元 3.1　TPM　起　源

设备管理

问题引导

引导问题 1：什么是设备管理？

引导问题 2：设备管理规程和设备管理制度有哪些？

引导问题 3：简述 TPM 为什么是公司管理体系中必不可少的一项重要管理活动。

相关知识

3.1.1　设备及设备管理的相关概念及管理方法

1. 设备及设备管理的概念

1）设备

通常，设备是生产和生活中所需的机械、装置和设施等物质资料的总称，它可供长期使用，并能在使用中保持原有的物质形态，如机械、电气、电子、化工、建筑、交通与运输、医疗等领域的设备。这些设备在企业和各种机构的生产经营和工作中发挥着重要作用，承担着完成工作任务的关键职责。

2）设备管理

设备管理指的是：采取一系列的措施，对设备进行综合管理，保持设备完好，并利用维护、修理和改造等手段提高设备的质量，充分发挥设备效能，保证产品的产量、质量和设备的安全运行。设备管理的核心在于追求设备综合效率，最终表现为设备使用年限的提升、故障率的降低、合理的能耗控制，可以促进企业开源节流、降低成本、提升竞争力。

2. 设备管理规程和设备管理制度

设备管理规程包括设备操作规程、设备使用规程等。现场管理人员应该了解这些规程，并按规程检查和监督员工的作业；严格执行设备管理有关制度，养成良好的习惯，更好地合理使用设备。

1）设备管理规程

① 设备操作规程　此规程是针对操作工人正确操作设备的有关规定和程序。设备的结构不同，操作设备的要求也会有所不同，编制设备操作规程时，应以制造厂提供的设备说明书的内容为主要依据。

② 设备使用规程　设备使用规程是对操作工人使用设备的有关要求和规定。工人必须经过设备操作基本功的培训，并经考试合格，持操作证上岗；不准超负荷使用设备。

③ 岗位责任制　设备的使用维护工作必须体现在操作人员的岗位责任制中，应严格贯彻岗位责任制，保证贯彻执行设备使用维护的各项规章制度，从而保证设备处于良好的技术、安全状态，为企业生产经营创造有利的条件。

2）设备管理制度

① 定人定机制度　企业实行定人定机制度，更容易落实岗位责任制。企业主要生产设备的操作人员，由车间提出定人定机名单，经设备动力部门审批备案后方可执行。设备管理中应做到：重点设备定人定机，重点管理；操作人员凭设备操作证上岗作业。

② 操作证制度　主要生产设备的操作人员，包括学徒、实习生等，均应经过技术培训，熟练掌握技术操作规程和安全操作规程，经考试合格并取得操作证后，才能独立操作设备。一般每个人只允许操作同一种型号的设备。特殊工种操作工，须经培训取得特殊工种操作证后，方能上岗。熟练技工，经一专多能专业培训且考试合格后，允许其操作操作证上所规定型号的设备。

③ 安全检查、检验制度　设备运行安全检查是设备安全管理的重要措施，是防止设备故障和事故发生的有效方法。通过检查可全面掌握设备的技术状况和安全状况的变化，以及设备的磨损情况，及时查明和消除设备隐患，根据检查发现的问题进行整改，确保设备的安全运行。

④ 维修保养制度　建立维修保养制度，根据零部件磨损规律制订出切实可行的计划，定期对设备进行清洁、润滑、检查、调整等作业，是延长设备使用寿命、防止设备损坏、避免运行中发生事故的有效方法。

⑤ 交接班制度　企业的主要生产设备，有些处于连续使用状态，因此必须建立交接班制度，制定设备交接班手续，以明确设备维护保养的责任，提供设备使用的第一手资料，为设备故障动态分析和生产情况分析提供可靠的依据。设备交接班记录见表3-1。

3. 现场生产设备使用的管理方法及其内容

① 做好设备识别工作　在显眼处悬挂或粘贴标牌、标贴，注明设备的名称、管理编号、精度校正、操作者、维护人员、运作状况、设备位置，以及安全逃生、生命急救装置，操作流程示意图。

② 制作操作说明书　操作说明书应简单易懂、逐条说明，包括引言、操作原理、用具及设备说明、操作说明、注意事项、附录。

③ 设备“三定”制度　包括设备定号、保管定人、管理定组制度。

④ 设备安全生产制　要求严格执行各种设备的操作维护规程，做到安全生产。

表 3-1　设备交接班记录簿

设备名称：　　　　型号规格：　　　　设备编号：

车间：　　工段：　　操作者：　　操作证号：

交接班记录							
班次		早班		中班		夜班	
清扫、润滑情况	机床各部位						
	冷却液						
	油毡						
	周围场地						
	油量						
	油孔						
使用情况	传动机构						
	零部件						
	附件、工具						
	电器						
图纸、工件质量情况							
故障、事故及处理情况							
开动台时记录		实际开动		实际开动		实际开动	
		故障停开		故障停开		故障停开	
早班	交接人		中班	交接人		夜班	交接人	
	接班人			接班人			接班人	

⑤ *凭证操作*　即凭证操作设备，要求生产设备的操作人员通过技术基础理论和实际操作技能培训，经考核合格后取得设备操作证。凭证操作是保证正确使用设备的基本要求。

⑥ *“三四五”法*　即三好、四会、五项纪律。

- 三好：管好、用好、修好。
- 四会：会使用、会保养、会检查、会排除故障。
- 五项纪律：定人定机、设备整洁、交接班制度、管好工具、及时发现设备故障异常并立即停机。

⑦ *提高人员素质*　为人员提供相应技术培训和训练，有计划地、经常地对操作人员进行技术教育，以提高其对设备的使用、维护能力。

3.1.2　设备点检与设备维护保养

设备点检与维护保养

1. 设备点检

设备点检是指为了准确评价设备的使用程度、磨损程度等情况而按一定周期进行的检查，是设备管理的重要组成部分。

1）设备点检的分类

设备点检分日常点检、定期点检和精密点检三种。

① 日常点检　每日由使用部门操作人员对所有设备进行点检，如异声、湿度、加油、清扫、调整等，保证设备每日正常运转，不发生故障。

② 定期点检　每月由维修部门点检人员对重点设备进行预防保全，如测定设备劣化程度，确定设备性能（停机检查），以保证设备达到规定的性能。

③ 精密点检　不定期由维修部门专业技术人员使用特殊仪器对设备进行点检，对问题做深入的调查、测定、分析，以保证设备达到规定的性能和精度。

2）设备点检的方法与内容

设备日常点检主要是在非解体、非停机的情况下，依靠人的“五感”，即五官，对运转中的设备进行良否判断。通常是对温度、压力、流量、振动、异声、动作状态、松动、龟裂、异常及电路的损坏、熔丝熔断、异味、泄漏、腐蚀等内容的点检。

设备点检的内容具体如下：

① 清洁　主要是指清除设备中的灰尘，保持各触点的清洁，如清洗空气滤清器、机油滤清器，清洁冷却泵，清洁电动机、发电机、蓄电池，对电气操作和电气控制部分的电气设备进行解体检查时，清洗拆下的零部件，去除积炭、结胶、锈斑，保证设备油、水和通气管道畅通。

② 紧固　经常检查设备的紧固程度并进行紧固。调整紧固件时，应该用力均匀、恰当，紧固顺序按规定进行，确保紧固。

③ 有效润滑　对发动机的摩擦表面、齿轮、滚动轴承、拉杆、滑轮销子等活动部位进行润滑，用定人、定质、定时、定点、定量的“五定”方法管理润滑油，执行润滑“五定”管理规范。

④ 防腐　对非金属制品采取必要的防腐措施，如洗净橡胶制品上的油污、在金属制品的保护层上喷漆或涂上油脂等防腐涂料，对其加以保护。

⑤ 调整　调整由于设备的振动等因素产生的不正常的错位和碰撞所造成的设备磨损、发热、噪声、振动甚至破坏，如齿轮间隙、气门间隙、制动带间隙、电压、电流等，对有关的位置、间隙尺寸做定量管理，定时进行测量、调整，并在调整后再加以紧固。

⑥ 表面检查　检查设备运行过程中出现的故障先兆，包括设备外表面有无损伤裂痕、磨损是否在允许的范围内、温度压力运行参数是否正常、电机有无超载或过热、传送带有无断裂或脱落、振动和噪声有无异常、设备密封面有无外露、设备油漆有无脱落、设备外表有无锈蚀、设备的防腐等，从设备的外观做目测或观察、测量、检查。

3）实施设备日常点检

（1）设备点检的职责

操作工人应严格执行日常点检程序，每天循环往复地进行点检。日常点检基准卡（部分）如表 3–2 所示。专业点检人员应根据现场实际制定点检表，与操作人员一起每天定时、定点、定项进行点检，并签字确认设备状态是否完好。凡是设备有异状，若操作人员或专业点检人员在定期点检、专题点检中没有查出的，由操作人员或专业点检人员负责。对于已点检出的异状，应由维修人员维修，而没有及时维修的，则该维修人员负责。

表 3–2　日常点检基准卡（部分）

<table>
<tr><th colspan="7">日常点检基准卡</th></tr>
<tr><td>设备名</td><td>厂家</td><td>编号</td><td>岗位名</td><td>编制日期</td><td colspan="2">修改日期</td></tr>
<tr><td>50 t 压力机</td><td>A</td><td>A–04</td><td>第 1 压机</td><td>2024 年 9 月 18 日</td><td colspan="2">年　月　日</td></tr>
<tr><td colspan="2">部位</td><td>点检项目</td><td>点检方法</td><td>判定基准</td><td colspan="2">处置方法周期</td></tr>
<tr><td rowspan="4">机械部</td><td rowspan="2">离合器
制动器</td><td>V 皮带的张力</td><td>手压</td><td>用手指压，大约沉下一个指头</td><td>更换</td><td rowspan="2">月
月</td></tr>
<tr><td>旋转式凸轮的松动</td><td>目视</td><td>驱动系统应无松动</td><td>坚固或锁紧</td></tr>
<tr><td rowspan="2">外观</td><td>本体各部位变形磨损</td><td>目视</td><td>应无变形磨损</td><td rowspan="2">补修
紧固把手
检查修理</td><td rowspan="2">日
日
日</td></tr>
<tr><td>螺杆、螺母松动</td><td>目视
听觉</td><td>指定处无松动
不应产生异声</td></tr>
<tr><td rowspan="6">电气部</td><td>电机</td><td>发热
异声</td><td>手触
听觉</td><td>应在 60 ℃以下
不应产生异声</td><td rowspan="6">更换
更换
更换、检查
更换补修、紧固补修、紧固
修理、更换</td><td rowspan="6">日</td></tr>
<tr><td>指示灯</td><td>灯的指示状态</td><td>目视</td><td>亮暗情况</td></tr>
<tr><td>脚踏开关</td><td>动作状态</td><td>脚踏</td><td>重复动作 5～10 次</td></tr>
<tr><td>电缆</td><td>组装状态</td><td>目视</td><td>不应有损伤松动</td></tr>
<tr><td>接地线</td><td>组装状态</td><td>目视</td><td>不应有损伤松动</td></tr>
<tr><td>安全装置</td><td>动作状态</td><td>手触、目视</td><td>适当地停止</td></tr>
</table>

（2）设备点检的要点

在每台设备旁设置点检记录表，其主要内容包括点检负责人、点检时间、点检项目等，点检要点包括一般机械的通用性要点，如空压、油压、驱动、电气等方面的各种要点。此外，故障频发的设备部位也是点检的重点所在。

（3）设备点检问题的解决

在设备点检中，如果发现不正当的机器操作，生产管理人员必须予以纠正，并向操作者告知有关设备的结构、性能等方面的要点，使其了解为何要按操作规程作业。

设备操作人员应认真、仔细地对设备进行保养，一旦发现异常，须及时登记，并上报设备部主管。对于设备点检中发现的通过简单调整、修理可以解决的问题，由操作人员自己解决；对于在点检中发现的难度较大的故障隐患，由专业维修人员及时排除；对于维修工作量较大，暂不影响使用的设备故障隐患，经车间设备员鉴定，由车间维修组安排一保或二保计划予以排除，或上报设备部协助解决，当设备部主管不能处理时，须上报设备部经理或专业设备保养人员处理。任何人不得随意对设备进行大规模拆卸。

设备的运行，操作人员不仅要承担操作任务，还要主动承担设备的维护及管理任务，强化其自主管理的责任，建立一种全员点检机制，通过建立设备点检流程加强对运行中设备的管理。将计算机信息技术引入设备点检是一大创新，不仅提高了工作效率，也使得点检工作更加规范和标准，提高了设备的运行效率。

2. 设备维护保养

对设备进行维护保养是设备自身运动的客观要求，而且设备维护保养不仅是管、用、养、修等各项工作的基础，也是操作工人的主要责任之一。设备维护保养的目的是及时处理设备在运行过程中随时发生的各种问题，以及人为因素造成的耗损，保证设备正常运行，及时处理并改善设备的运行条件，以延长其使用寿命，避免不应有的损失。

1）设备三级保养的要求

（1）人员要求

操作人员必须做到“四懂三会”，即懂结构、懂原理、懂性能、懂用途，会使用、会维护保养、会排除故障。设备保养分三级（表 3–3），而现场班组只要求做到一级保养。

表 3–3　设备保养分级

项目	一级保养	二级保养	三级保养
担当人员	设备使用人员	车间的设备维护人员	设备管理部门
周期/频率	每日、每周或者使用前后	定期（每月、半年、一年）	定期（一年、三年或五年）
主要特点	保养难度不大，通常作为日常工作	技术和专业性较强，包括定期的系统检查和更换修复	专业性很强，需用仪器设备才能实施的保养维修
主要内容	（1）拆卸指定部件、箱盖及防尘罩等，并进行彻底清洗； （2）疏通油路，清洗过滤器，更换油线、油毡、滤油器、润滑油等； （3）补齐手柄、手球、螺钉、螺帽、油嘴等机件，保持设备的完整性； （4）紧固设备的松动部位，调整设备的配合间隙，更换个别易损件； （5）清洗导轨及各滑动面，清除毛刺及划痕	（1）对设备部分装置进行分解并检查维修，更换、修复其中有磨损的零部件； （2）更换设备中的机械油，清扫、检查、调整电气线路及装置； （3）检查、调整、校正设备的精度，校正设备的水平状态	（1）设备定期大修，性能校正与改善； （2）做定期保养，实施精度校正； （3）应二级保养人员的请求协助保养； （4）委托外部、专家修理、保养
相关制度	设备自主保养制度	设备巡检制度	设备定期检修制度、厂家定期检修制度

（2）操作要求

① 严格按规程进行正常操作和事故处理。设备保养前，设备维护人员应确保设备已关闭且电源已切断，以保证保养作业人员的人身安全。

② 严格控制工艺指标，做到不超温、不超压、不超速、不超负荷。

③ 严格执行巡回检查制度，实行“听、摸、查、看、闻”五字方针，认真进行检查和记录，使设备经常保持清洁、润滑、紧固、调整、防腐。

④ 设备润滑要求做到“五定”（定人、定点、定质、定量、定时），同时要做好三级过滤（油桶、油壶、注油器）。图 3–1 为润滑油的目视管理图。表 3–4 为表格式润滑图表。

加油周期		油脂类		油量界限
贴在加油口附近		加贴液压油标识		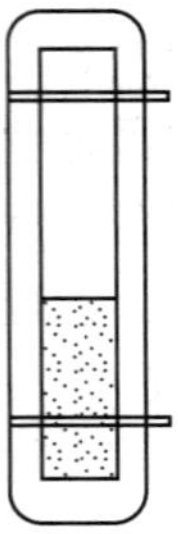
红	每日 1 次	白	每周一次	
黄	每周 1 次	蓝	每半年一次	
绿	每月 1 次	绿	每月一次	
蓝	半年 1 次			
棕	每年 1 次			

图 3–1　润滑油的目视管理图

表 3–4　表格式润滑图表

五定	定点		定质	定量	定时	定人
序号	润滑部位	润滑方式	润滑剂	油量/kg	周期	润滑分工
1						
2						
3						
4						

2）设备日常维护保养工作实务

设备日常维护保养工作由设备操作人员负责，其工作内容为依照正常的操作程序使用设备。

（1）每日工作前设备维护保养

① 将尘埃、污物擦拭干净，保持滑动部分的清洁润滑。

② 不必要的物品不放置于设备、传动部位或管线上。

③ 观察系统润滑是否足够。

④ 观察各部位螺丝是否松动。

⑤ 判断空转试车正常与否、传动部分有无异状或异声。

（2）每日工作中设备维护保养

① 不得从事超越设备性能范围的工作。

② 因故离开机器时应请人照看或停机。

③ 注意机器运转情况，是否有异常声音、振动、松动等情况。

④ 观察轴承或滑动部位有无发烫现象。

⑤ 观察是否油路系统畅通。

⑥ 注意加工产品的优劣，以决定是否停机。

⑦ 发现不良，应立即报告。

（3）每日工作后设备维护保养

① 取下工作物。

② 清除铁屑、污物，擦拭设备，清扫周围环境。

③ 检查设备各部位是否正常。

④ 保持工具、工装、仪器及其附件等清洁并置于固定位置。

⑤ 擦拭干净滑动面后，注入机油防锈。

3.1.3　TPM 的基本概念及其起源、发展

TPM 起源及发展

1. TPM 的定义

TPM（total productive maintenance，全员生产保全）是以最大限度地提高设备综合效率为目标，以全系统的预防维修为过程建立贯穿于设备生命周期的全员参与的设备保养和维修体系。它通过以设备为导向的经营管理，对现有设备实现最高级别的运用，可概括为：T——全员、全系统、全效率，PM——生产维修（包括事后维修、预防维修、改善维修、维修预防）。

广义的 TPM，是指以建立不断追求生产效率最高境界的企业体制为目标，通过从公司领导到一线员工全员参与的创新小组改善活动，构筑预防管理及生产工序中所有损耗发生的良好机制，最终达成损耗的最小化和效益的最大化。

2. TPM 的起源、发展

TPM 的具体发展历程可以概括为以下 5 个阶段。

1）预防保全时代

预防保全（productive maintenance，PM）是指设备出现故障前就采取对策的事先处置方法。

1950 年，美国的武器经常出现故障，所以美国军队就引入了预防保全的概念，进而推广到其他产业。预防保全主要指对机器设备进行一些简单的维护，比如定时上油、经常擦拭灰尘、更换螺丝螺母等。这些简单的保养对延长设备的使用寿命确实有益，但这是远远不够的。

2）改良保全时代

1957 年，人们开始对原来的保养方法进行改良，进入改良保全（corrective maintenance，CM）时代，其特点是根据设备零件的使用周期定期更换零件，使设备运转更加正常。根据零件的使用周期，在零件使用寿命到期之前更换零件，既有效地利用了零件，又防止了故障的发生。通过日常点检，发现设备故障规律，依规律进行改善、改良、改进，延长设备使用寿命。

3）从保全预防到生产保全（productive maintenance，PM）

从 1960 年开始，进入了保全预防（maintenance preventive，MP）时代。人们不但对设备进行保养，而且把保养和预防结合起来，通过对设备的运行情况、保全情况的信息进行记录、收集，在新设备设计时就选定不易发生故障、易检点的安全装置。将 PM、CM、MP 活动结合起来，称为生产保全（productive maintenance，PM）。

4）生产部门保全时代

1960 年，日本 TPM 之父——中岛清一组织团队到美国去考察，回到日本后，于 1964 年成立了 JIPM（Japan Institute of Plant Mainteance，日本设备维护协会），JIPM 最初的观念是设备保养。1961 年，日本电装公司导入美国 GE 公司的美式 PM 生产保全活动，在此基础上确立全体生产和维护人员参与的保全活动。

5）全员生产保全时代

20 世纪 80 年代末，日本的电装工厂开始推行 TQC（total quality control，全面质量管理），把 TQC 与 TPM 相结合，推出了“日本电装 TPM”，于 20 世纪 80 年代末申请通过了 JIPM 优秀奖，之后 JIPM 认为这种方法对整个 TPM 活动产生了革命性的启发，于 1989 年对 TPM 的概念进行了重新定义，由以前局限于生产现场的 PM 转变为全公司的 PM。

3. 推广 TPM 的原因

下面两个重要原因决定了 TPM 是公司管理体系中必不可少的一项重要的管理活动：

① *成本控制的要求* 现代制造业中设备资产占比快速膨胀，并随产品更替周期的缩短而加速了更新折旧周期。生产效率的提高和产品成本控制的需求，加大了对设备利用率和使用效率的需求，如何充分发掘设备资产的最大效益，日益成为摆在现代企业面前的一个重要课题。

② *技术发展的要求* 现代工程技术的高速发展，极大地使生产设备趋于复杂化。高新技术的广泛应用，大幅度提高了设备的生产效率，但也给设备维修和管理带来前所未有的难度，越来越需要一个科学的管理体系和一支强有力的维修队伍与之相适应。

实战演练

1. 简述设备管理规程和设备管理制度。
2. 阐述 TPM 形成的具体过程。

学习评价

学习本单元后，请学生根据自身学习体会，结合下表所列内容进行评价。

单元 3.1 学习评价表

<table>
<tr><td>姓　名</td><td colspan="2"></td><td>组　别</td><td></td><td>班　级</td><td colspan="2"></td></tr>
<tr><td>日　期</td><td colspan="3"></td><td colspan="2">综合评价等级</td><td colspan="2"></td></tr>
<tr><td rowspan="2">评价指标</td><td rowspan="2">评价标准</td><td rowspan="2">分值</td><td colspan="4">评价方式</td></tr>
<tr><td>自我评价（占 30%）</td><td>小组评价（占 30%）</td><td>教师评价（占 40%）</td><td>单项得分</td></tr>
<tr><td rowspan="2">课前预学</td><td>课前预习本任务相关知识，查找相关资料</td><td>5</td><td></td><td></td><td></td><td></td></tr>
<tr><td>完成问题引导部分的题目</td><td>5</td><td></td><td></td><td></td><td></td></tr>
<tr><td rowspan="2">课堂参与</td><td>认真听讲和练习</td><td>10</td><td></td><td></td><td></td><td></td></tr>
<tr><td>积极参与小组讨论，并有详细笔记</td><td>10</td><td></td><td></td><td></td><td></td></tr>
<tr><td rowspan="3">课堂互动</td><td>积极回答教师的问题</td><td>5</td><td></td><td></td><td></td><td></td></tr>
<tr><td>与小组成员有效合作，尊重他人</td><td>5</td><td></td><td></td><td></td><td></td></tr>
<tr><td>在小组活动中能围绕主题发表自己的观点</td><td>10</td><td></td><td></td><td></td><td></td></tr>
<tr><td rowspan="3">自主探究</td><td>独立思考，自主学习，能发现问题</td><td>10</td><td></td><td></td><td></td><td></td></tr>
<tr><td>主动寻求解决问题的方法</td><td>10</td><td></td><td></td><td></td><td></td></tr>
<tr><td>善于观察、分析、思考，能提出创新观点</td><td>5</td><td></td><td></td><td></td><td></td></tr>
<tr><td rowspan="2">综合素养</td><td>具有一定安全意识、责任意识、规范意识</td><td>5</td><td></td><td></td><td></td><td></td></tr>
<tr><td>具有吃苦耐劳的精神和严谨认真的学习态度</td><td>5</td><td></td><td></td><td></td><td></td></tr>
<tr><td rowspan="2">学习成果</td><td>能在规定时间内完成本人的分工任务</td><td>10</td><td></td><td></td><td></td><td></td></tr>
<tr><td>完成课后作业</td><td>5</td><td></td><td></td><td></td><td></td></tr>
</table>

单元 3.2　TPM 活动目标及活动体系

TPM 的活动目标及内容、体系

问题引导

引导问题 1：简述开展 TPM 追求的“零”目标。

引导问题 2：简述影响设备效率的“七大损失”。

引导问题 3：写出计算设备综合效率的公式。

引导问题 4：简述 TPM 活动的内容。

相关知识

3.2.1　TPM 活动目标

1. 设备的开动率、可动率

开动率是用来表示机器设备使用效率的指标，以机器设备的开动时间除以最大负荷时间表示。其中，负荷时间是指从一天（或一个月）的制度时间扣除计划保全时间、生产计划上的停止时间；开动时间是指负荷时间减掉换模、换刀具、故障、调整等时间；停止时间是指因故障、调整、工具（模具）更换等而停止的时间。

理论上来讲，开动率越高则设备的使用率越高。基于这样的想法，一般都认为开动率要100%才是最好，但是这完全是从设备的使用效率来考虑的，也就是仅考虑个别效率，没有考虑整体效率。在精益生产中，强调适时适量生产，其开动率也是根据市场的需求量来确定的。例如，某台设备的最大负荷为每天可生产 1 000 件产品，而这个月的平均需求量仅为 600 个，那么，开动率只需 60%就足够了，而不是一味地追求设备的使用率。所以，精益生产中的机器设备开动率是由市场需求量确定的，而不受设备现有损失时间多少的影响。

至于机器设备损失时间的效率评估，在精益生产中用“可动率”来衡量，即以机器设备实际可以运转的时间除以需要使用设备的负荷时间，其意义是当设备需要被使用时，能够正常运转的比率。它的目标值是越高越好，理论状态为100%。

设备可动率的计算公式如下：

$$设备可动率=[(负荷时间-停止时间)/负荷时间]\times 100\%$$

【例 3-1】 焊装车间全月设备负荷时间为 9 730 min，设备故障停止时间为 23 min，请计算设备可动率。

解：

$$设备可动率=[(9\ 730-23)/9\ 730]\times 100\% =99.8\%$$

这就好比买一部自用轿车，开动率表示一天内开动自己汽车的时间比率，谁都是在需要的时候才开车，而不是要汽车连续 24 h 都在行驶，即开动率 100%；而可动率是指汽车想开时就能开的比率，希望每次需要使用时都能顺利发动而不会抛锚，即可动率 100%。

可动率高是精益生产中流程化生产的基本要求之一。在流程化生产中，产品以单件或小批量加工，可动率低则表示设备的稳定性差，容易发生故障，会对生产活动造成困扰，如出现物流受阻、停工等待、品质问题等。为了保证生产的流程化和连续性，必须以可动率 100%为目标，做到设备的使用能随心所欲，要动即动，要停即停。为此，就必须建立起良好的维修保养制度，即 TPM——全面生产保全活动。

---

2. 设备的综合效率

TPM 活动的一个基本目标是提高设备的综合效率。设备综合效率（overall equipment effectiveness，OEE）是 TPM 的专用术语，用来表示实际的生产能力相对于理论产能的比率，它由时间开动率、性能开动率、合格率 3 个关键要素组成。设备综合效率计算公式如下：

$$设备综合效率(OEE)=时间开动率\times 性能开动率\times 合格率\times 100\% =\frac{负荷时间-停机时间}{负荷时间}\times\frac{加工时间-机器性能损失时间}{加工时间}\times\frac{加工数量-不合格数量}{加工数量}\times 100\%$$

式中，负荷时间是设备应该运转的时间，停机时间包括故障引起的停机时间和工序转换需要的停机时间，性能开动率是相对设备固有能力（周期时间、行程数）而言的速度比率，即相对于设备原来的性能，现在是以多少比率在运转。

只有当时间开动率、性能开动率、合格率均达到 100%时，OEE 才可以达到 100%。因各种因素的影响，若 OEE 能维持在 85%以上，则已具有较高水平。

为了提高设备的综合效率，TPM 的目的就是要排除影响设备效率的“七大损失”，包括：故障损失、准备调整损失、刀具调换损失、加速损失、检查停机损失、速度下降损失和废品修正损失。这些损失直接影响了设备的生产效率和整体性能，具体介绍如下：

① 故障损失　由于设备故障导致的生产中断和产品质量问题。

② 准备调整损失　在生产转换或调整设备参数时产生的停机和废品。

③ 刀具调换损失　在更换刀具或其他生产工具时产生的额外时间和成本。

④ 加速损失　为了达到生产目标而使设备超负荷运行所导致的额外磨损和设备寿命缩短。

⑤ 检查停机损失　定期的设备检查和维护导致的停工时间。

⑥ 速度下降损失　由于设备设计或操作问题导致的实际运行速度低于设计速度。

⑦ 废品修正损失　由于设备故障或操作错误导致的废品，以及后续的返工和处理成本。

这些损失的存在，不仅增加了生产成本，还可能影响企业的生产计划和市场竞争力。因此，通过有效的设备维护和管理策略来减少这些损失是提高生产效率和经济效益的关键措施。通过开展 TPM，将所有损失事先预防，做到零故障、零灾害、零不良、零损失。这种追求零的精神就是精益生产的管理理念，虽然不可能完全实现“零”目标，但企业会为实现这个目标去制定计划、标准，并切实实施。这种高起点的追求，必将产生高质量的工作、高品质的产品，使得在生产效率最大化的同时，达到消耗费用合理，并从中找出最低消耗点，如图 3–2 所示。

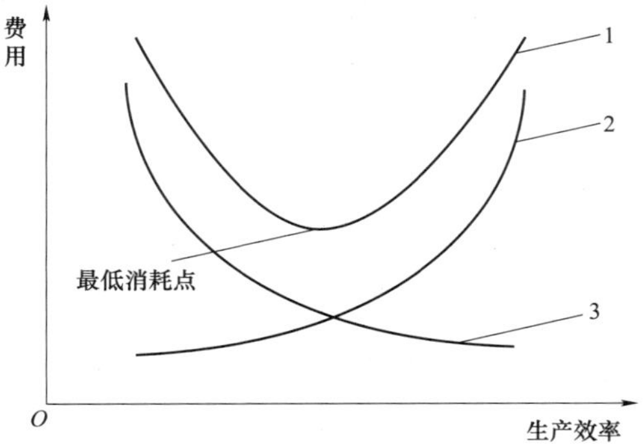

1—综合曲线；2—维修费用；3—七大损失。

图 3–2　TPM 综合曲线

3. 设备综合效率计算实例

【例 3-2】 某生产线，上周 7 d 共生产 1 000 件产品，每天工作时间为 24 h。其生产状态如下：问该生产线本周的 OEE 是多少？

① 每天停机 2 次，员工用餐，平均每次就餐时间 0.5 h；

② 共出现 3 次故障，故障总时间为 4.3 h；

③ 换模 5 次，平均每次换模时间 4 h，合计 20 h；

④ 由于前工序故障，造成生产线待料及空转，时间累计为 7.4 h；

⑤ 因刀轮磨损造成切割效率低下，浪费时间累计为 2.9 h；

⑥ 过程中检出不合格品 100 件，最终报废 50 件，返工 50 件。

解：

$$负荷时间=24\times7-2\times0.5\times7=161\text{（h）}$$

$$停机时间=4.3+20=24.3\text{（h）}$$

$$加工时间=负荷时间-停机时间=161-24.3=136.7\text{（h）}$$

$$时间开动率=\frac{加工时间}{负荷时间}\times100\%=\frac{136.7}{161}\times100\%=84.91\%$$

$$性能开动率=\frac{加工时间-机器性能损失时间}{加工时间}\times100\%=\frac{136.7-7.4-2.9}{136.7}\times100\%=92.47\%$$

$$合格率=\frac{加工数量-不合格数量}{加工数量}\times100\%=\frac{1\,000-100}{1\,000}\times100\%=90\%$$

$$OEE=时间开动率\times性能开动率\times合格率\times100\%=84.91\%\times92.47\%\times90\%\times100\%=70.66\%$$

3.2.2 TPM 的活动内容与体系

典型的 TPM 活动内容分自主保全、专业保全、设备前期管理、个别改善、教育训练、品质保全、间接部门效率化、安全与卫生等八个方面，通常称为八大支柱，如图 3–3 所示。5S 活动是一切管理活动的基础，也是推行 TPM 前必不可少的准备工作和前提，在 TPM 里将 5S 称为 TPM 的 0 阶段活动，5S 是其他八大支柱的基础。图 3–4 为 TPM 的活动体系。

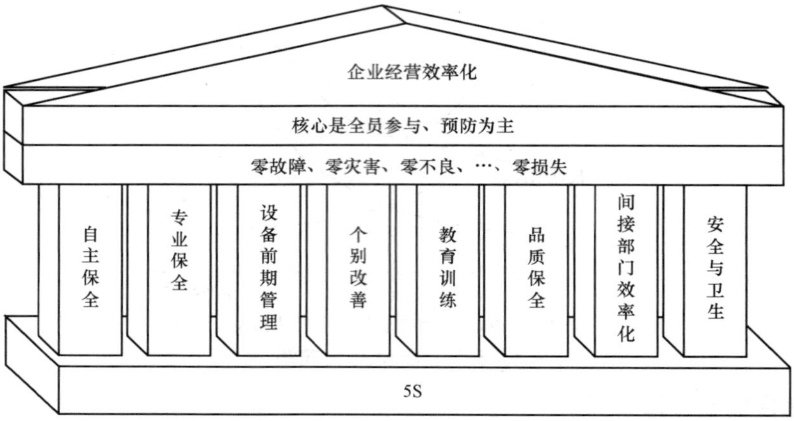

图 3–3 TPM 的活动内容

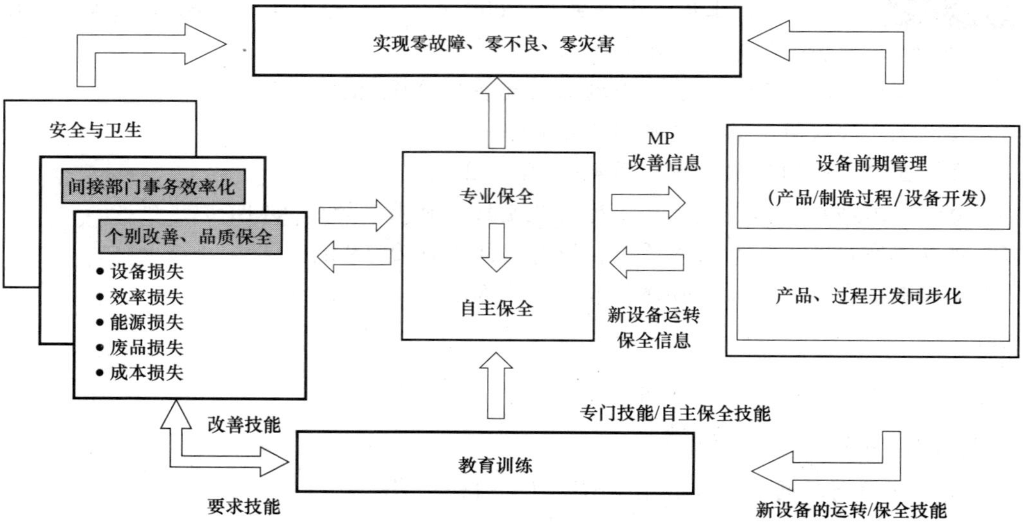

图 3–4 TPM 的活动体系

实战演练

1. 画出 TPM 的活动体系构架图。
2. 计算题：

泰州正大 8 月份生产情况如表 3–5 所示，本月的 OEE 是多少？

表 3–5　泰州正大 8 月份生产情况

生产量	实际工作时间	理论每批混合时间	混合批数	维修时间
8 082	227.83 h	0.083 h	2 694.23	20.7 h

学习评价

学习本单元后，请学生根据自身学习体会，结合下表所列内容进行评价。

单元 3.2 学习评价表

<table>
<tr><td>姓　名</td><td></td><td>组　别</td><td colspan="2"></td><td>班　级</td><td colspan="2"></td></tr>
<tr><td>日　期</td><td colspan="2"></td><td colspan="2">综合评价等级</td><td colspan="3"></td></tr>
<tr><td rowspan="2">评价指标</td><td rowspan="2">评价标准</td><td rowspan="2">分值</td><td colspan="4">评价方式</td></tr>
<tr><td>自我评价（占 30%）</td><td>小组评价（占 30%）</td><td>教师评价（占 40%）</td><td>单项得分</td></tr>
<tr><td rowspan="2">课前预学</td><td>课前预习本任务相关知识，查找相关资料</td><td>5</td><td></td><td></td><td></td><td></td></tr>
<tr><td>完成问题引导部分的题目</td><td>5</td><td></td><td></td><td></td><td></td></tr>
<tr><td rowspan="2">课堂参与</td><td>认真听讲和练习</td><td>10</td><td></td><td></td><td></td><td></td></tr>
<tr><td>积极参与小组讨论，并有详细笔记</td><td>10</td><td></td><td></td><td></td><td></td></tr>
<tr><td rowspan="3">课堂互动</td><td>积极回答教师的问题</td><td>5</td><td></td><td></td><td></td><td></td></tr>
<tr><td>与小组成员有效合作，尊重他人</td><td>5</td><td></td><td></td><td></td><td></td></tr>
<tr><td>在小组活动中能围绕主题发表自己的观点</td><td>10</td><td></td><td></td><td></td><td></td></tr>
<tr><td rowspan="3">自主探究</td><td>独立思考，自主学习，能发现问题</td><td>10</td><td></td><td></td><td></td><td></td></tr>
<tr><td>主动寻求解决问题的方法</td><td>10</td><td></td><td></td><td></td><td></td></tr>
<tr><td>善于观察、分析、思考，能提出创新观点</td><td>5</td><td></td><td></td><td></td><td></td></tr>
<tr><td rowspan="2">综合素养</td><td>具有一定安全意识、责任意识、规范意识</td><td>5</td><td></td><td></td><td></td><td></td></tr>
<tr><td>具有吃苦耐劳的精神和严谨认真的学习态度</td><td>5</td><td></td><td></td><td></td><td></td></tr>
<tr><td rowspan="2">学习成果</td><td>能在规定时间内完成本人的分工任务</td><td>10</td><td></td><td></td><td></td><td></td></tr>
<tr><td>完成课后作业</td><td>5</td><td></td><td></td><td></td><td></td></tr>
</table>

单元 3.3　TPM 活动内容、推行步骤及过程

自主保全

问题引导

引导问题 1：简述自主保全活动的推行步骤。

引导问题 2：初期清扫中应努力发现“六源”，这“六源”是什么？

引导问题 3：TPM 推行过程中有三大工具，也有人将其称为 TPM 三大利器，这三大利器是什么？

相关知识

3.3.1　自主保全活动的具体内容

1. 定义

自主保全活动就是以作业人员为主，对设备、装置依据标准凭个人的五感（听、触、嗅、视、味）进行检查，并对作业人员进行有关油、紧固等保全技术的教育训练，使其能对微小的故障进行修理。

目前，一般企业通常的做法是作业人员只管使用设备，设备的维护工作由设备专门技术人员来完成。由于作业人员与自己的设备朝夕相伴，非常了解设备的性能及运行状况，在设备故障的早期发现、维护等方面可以发挥其他人员不可替代的作用。同时，开展自主保全活动有利于提高作业人员对设备使用的责任感。因此，通过开展自主保全活动，使作业人员在日常工作中熟知其所使用的设备的构造及机能，并学会日常保全技能，提高作业水准。

2. 活动步骤

表 3-6 为自主保全活动的推行步骤，具体如下。

第一步：初期清扫（清扫点检）

初期清扫就是通过彻底的清扫点检活动，恢复设备的理想状态，即彻底地清除附着在设备、模具、工装夹具及其部件表面的污染、灰尘、异物、沉淀物，并把设备的潜在缺陷彻底找出来的活动。初期清扫是一种用手进行点检的活动，这与 5S 清扫活动不同。5S 活动侧重于清除灰尘、杂物，而自主保全活动的清扫重点在于点检异常情况，消除潜在的导致故障因素。从图 3-5 可以看出，初期清扫发现的故障只是露出水面的冰山一角。

表 3-6 自主保全活动的推行步骤

步骤	名称	活动内容	硬件方面（设备）	软件方面（人员）
1	初期清扫（清扫点检）	清扫设备本体，排除灰尘等脏污	（1）排除灰尘等脏污，防止强行劣化；（2）排除灰尘等脏污，提高点检修理质量，缩短修理时间	（1）通过每天与设备接触，提高作业人员对设备的关心度，而且会引发其对设备的好奇心；（2）通过小组活动，提高组长的管理水平
2	源头对策	（1）找出污染的发生源，加以根除；（2）改善给油、清扫的实施方式，并且要力图缩短清扫与给油的时间	（1）可以根除污染的发生源，提高设备的固有可信性；（2）提高保全性	（1）通过亲身改善，学会容易清扫的点检方式；（2）通过小组活动，提高改善能力；（3）通过改善，体会快乐
3	自主保全及临时基准的制定	制定清扫、给油、上紧螺丝的标准	坚持设备保全三要求：清扫、给油、上紧螺丝	通过自己制定标准，认识遵守标准的重要性
4	总体点检	（1）依据点检手册，实施点检技能教育；（2）通过总体的点检，找出设备的微欠点，并加以复原	（1）通过目视管理，改正不良部位，提高可信性；（2）粘贴部品号码或彩色纸，在方便点检设备上下功夫	（1）通过点检教育培训，让工作人员掌握设备的机能与结构，达到彻底了解的程度；（2）学会简单的修理方法；（3）通过收集点检数据，学会判断数据的有效性
5	自主点检	制定自主点检表与点检日程表，并据以实施	认真落实各阶段的点检标准，配合保全的目标，安排时间进行持续活动	（1）按照点检手册与数据，亲自制定日常定期检查表，提高自主管理水平；（2）体会记录点检数据的必要性
6	标准化（维持管理）	实施标准化；（1）清扫点检标准化；（2）物流标准化；（3）数据记录标准化；（4）模具与工装管理的标准化	（1）通过目视管理的标准化，提高清扫、点检、给油的效率；（2）因为掌握了故障不良数据，所以容易发现并改善重点	（1）通过各管理项目的标准化，扩大自主管理范围；（2）通过标准化与数据记录，体会提高标准的必要性
7	持续改善（目标管理）	（1）配合公司方针，制定目标并定期改善；（2）依据对所记录数据的分析，进行设备改善	（1）分析各种数据，提高设备的可信性、安全性、操作性；（2）根据数据，找出设备的弱点，并进行重点的改善，依次提高设备的寿命与点检周期	（1）通过达成目标，增强成本意识；（2）通过技能培训，掌握修理、复原技巧；（3）学会记录数据、分析数据、改善设备的技巧

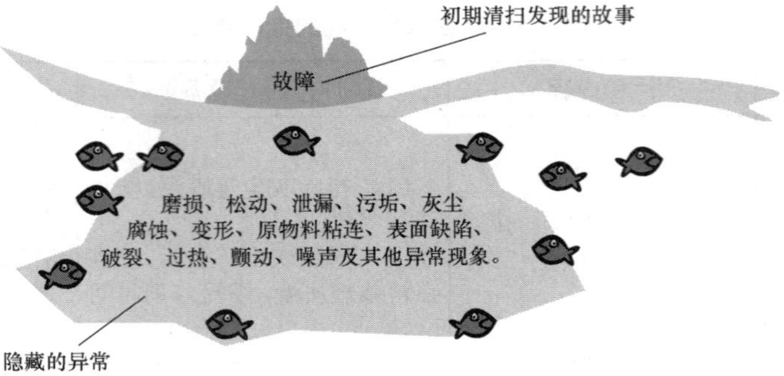

图 3-5　初期清扫发现的故障与隐藏的故障

初期清扫中应努力发现“六源”，这“六源”是污染源、困难源、故障源、浪费源、缺陷源和危险源。

① 污染源　污染源一般指灰尘、油污、废料、加工材料屑的来源，更深层的污染源还包括有害气体、有毒液体、电磁辐射、光辐射以及噪声方面的污染。要鼓励员工去寻找、搜集这些污染源的信息，同时激励员工自己动手，以合理化建议的形式对这些污染源进行治理。污染源的治理主要有两个方向，一个方向是源头控制，另一个方向是防护，如对车床、铣床、钻床都加装防护挡板，防止加工的铁屑、油污外溅，使车间地面保持洁净、无油、无尘；而加装污水处理装置、空气净化装置和各种堵漏装置则属于源头控制。图 3-6 为泡机原料泄漏导致的地面污染；图 3-7 为吸料机原料粉尘污染。

图 3-6　泡机原料泄漏导致的地面污染

图 3-7　吸料机原料粉尘污染

② 困难源　困难源一般指难以清扫或工作困难的部位，包括空间狭窄、没有人的工作空位，设备内部无法使用清扫工具的深层部位；污染频繁、无法随时清扫的区域；高空、高温、设备高速运转部分，操作工难以接近的区域等。解决清扫困难源问题也有两个方向，一是控制源头，使这些难以清扫的部位不被污染，如设备加装防护盖板等；二是设计开发专用的清扫工具，使难以清扫变成容易清扫，如使用长臂毛刷和特殊吸尘装置等。例如，在图 3-8 中，润滑点位置不当，使润滑加油较困难。例如，在图 3-9 中，液压站仪表方向不当，使仪表读数较困难。

③ 故障源　故障源是指造成故障的潜在因素。通过 PM 分析方法，逐步了解故障发生的规律和原因，然后采取措施加以避免。例如，因为润滑不良造成的故障，就应加强润滑密度，甚至加装自动加油装置来解决；如果因为温度高、散热差引起的故障，就应加装冷风机或冷却水来解决；如因为粉尘、铁屑污染引起的故障，就要通过防护、除尘方式来解决。例如，在图 3-10 中，控制箱按钮缺失；在图 3-11 中，电机脏污。

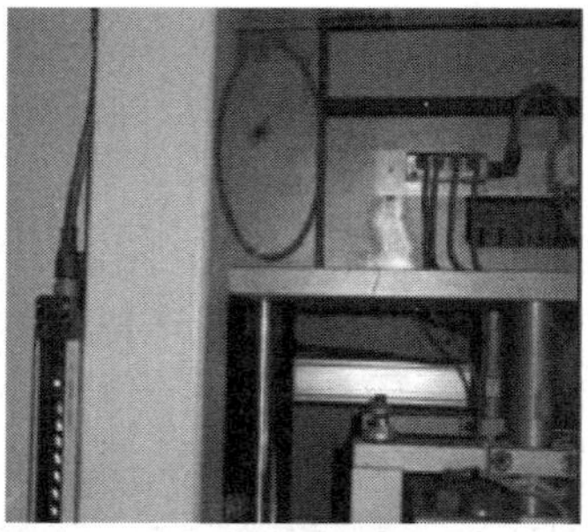

图 3-8　润滑点位置不当使润滑加油较困难

图 3-9　液压站仪表方向不当造成读数困难

图 3-10　控制箱按钮缺失

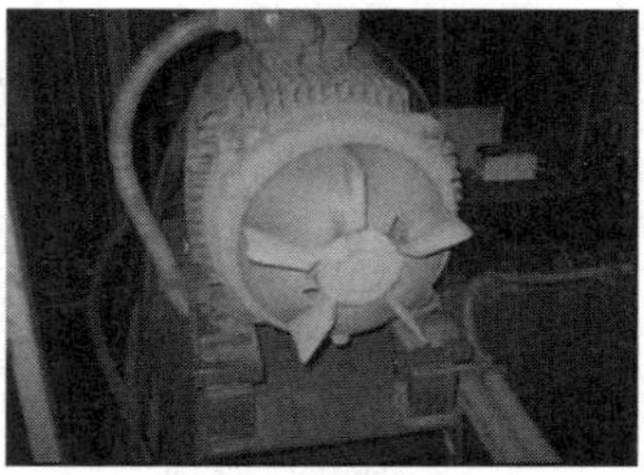

图 3-11　电机脏污

④ *浪费源*　生产现场的浪费是多种多样的。第一类是“开关”方面的浪费，如人走后，灯还亮，机器仍空转，气泵仍开动，冷气、热风、风扇仍开启等方面的能源浪费。这类浪费要通过在“开关”处设置提示及员工良好习惯的养成来解决。第二类是“漏”造成的浪费，包括漏水、漏油、漏电、漏汽和漏气，油箱滴漏也是能源或材料的浪费。要采取各种技术手段去做好防漏、堵漏工作，如使用高品质的接头、阀门、密封圈和龙头，以及带压堵漏材料的应用等。第三类是材料的浪费，包括产品原料、加工用的辅助材料。要解决材料浪费问题，一方面，通过工艺和设计的改进节省原材料；另一方面，可以在废材料的回收、还原、再利用方面下功夫。第四类是无用劳动、无效工序、无效活动方面的浪费，如工序设计不合理、无用动作过多，甚至工序安排出现不平衡，中间停工待料时间过长；无效活动包括无效的会议、无效的表格和报告等。浪费渗透到工作的各个领域，因此减少时间、人工的浪费，可节约的空间十分广阔。在图 3-12 中，液压油泄漏。

图 3-12　液压油泄漏

⑤ 缺陷源　5S 活动还可能发现产品缺陷源，即影响产品质量的生产或加工环节。解决此类缺陷要从源头做起，从设备、工装、夹具、模具及工艺的改善做起，同时也要从员工的技术、工艺行为规范着手。

⑥ 危险源　危险源是指潜在的事故发生源。危险源涵盖的范围较广，不仅仅针对设备（如设备的旋转部件或容易夹伤手的部件等），同时还要涵盖整个工厂的作业环境，如凹凸不平的地面、陡峭或护栏遗失的楼梯、灯光昏暗区域，以及需装备个人防护用品才能进入的区域等。例如，在图 3–13 中，开关控制箱脱落；在图 3–14 中，登高梯木板损坏。

图 3–13　开关控制箱脱落

图 3–14　登高梯木板损坏

第二步：发生源、困难部位对策

发生源是指问题发生的根源或根本原因。问题包括故障、不良、灾害等，在这里侧重于污染发生的直接部位和根源部位。对于如产品或原料的泄漏、飞散、漏油、渗水、漏气等问题，可通过初期清扫将设备清扫干净，便于操作人员发现灰尘、垃圾、异常发生源及问题点。因此，第二步发生源、困难部位的对策就是针对以上问题进行改善的活动，这些问题在第一步时大多可以被发现，其中有些已经有了局部对策，但根本性对策在本阶段完成。

第一阶段的清扫越彻底，员工对于自己清扫干净的设备就越不愿意弄脏。在产生这种心情后，如果马上又脏了，还要花这么多时间清扫，员工就会受不了，就会主动想办法解决问题。点检方面也会主动想办法解决。清扫告一段落后，为了更进一步减少故障、改善不良，还要借助领导的智慧，再进一步改善。

第二阶段的目的，就是要有效利用这些设备改善的提议，并在取得实质性改善效果的同时，学习设备改善的推进方法，加深改善带来的喜悦，加强推进下一阶段的自信。

① 发生源对策　发生源包括：加工时产生的切屑、碎块、毛刺、氧化皮、飞溅物等；搬入部品时混入的异物，设备产生的油、水、摩擦粉等；从外部环境侵入的垃圾、灰尘等各种各样的物质。

针对发生源，需要实施根除措施，如使用盖板或密封圈防止异物侵入等。因发生源造成清扫时间损耗过多是一大问题，所以必须把握其产生原因——在哪里（设备的部位等）发生、严重程度（重量、体积、面积等）、发生途径等。另外，还要掌握清扫所需要的时间损耗。

② 困难部位对策　困难部位主要是指清扫、供油很费劲的部位。如无法完全根除发生源，则需要改善清扫作业，使之能在短时间内完成。

针对清扫困难部位的改善，主要是不让产生的切削液、切屑等蔓延到整个工作台；不把污垢带进难以清扫的地方（在不可侵入的范围前方截住污垢）；将不能弄脏的重要部分移动到不容易弄脏的地方；配线、配管类不放在地面，而是悬空，以缩短清扫时间等方法解决。

针对供油、点检困难部位的改善，需要对狭窄的地方、高低差较大的部位、难以看清的地方、复杂的点检流程等进行改善，使得无论是谁都能以相同视点实施。

针对困难部位，要在保证清扫、供油、点检的基础上，将需要弯腰、攀登、蹲下、打开盖板等难以操作的状态，以及长度、距离、移动、分解、点检部位多等引起的时间损耗数据化，对困难部位定量化。同时对操作进行改善。

③ 发生源、困难部位改善案例　夹具台加装直线导轨防护罩改善。图3-15为原状态，图3-16为改善措施，图3-17为改善后状态。

图3-15　原状态

图3-16　改善措施

图3-17　改善后状态

④ 发生源、困难部位对策实施程序　这是推进自主保全活动的相当重要的步骤。小组成员共享发生源、困难部位及问题点，实施对策，通过效果测定提高全员对自主保全活动重要性的了解。针对发生源、困难部位的对策，要坚持不懈地实施，与领导商量推进。

第三步：自主保全、临时基准的制定

第三步是为维持第一步、第二步的成果，对清扫、注油、点检等工作制定基准书的活动，主要目标是开展目标时间内的清扫、注油、点检等维持活动。第三步是对第二步制定的清扫对策的补充，把注油和点检基准合并到清扫基准书上，制定出临时基准。

基准书是为自主管理工作服务的，是指导员工自主保全的作业标准，它规范了员工的自主保全工作，有重点地突出保全项目。通过执行基准书，可缩短员工保全时间，提高保全效率。基准书大体分为 4 类：① 正确操作基准书（操作规程），② 清擦保养基准书，③ 加油润滑基准书，④ 点检基准书。

自主保全临时基准要领内容如下：

① 每台设备都做 1 份（记载设备名、设备号）。

② 准备设备的相片或设备图纸。

③ 抽取清扫、供油、点检部位：从保持设备精度、维持品质、确保安全作业的角度来抽取。

④ 决定清扫、供油、点检方法：简单地记载使用的器具、工具或五感。

⑤ 决定清扫、供油、点检基准：简单表述判断好坏的标准。

⑥ 决定清扫、供油、点检处置方法：简单记载不符合标准时的应对方法（委托专业保全的情况下记录“联络保全”）。

⑦ 决定清扫周期：一般分为日、周、月、年等，也可根据现场的运转状况决定。

⑧ 以“分”或“秒”决定行动时间：为了能够更快、更正确地行动，先进行临时性的清扫、供油、点检改善，再对临时性改善措施进行修正、改定。

⑨ “担当”一栏，分类为操作员（OP）或专业保全。

⑩ 填写制定基准要领的时间及期限。

⑪ 加盖部门负责人的检验章。

⑫ 做成点检表，实施清扫、供油、点检，对实施成果进行检查并填写表格。

5W2H 分析法是经实践证明的一种有助于人们将工作内容全面思考、研究、分析后进一步落实责任制的好方法，因此通过分析我们得出点检基准卡的基本内容应包括：点检部位、点检内容、点检方法、点检标准、点检周期、点检人员等 6 个方面，具体如表 3–7 所示。

表 3–7　5W2H 分析法

5W2H	中文含义	管理上的理解	对应的点检基准内容	相当于
Where	何地	在哪里做	定部位	点检的部位
What	何事	做什么	定内容	点检的内容
When	何时	何时做	定周期	点检的周期
Who	何人	由谁做	定人员	点检的责任人
Why	为何	为何做、为何要	定理由	为什么做点检
How	如何	怎样做	定方法	点检的手段
How much	多少	做多少	定标准	判定标准

为有效开展自主保全活动，使操作者会操作设备，由设备管理部门组织编制操作规程，并培训指导车间操作者，操作者经考核持证上岗操作设备。图 3–18 为设备使用管理工作流程。

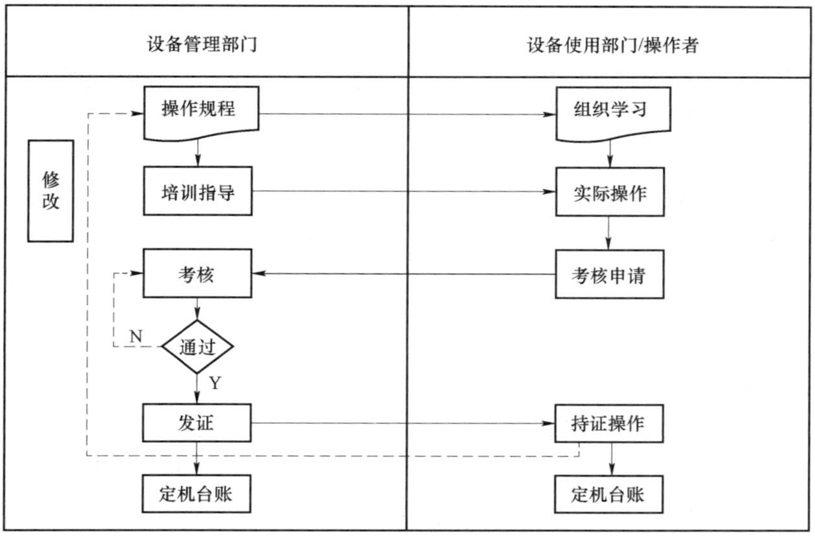

图 3–18　设备使用管理工作流程

【例 3-3】 四合一联合充注机操作规程（表 3–8）。

表 3–8　四合一联合充注机操作规程

序号	设备描述：此设备用于加注防冻液、风窗洗涤液、动力转向油、空调制冷剂 R134a	
1	设备起动前的检查	1.1　检查压缩空气的压力，应为 500～650 kPa。 1.2　检查各充注枪密封环有无损坏。 1.3　检查指示灯是否正常。 1.4　检查加注管路移动部分有无破损现象。 1.5　将枪支架下的油盘清空。 1.6　检查 4 支加注枪是否安放合理可靠。 1.7　检查移动单元上的控制器车型选择是否正确应为 k1～k16。 **注意：**车型不同，加注量不同
2	设备起动	2.1　按下带灯的控制按钮“控制电源接通”接通控制电源，这时按钮上的指示灯点亮，同时故障灯（红色）闪烁。 2.2　按下“故障复位”按钮，直到故障灯（红色）熄灭。 2.3　当“泵起动”按钮上的指示灯闪烁时，按下此按钮使设备泵起动，泵起动后指示灯停止闪烁。 2.4　当模式选择按钮“自动丨手动”指示灯交替闪烁时，按下“自动模式”按钮，在此模式下设备会按设定的程序完成抽真空、测试、加注过程。此时若故障指示灯无指示，则可进行工作，否则通知维修人员处理 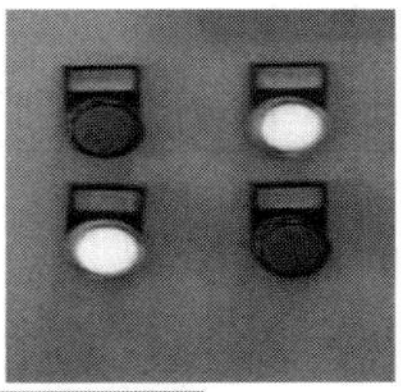 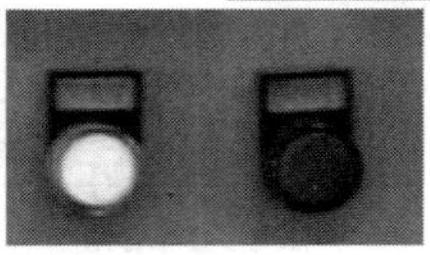

续表

序号	设备描述：此设备用于加注防冻液、风窗洗涤液、动力转向油、空调制冷剂 R134a	
3	对车辆加注	3.1　当车辆进入工位后，在移动单元面板上选择或确认车辆型号。 3.2　从支架上取下各加注枪，将各枪与车辆的注入口连接，并按下加注枪上的绿色起动键，开始工作循环。 **注意：** 连接时枪口必须与罐口端面对齐，否则夹紧时可能会密封不严。 3.3　当每一项加注循环结束时，设备将发出工作结束信号，这时按下加注枪上的红色结束键。操作者应观察实际加注量与控制器上显示的加注量是否相符，如有异常，须做相应处理，然后拿下加注枪，放回设备原位。 3.4　当所有加注枪放回原位后，标志着整台车加注完成，移动单元将自动返回起始位置，准备给下一台车加注。 **注意：** 当移动单元行走到接近轨道端部时，若仍有加注循环未完成，设备将发出警告，并停止工艺链的运行
4	关闭设备	4.1　当生产结束时，操作者应首先确保各加注枪已放回原位，然后按下控制柜上的红色泵关闭按钮，停止泵的运行。 4.2　再按下关闭控制电源按钮，关闭控制电源
5	注意事项	5.1　必须在工艺链启动前接通本设备的控制电源，否则工艺链不会启动。因此，生产结束时必须待工艺链停止后才能关闭该设备控制电源。 5.2　在工作循环过程中，如系统检测到被充注车辆系统有泄漏，则充注循环将被停止。 5.3　操作者必须经过培训，考试合格后方可上岗操作，严禁非本设备操作人员操作本设备。 5.4　操作者如有更换，须通知总装车间有关人员进行重新培训。 5.5　在进行加注操作时，操作者要防止设备刮碰轿车车身。 5.6　设备发生故障时，应立即通知维修人员进行处理。 5.7　操作人员要保持设备的清洁

【例 3-4】 一汽轿车的设备润滑图表（图 3-19）。

<table>
<tr><td colspan="2">一汽轿车</td><td colspan="6">设备润滑图表</td><td>设备名称</td><td>悬挂式点焊机</td></tr>
<tr><td colspan="2">设备型号</td><td colspan="3">PTB-180</td><td>设备编号</td><td colspan="2">753-464</td><td>设备所在地</td><td>焊装车间</td></tr>
<tr><td rowspan="2">序号</td><td rowspan="2">润滑部位名称</td><td rowspan="2">润滑方式</td><td rowspan="2">润滑点数</td><td rowspan="2">润滑量/kg</td><td rowspan="2">润滑剂牌号</td><td colspan="2">周期</td><td colspan="2" rowspan="2">职责分工</td></tr>
<tr><td>润滑周期</td><td>检查周期</td></tr>
<tr><td>1</td><td>油雾器</td><td>加注</td><td>2</td><td>2/3 杯</td><td>32#透屏油</td><td>3 个月</td><td>1 个月</td><td colspan="2">操作工</td></tr>
<tr><td>2</td><td></td><td></td><td></td><td></td><td></td><td></td><td></td><td colspan="2"></td></tr>
<tr><td>3</td><td></td><td></td><td></td><td></td><td></td><td></td><td></td><td colspan="2"></td></tr>
<tr><td>4</td><td></td><td></td><td></td><td></td><td></td><td></td><td></td><td colspan="2"></td></tr>
<tr><td>5</td><td></td><td></td><td></td><td></td><td></td><td></td><td></td><td colspan="2"></td></tr>
<tr><td>6</td><td></td><td></td><td></td><td></td><td></td><td></td><td></td><td colspan="2"></td></tr>
<tr><td>7</td><td></td><td></td><td></td><td></td><td></td><td></td><td></td><td colspan="2"></td></tr>
<tr><td>8</td><td></td><td></td><td></td><td></td><td></td><td></td><td></td><td colspan="2"></td></tr>
<tr><td colspan="8"></td><td colspan="2">备注：加注前与加注后应将加注口擦拭干净</td></tr>
<tr><td colspan="5">制表：</td><td colspan="3">审核：</td><td colspan="2">审批：</td></tr>
</table>

图 3-19　一汽轿车的设备润滑图表

第四步：总点检

总点检是指生产现场的操作人员进一步掌握设备的构造、性能、原理，对照设备的最初状态（理想状态），系统地对设备各部件进行分类点检，即发现潜在问题并复原改善的日常点检活动。前面三步的活动主要是为了防止设备劣化，第四步则是测定设备劣化的程度，主要是通过对员工开展机械要素、润滑、气压、液压、电气、安全等相关科目的基础教育训练，并根据科目类别彻底进行专项点检，以此提高全体员工发现问题的专业技能。

第五步：自主点检

为了把前面 4 步活动中发现并复原的设备劣化部位进行持续改善，进一步提高设备的可靠性、保全性和产品品质，要重新研究前几个阶段制定的清扫基准、注油基准、总点检基准，开展高效率点检和无失误点检，这种自主完善的活动被称为自主点检活动。在自主点检活动中，当操作工人发现自己不能解决问题时，可采用两种方法：① 通过车间内部的广播系统呼叫维修人员；② 通过问题票的方法通知维修人员。

点检活动的基本技能就是充分利用人的五感进行的一种创造性活动。感觉到一个东西，不代表理解了这个东西，只有理解了的东西才能被更深刻地感觉到。

日常点检、定期点检、精密点检等各层次的点检工作都离不开五感，因此如何充分利用五感机能是必须对点检人员进行培养、训练和研究的课题。

五感点检法就是综合调动人体脑细胞的五感机能，与已有的知识和经验相结合所进行的基本活动。

① 视觉视感的作用是首位的。通过观察，看准问题，使脑神经系统进行思考，把已有的知识和经验与看到的现象作比较，再进行活动，并把问题记录下来，采取行动进行必要的处置。当然，如果进行了可视化改善，更能做到一目了然。

② 听觉听感的作用不亚于视觉视感。人对声波的刺激是相当敏感的，听到声响后，通过与已有的知识和经验进行比较，可找出异常点。在实践中，不断提高听觉的灵敏性、识别水平，强化与其他四感的联系，可充分发挥其功能。

③ 触觉触感与视感、听感是密切联系的。有时，触感起第一作用，与其他四感相配合来判断和认识事物。在一般情况下，先有视感，再结合触感去鉴别事物。

④ 嗅觉嗅感在五感点检法中起着重要的配合作用，有时是先闻到气味才发现问题，即嗅觉启动了其他感官。因此，在日常点检中也要充分利用嗅觉嗅感来识别异常。

⑤ 味觉味感也是五感中不可分割的一个组成部分，但在五感点检法中应用较少。

五感器官的功能与点检技能密切结合，会使工作人员更加聪明、行动更加敏捷，这是设备点检工作所需要的素质基础。

人脑的构造是相同的，但人的技能水平却有差异。只有多看、多听、多嗅、多体验，才能多动脑、多思考，不断产生飞跃，才能不断地丰富自己的知识和经验，掌握高超的点检技能。

表 3–9 为问题票示例。问题票是一种目视化的设备问题记录单或通知单，是成功推进自主保全、5S 管理或前期管理活动比较有效的办法之一，即在发现设备存在问题需要加以改善但自己无法解决时，用问题票记录存在的问题，并挂在问题发生处的设备上，提示相关人员及时解决，当问题得到解决并经确认后，摘下问题票存档。

表 3–9 问题票示例

序号	存在问题	提出人	提出时间	解决人	解决时间	确认人	确认时间

第六步：标准化

对第一步到第五步的工作加以检查与改善，实现点检及相关作业的效率化与标准化。

第七步：持续改善

通过前六步的活动，现场员工具备了一定能力，并可通过自主管理活动不断地加以改善。因此，第七步应保持自主点检的持续性，并不断改善，向零故障、零停车挑战。

3.3.2 专业保全活动的具体内容

专业保全

1. 专业保全的定义及其必要性

1）专业保全的定义

专业保全是指通过设备的点检、分析、预知，利用收集的情报，早期发现设备故障停止及性能低下的状态，按计划实施保养的预防保全活动。

专业保全活动是以专业维修人员的保全为主的活动，由维修部门来执行，目的是提高设备的可靠度，缩短故障修理时间或减少故障发生，从而实现零故障。与制造部门开展的自主保全活动不同，计划保全活动以设备专业部门为中心进行，因此称作专业保全活动。

2）专业保全的必要性

生产活动要想更有效率地进行，保持设备一定的可靠度是基本条件。保持和维持设备可靠度的活动就是保全活动。

保全活动分为计划性推进和应对突发故障的非计划性推进。专业保全是否有效运作，反映在是否减少事后保全上。

2. 专业保全的种类

专业保全分为计划保全和非计划保全。计划保全分为预防保全、改良保全和事后保全三种形式，而预防保全又分为定期保全与预知保全；非计划保全特指紧急保全。专业保全方式如图 3–20 所示。

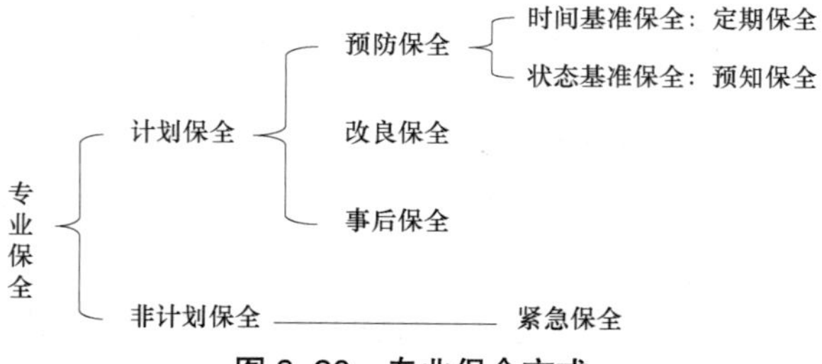

图 3–20 专业保全方式

1）预防保全

预防保全（preventive maintenance，PM）是指在设备出现故障以前就采取对策的事先处置方法，包括定期保全与预知保全。

① 定期保全　是指在设备发生故障以前周期性地进行保全的方法，也称按时间保全（time based maintenance，TBM）。它的特点是预算管理容易，但保全费用较高。与事后保全或紧急保全相比，它可减少事故损失，所以还是比较经济的。

定期保全包括定期检查、定期注油、定期更换和定期修理（也叫大修或整修）4 种方式。定期检查是根据设备劣化周期，按照基准定期进行的检查活动。定期注油是按照润滑基准对设备定期进行的润滑加油活动。定期更换是根据设备或部件的寿命定期进行的更换部件或更换易损件的活动。定期修理是定期对设备进行解体、清扫、检查，发现部件有磨损或变形时对其进行更换或处理的活动。

② 预知保全　也称为按状态保全（condition based maintenance，CBM），是指为了最大限度地使用设备或部件，通过点检或解读劣化状态数据、管理倾向值、跟踪设备状态等方法，预判重要部件的寿命，并据此采取措施的活动，它是保全费用和故障损失最小的方法。

2）改良保全

改良保全（corrective maintenance，CM）是指通过将现有设备的缺点（含设计缺点）有计划地主动进行改善（如材质或外观等），延长设备寿命的改善活动。其目的是提高设备的信赖性、保全性、安全性等，减少劣化和故障，改良保全的终极目标是取消保全。

由于改良保全对设备做了变动，所以要做好设备信息管理工作，将所改动的保全信息落实到新设备的保全预防和现有其他设备的改善里，并将这些信息标准化，以保全预防（maintenance prevention，MP）提案书的形式进行整理，建立起一套保全情报的反馈体系。

3）事后保全

事后保全（breakdown maintenance，BM）是指设备出现机能低下或机能停止（故障停止）后进行修理、更换等事后处理的方法。采用这种方式主要是由于设备或部件非常昂贵，预备备用品会非常不经济，因此只有等到出现故障后再处理。

3. 计划保全常用文件

1）基准书

基准书是所有计划保全工作的基础，保全计划和点检卡都是参考基准书生成的。其内容主要是根据设备资料和保全者的经验而来，需要根据实际情况逐步完善。图 3–21 为基准书制定流程。

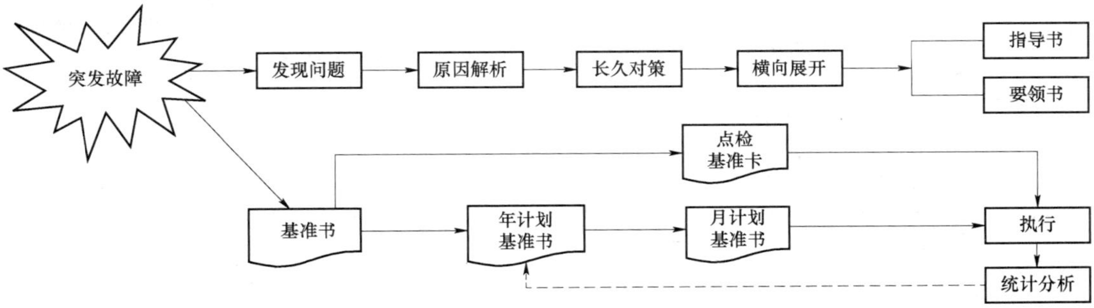

图 3–21　基准书制定流程

2）维修指导书

维修指导书是由维修人员编制的用于指导设备维修的标准要领书，它等同于标准作业中的标准顺序书、要领书，描述的是某一作业项目的标准作业顺序、操作要求、注意事项，是维修技术人员或维修工根据故障修理过程经验或设备资料整理而成的，用来提供维修指导。维修指导书是实现零故障的一个重要基础。表 3–10 为一汽轿车工厂服务部维修车间焊接机器人的计划预修标准作业指导书。

表 3–10　一汽轿车工厂服务部维修车间焊接机器人的计划预修标准作业指导书

一汽轿车工厂服务部维修车间		日期	编写	审核	批准
设备计划预修标准作业指导书	制定				
	修改				
	修改				

维护类别	电气小修	生产车间	焊装车间	作业书编号：2025–H–D02
设备名称	焊接机器人		适用设备编号	582–010—037/043—074
工具准备	电工常用工具，内六角扳手，万用表			

部位	作业内容	标准及要点（可图示说明）	安全措施及备注
控制柜部分	（1）内部清理灰尘 （2）检查紧固接线 （3）测量开关电源电压 （4）检查控制柜散热部分	（1）内部无灰尘及杂物； （2）接线无松动，线路不杂乱； （3）SRDC5：1W+0.1V SR3DC5：3～5.5 V； （4）散热风扇运转正常，无噪声	严格按电工作业规范作业，检查必须认真仔细
本体部分	（1）检查电线绑扎有无松动脱落 （2）紧固各电机固定螺栓 （3）检查测量编码器电池电压 （4）检查航空插头接线有无松动	（1）绑扎无断裂，线缆无脱落； （2）各电机紧固牢固； （3）编码器电池电压不低于 3.3 V	严格按电工作业规范作业，检查必须认真仔细
快换装置	（1）检查各检测及限位开关 （2）检查活动电缆及接触碳刷	（1）检测开关及限位开关，应无松动、破损； （2）活动电缆无破损，碳刷无磨损	维修安全销锁紧
修锉机	（1）紧固各部分螺栓 （2）紧固控制箱内接线 （3）整理电缆，检查运转情况	（1）固定螺栓无松动； （2）接线无松动，各元件无异常； （3）电缆无散落，运转无异常噪声	确认主焊线在安全状态
外围设备	（1）检查焊钳电缆状态 （2）检查时调器运行状态并清理灰尘	（1）焊钳电缆无磨损、无松动； （2）时调器工作无异常，内部无灰尘； （3）水流量开关显示正常	确认主焊线在安全状态

3）保全要领书

保全要领书是保全作业的作业要领，是用以提醒保全人员保全作业的注意事项、关键点或指示性的文件。保全要领书最好用图示化方式表示，清晰易懂。

4）保全年计划与月计划

保全年计划是依据基准书制定的，在制定时要充分考虑保全工作量的平衡和休息日、节假日的关系，基准一旦有变化，应马上依据基准修改。月计划依据年计划编制，每月 18—22 日根据实际情况调整，以提高计划的针对性，每月 25 日前下达下月计划。表 3–11 为某车间 4 月份保全计划。表 3–12 为焊接机器人针对性检修计划。

表 3–11 某车间 4 月份保全计划

设备名	预防内容	预防措施	维修日程（周）					担当
			1周	2周	3周	4周	5周	
c/SH 13 偏心 2#	机床加工精度不稳定，怀疑机床主轴轴承损坏	主轴轴承到后进行更换调整	√					
NOLLEX12 端面磨床 16	控制移载器往复运动的电磁阀损坏，因油过脏造成，备件一直未到，用其他阀改造后暂时使用	备件到后进行更换并清理液压站		√				
c/SH R1 TH 面 10	手摇脉冲器信号线及 FANUC 专用接头损坏，暂时焊接使用	购买 FANUC 专用接头后，更换 FANUC 接头及信号线				√	√	
c/SH M1 偏心 1#	机床 I/O 板模块损坏一个，现暂时不影响生产	购买 FANUC I/O 板后进行更换，以保证设备正常生产			√			
c/SH R3 TH 面 2#	机床砂轮测转速传感器损坏，暂时用继电器代替	购买备件后进行更换，以确保设备正常生产				√		
CML R2 ERUSH	机床大盘 6 个工位的传动齿轮磨损	定做备件后进行更换，以确保设备正常生产		√	√			
喷涂班 B2 烘干炉	烘干炉鼓风机转动噪声过大，确认为鼓风机叶轮变形	联系业主制作鼓风机叶轮后协同业主进行更换				√	√	
喷涂班 H 真空装置	真空装置旋转大盘蜗轮蜗杆磨损	制作备件后进行更换			√			
其他	其他设备的预防修理	根据每周设备情况待定	√	√				

表 3–12 焊接机器人针对性检修计划

部门：×××				××××年××月×日针对性检修计划					
序号	设备编号	设备名称	所在车间	主要修理内容	计划时间	实际时间	负责人	所需条件	确认签字
1	582–047—074	焊接机器人	焊装车间主焊 1 线	执行月、周点检计划，更换机器人本体编码器电池	8:30—16:30	8:00—12:00			

续表

部门：×××				××××年××月×日针对性检修计划					
序号	设备编号	设备名称	所在车间	主要修理内容	计划时间	实际时间	负责人	所需条件	确认签字
2		现场设备工装	焊装车间	治理漏气，解决生产线操作者问题	13:00—16:30	13:00—17:00			
3	582-010—031	焊接机器人	焊装车间主焊 2 线	执行月、周点检计划	8:30—12:00	11:00—14:00			
4	230-025	车身滑橇线	焊装车间机械化线	紧固网络节点，各节点号做标识	8:30—12:00	8:00—16:00			
6	BT-210	M2 主焊线预装夹具	焊装车间 M2 线	直线轴承润滑	8:30—12:00	8:00—11:00			
7		M2 主焊线后围线	焊装车间 M2 主焊线	直线轴承润滑，传动链条润滑	13:00—16:30	8:00—10:00			
8	582-027	焊接机器人	焊装主焊 2 线	H 轴换油	13:00—16:30	14:00—17:00			
10	582-046	焊接机器人	焊装侧围加强板	送料装置、送料杆更换	8:30—12:00	13:00—15:00			
11	213-075	电葫芦	焊装地板线	钢丝绳更换	13:00—16:30	8:00—10:00			
12		吊具	主焊 2 线	配合厂家技术改进	8:30—12:00	10:00—11:00			
审批	×××				编制	×××			

5）点检基准卡

点检基准卡依据基准书编制而成，由维修技术人员及维修工依据设备结构、原理等编制而成，要求图文并茂，操作性、针对性强。制作方法与自主保全活动中的基准卡相同。

6）故障分析报告

故障分析报告包含故障描述、原因分析、临时措施及长期措施。在生产现场，只要发生故障，都要由维修人员进行故障分析，填写故障分析报告，以避免故障的再次发生。表 3-13 为故障分析报告示例。

表 3-13 故障分析报告示例

<table>
<tr><td colspan="2">故障分析报告</td><td>编制部门：××××
编制时间：××××年×月×日</td></tr>
<tr><td>设备名称：悬挂点焊机
设备型号：PTB-180
设备编号：753-334</td><td>设备所在车间：焊装车间
设备所在班组：调整班
设备使用人：×××</td><td>设备停台时间：30 min
占用生产时间：8 日 9:15—9:45</td></tr>
<tr><td colspan="3">故障分析：

故障现象（配合图示说明）
描述：发生故障的悬挂点焊机是专为补焊准备的焊机，在正常生产中不使用，6 日由于主焊线 R126 机器人一个焊点突然出现开焊现象，经工艺确认决定在调整前先对该焊点进行补焊，在使用该焊机时发现焊机没有焊接动作。
描述人：×××
故障原因（配合图示说明）
分析：经检查发现该焊机的控制板报警，用编程器无法调出其程序。更换新控制板，重新输入程序后故障消除。经分析是由于该焊机长期处于不工作状态，造成程序丢失，使控制板程序出错，造成停台。
分析人：×××</td></tr>
<tr><td colspan="3">处理方法：
处理措施
步骤（时间，修理内容，维修结果）：
（1）检查气路 5 min，检查焊机气路是否正常工作，排除气路原因。
（2）检查程序 10 min，检查程序是否正常，焊接规范有无错误，发现程序乱码异常。
（3）更换控制板 10 min，并重新输入程序，更换新板后，用 5 min 调整焊接规范，达到焊接使用要求，恢复使用。
技术员：×××
修复人：×××</td></tr>
<tr><td colspan="3">预防对策：
临时：检查其他补焊用焊机及闲置焊机，保证其工作状态正常。
长期：制定周期性检查制度，对长期不用的焊机进行定期检查，确保其工作状态正常</td></tr>
</table>

3.3.3 设备前期管理

1. 定义

前期管理也叫保全预防，即在新设备的计划或设计阶段，要进行充分论证，在考虑现有设备生产优缺点的基础上，考虑维修问题及新技术的应用，进行可靠性、可维修性、可操作性、安全性等设计，以减少维修费用及故障发生次数。

前期管理的重点在于故障、不良发生、改善、机械能力、灾害、能源消耗等信息的收集及灵活使用。

2. 方法

① 维修部门要做好设备的各种信息的统计分析工作，如前期设备调试存在的问题、日常故障、润滑、备件、可维修性、改造等。

② 在设备采购前，维修技术人员依据上述信息对每一台新设备制定标准文件，明确对设备的要求。

③ 维修人员参与设备调研、选型、招标、厂家方案设计、施工等过程。

④ 详细记录每一台新设备在调试中出现的所有问题，并积极协调厂家解决。

⑤ 对于设备调试中存在的问题，可采取以下方法解决：

a）明确职责分工，设专人协调，采用立项销项方式。

b）建立召开例会制度。例会内容为：上次工作完成情况（未完成原因分析及补救措施）；本次需解决问题的方案讨论（共同），形成工作计划。参会人员为：重大问题为各相关部门的二级经理以上人员；一般问题由相关负责人员组织相关技术人员参加。

3.3.4 教育训练

1. 教育训练的目的

教育训练最直接的目的是提高员工的技能水平，而提高维修人员及操作人员的技能则是减少故障的根本。越来越多的研究表明，企业的生存和发展与人才培养和最大限度地发挥人才潜能的关系最为密切。TPM 活动的目的是构筑适应经济变化、技术进步、设备机械化、管理不断创新的企业结构体系，因而需要能熟练操作控制设备和熟悉业务的各方面的人才作为后盾。图 3–22 为挑战“零故障”的 5 个对策，而改进生产部门的操作技能和维修部门的维修技能，只有通过教育训练才能实现。

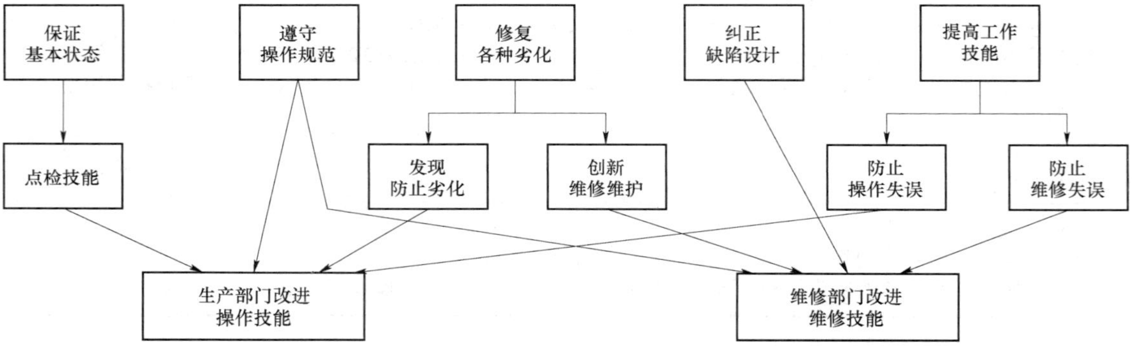

图 3–22　挑战“零故障”的 5 个对策

2. 教育训练的工具

教育训练的着眼点是个人和组织双赢，即通过提高个人技能来提高组织业绩，其基本的类型有在职训练（on the job training，OJT）和脱产训练（off the job training，OffJT）。OJT 主要是在本部门或 TPM 小组内部进行在岗培训，主要工具是 OJT 日志和点滴教育（one point lesson，OPL）。OffJT 主要采用积分制的必修培训和选修培训。

3. 教育训练的开展

教育训练可分为两部分：

① 在以操作人员为主的自主保全活动中，对操作人员进行设备构造及功能知识方面的保全基本技能教育。表 3–14 为自主保全教育内容示例。

② 在以维修人员为主的计划（专业）保全活动中，对维修人员进行从单技能向多技能发展的教育。表 3–15 为专业保全教育内容示例。

表 3-14　自主保全教育内容示例

课程	步骤教育	点检教育	设备保全技能教育
目的	（1）在推进 TPM 步骤展开之际，使其理解活动的目的； （2）通过各步骤的教育，来理解活动的目的及内容	（1）学习构成设备的零部件构造、机能，以便学会点检的技能； （2）学会修复异响不良等简单技能； （3）知识及技能提升	（1）培养可处理异常的人员； （2）培养可依据原则、原理来查明设备不良、问题点并进行改善的人员
教育内容	（1）有关每一步骤的活动内容； （2）有关原因的分析方法（5W）； （3）有关设备点检标准； （4）设备工装的操作方法； （5）有关品质的要求	（1）润滑：加油方法、周期、牌号等； （2）连接部：螺栓、螺母、垫圈； （3）电气：电气基础、各种器材； （4）驱动部：链条、传动带、电动机； （5）气动液压：气缸、阀、管、表	（1）机械技能：简单修复方法； （2）电报技能：简单修复方法； （3）焊接技能：电、气焊技能； （4）理论与实践相结合
讲师	TPM 推进员	设备保全班长	设备保全班长
参加人员	一般小组成员	小组长	保全员
时间	3 h×2 d×各步骤	4 h×2 d×5 个课程	66 h

表 3-15　专业保全教育内容示例

技能领域		内容
电气	（1）基础技能； （2）专门技能； （3）自动控制设备； （4）计算机设备； （5）机器人设备	（1）具有对变电设备、电机、量测器等进行点检、修理等技能； （2）具有对自动控制设备进行点检、修理等技能； （3）具有每一系统的诊断、应急处置及软硬件改善技能； （4）具有机器人的示教、点检、修理技能
机械	（1）基础技能； （2）专门技能； （3）大型设备； （4）高精度设备	（1）具有焊接、熔断、润滑、连接、驱动、精度、气动液压等定期整备及调整技能； （2）具有各设备点检、整备、修理的技能

3.3.5　个别改善

1. 定义

个别改善主要是对重复故障、瓶颈环节、损失大、故障强度高的设备进行有针对性的消除故障（损失）、提升设备效率的活动。在开展 TPM 其他阶段活动时，一般配合个别改善活动同时进行，这样能够大大提高改善的成果。

2. 个别改善活动的步骤

个别改善活动大体分为 3 个阶段，分别为准备阶段、检查阶段、提升阶段。3 个阶段分为 10 个步骤。表 3-16 为个别改善活动步骤。现场的个别改善活动也可以分成 8 个步骤，如图 3-23 所示。

表 3–16　个别改善活动步骤

步骤		活动内容
准备阶段	第一步：对设备、生产线的选定	一般为瓶颈线、工程设备中损失较多的项目及价值较大的项目，应使自主保全的对象和设备相一致
	第二步：组成研究小团队	小团队领导为部门管理者（部门的小团队以部长为领导，科的小团队以科长为领导），加入技术、工艺、设计、生产部门，并协同作战小团队进行研究，小团队应在 TPM 推进事务局登记
	第三步：对现状损失的把握	把握并明确损失的现状，分析损失数据，没有数据的先收集数据
	第四步：完善课题及设定目标	根据现状调查结果，选定改进的课题。以零损失为出发点，设定具有挑战性的目标及时间，确定各损失的负责人
	第五步：制订计划草案	形成对策草案及改善实施方案，日程的实施计划应由最高领导审核
	第六步：解析及对策草案评价	为改善而进行的解析、调查、实验等一切技法的活用和固有技术的发挥，改善草案的评价追求，直至目标完成为止的改善方案寻求，以高层领导审核、发表会等方法进行充实
	第七步：改善实施	以对策草案为依据实施对策，并对必要的场合进行预算处理
检查阶段	第八步：效果确认	改善实施后，确认对各损失的改善效果。如果效果不明显，则重新制订改善计划
提升阶段	第九步：固化，标准化	切实实行技术对策（为防止回到原点而进行的物质性对策），实行作业标准、保全标准等必要的标准化，为防止问题再次发生进行教育。所有这些须经最高领导审核
	第十步：水平展开	以同一生产线、工程、设备的水平展开下一生产线的选择，以及改善活动的开展
注：小团队成员在活动中要进行技术上的解析、检查，在改善活动中切实发挥集体力量		

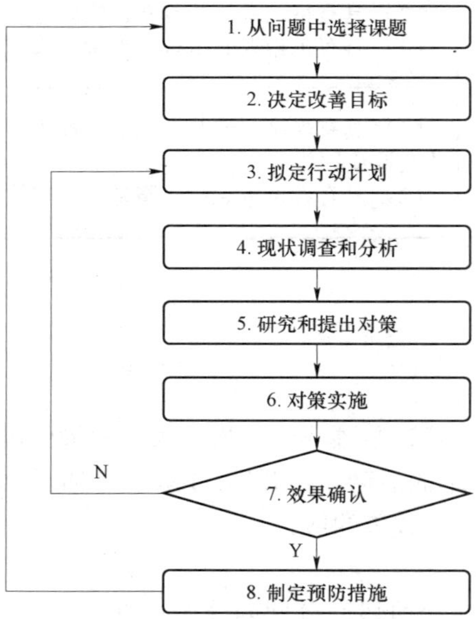

图 3–23　个别改善活动的 8 个步骤

在个别改善活动中，分析问题是解决问题的重要内容，分析问题的方法很多，在 TPM 活动中常用的是 PM 法，它强调分析问题时要从现象入手，并遵循现场、现物、现实的三现原则，研究问题发生的根本原因，也叫 2P5M+W 法，如表 3–17 所示。

表 3–17　2P5M+W 法

缩写		英文全称	解释
2P	1P	phenomenon	现象、表象：现象的明确化——问题
	2P	physical	物理：现象的物理解析——实事求是
5M	1M	mechanisms	机理或机制：研究现象存在的条件及人、机、料、法之间的关系——为什么
	2M	man	人：问题发生和人员变化（变动、情绪、熟练度）之间的关系
	3M	machine	机器设备：问题产生与设备变化，如老化、变形、失真等之间的关系
	4M	material	材料或零部件：问题产生与批量、供应商之间的微妙关系
	5M	method	工作方法：问题产生和工作方法之间的因果关系
W	W	why	为什么：分析问题要多问几个为什么

3.3.6　品质保全

1. 品质保全的定义

品质保全是指保全人员为消除由于设备精度、设备结构、加工条件所引起的品质不良所采取的维修和改善活动。

2. 品质保全的实施

品质保全活动可分为 5 个阶段。表 3–18 为品质保全活动各阶段的推进要领。

表 3–18　品质保全活动各阶段的推进要领

阶段	推进顺序	详细内容
第 1 阶段：现象把握	（1）不良现象的明确化、定量化； （2）加工条件的精确理解； （3）制定 QM 矩阵； （4）遵守率评价	（1）明确不良项目定义 把握不良项目实绩/层别/不良项目定量化/标准类收集/制品理解/工程图理解/作用点理解/品质不良与工程关系调查/4M 分类，条件调查/相关性分析/QM 矩阵 4M 条件 3 线调查/制定未遵守不合理 LIST/遵守率评价
第 2 阶段：复原对策	（1）未遵守不合理的复原； （2）结果的确认与评价	树立对策/对策层别及日程计划/实施复原/复原后不良现象推移确认/评价
第 3 阶段：革新对策	（1）慢性不良真正原因查找； （2）实施复原及改善	慢性不良项目 LIST 实施分析/原因分析直至真正原因/实施复原改善/结果确认与评价
第 4 阶段：良品条件管理标准化	（1）QM 矩阵的修订； （2）标准类的修订； （3）良品条件的趋势管理与事前对策	改善实施结果书收集/QM 矩阵改正/各种标准类改正/内部流程确认/作业者教育/实施
第 5 阶段：维持条件改善	（1）容易遵守的改善； （2）确认全体成果	维持 3 个月后，评价/维持工时的节减/预防措施的简单化/确认提高率/继续维持可能性

3.3.7　间接部门效率化

1. 定义

间接部门是指那些不直接参与生产活动的部门，间接部门效率改善活动可以参考生产部门的改善活动进行。

2. 目的

间接部门效率化的目的主要有两方面：

① 追求间接业务的效率化，充分发挥各部门的组织机能。

② 培养具备维持和改善业务效率化特质的人才。

培养间接部门人才就是提升员工收集信息、消化处理信息的能力，以及相关业务能力，培养多面手。而业务体制改善主要从两方面着手：一方面是减少投入的各类事务损耗，创造信赖性高、成本低的事务体制；另一方面是消除阻碍生产系统效率化的因素，充实和强化业务机能。此外，间接部门改善活动还包括员工提案活动和自主保全活动，这些活动应该和现场的活动同步进行。表 3–19 为间接部门事务改善活动示例。

表 3–19　间接部门事务改善活动示例

<table>
<tr><td>人才培养</td><td>人力资源管理改善</td><td>多功能员工的培养</td><td colspan="2">信息收集、处理能力的提高；业务能力的提升</td></tr>
<tr><td rowspan="9">业务效率化</td><td colspan="4">组织和人员的合理配置</td></tr>
<tr><td rowspan="8">业务效率改善</td><td rowspan="4">业务及服务品质改善活动</td><td>提升决策支持能力</td><td>提供便于高层决策的依据</td></tr>
<tr><td>业务效率提升</td><td>帮助生产、制造部门或其他部门提升生产效率</td></tr>
<tr><td>企业形象改善</td><td>顾客及相关方的信赖</td></tr>
<tr><td>工作环境改善</td><td>良好工作环境的实现</td></tr>
<tr><td rowspan="4">损耗、浪费的削减活动</td><td colspan="2">业务质量提升</td></tr>
<tr><td rowspan="3">业务成本降低</td><td>人工费用降低</td></tr>
<tr><td>事务费用降低</td></tr>
<tr><td>事务处理的标准化、效率化</td></tr>
</table>

3.3.8 安全与卫生

1. 安全管理

安全、环境卫生和污染管理在工厂管理中是相当重要的，它是保障生产活动的基础，它的其主要目标是追求作业环境改善，以及事故、灾害为零。

安全管理是保障正常生产活动的基础。在所有的生产系统中，都或多或少地隐藏着引发事故或灾害的因素，而事故或灾害往往都是一些不起眼的问题不断累积的产物。

开展安全管理活动，就是为了建立能预防事故或灾害产生的机构，消除不安全作业（或行为），并通过建立有效的监督检查机制（或管理）将事故、灾害控制为零。

2. 卫生活动

TPM 中的卫生活动不是平常所说的“打扫卫生”，而是包含预防污染、节省能源、减少废弃物、资源再利用等多方面改善环境的活动。随着经济全球化的进程，OHSAS 18000（即 Occupational health and safety management sys–tem，职业安全健康管理体系）及 ISO14000 体系标准已经被广泛接受。获取 OHSAS 18000 及 ISO14000 体系认证和持续推进环境保护活动已经成为企业经营活动的重要环节。在这种情况下，TPM 活动中的卫生活动便可以纳入 OHSAS 18000 及 ISO 14000 体系中，并结合企业的环境卫生方针和管理目标开展活动。

3. 开展安全卫生活动的工作方法

开展安全卫生活动，可采用 4 循环法。第一循环：掌握现状，查找潜在隐患；第二循环：

追究本质——确定主要危险点；第三循环：制定对策，即针对主要危险点制定解决对策；第四循环：设定目标，即根据主要危险点应对对策制定具体行动目标。

3.3.9 TPM 活动实施

TPM 活动分 12 个步骤实施。表 3–20 为 TPM 推行步骤，由准备、启动、实施和升华 4 个阶段组成。企业在实际推行 TPM 活动时，也可结合自身情况，有计划地实行 TPM。此外，实施过程中如果结合精益生产的其他活动，如 QA 网络、QC 小组活动、人才育成活动、自动化活动、5S 活动等，可以取得更好的推行效果。

表 3–20 TPM 活动推行步骤

阶段	步骤	活动要点
准备	（1）最高经营者宣布导入 TPM	在会议上及其他场合宣布
	（2）TPM 教育和宣传	开展阶层导入教育（管理者、实践小组），营造活动气氛
	（3）成立 TPM 推进组织	成立 TPM 推进委员会和 TPM 的专门负责机构
	（4）设定 TPM 基本方针和目标	（1）活动方针的酝酿； （2）活动效果及目标的预测
	（5）制订 TPM 推进计划	制作整体计划和详细计划
启动	（6）召开 TPM 宣誓大会	以宣传形式（发表会、招待会等）宣告活动启动
实施	（7）建立生产部门效率化体制	追求生产效率化的极限
	① 个别改善	（1）项目活动； （2）工作岗位小团队活动
	② 自主保全	（1）按照自主保全活动的 7 个步骤开展活动； （2）采用诊断和合格证制度
	③ 计划保全	改良保全，定期保全，预知保全
	④ 教育训练	（1）领导的集合教育； （2）对成员的传达教育
	（8）建立初期管理体制	（1）开发容易制造的产品； （2）开发容易使用的设备
	（9）建立品质保全体制	非发生不良的条件设定和维持管理
	（10）建立间接部门效率化体制	管理部门、间接部门、支援部门的效率化
	（11）建立安全卫生的管理体制	建立零灾害、零公害体制
升华	（12）TPM 完全实施及水平提高	追求极限，不断向更高的目标挑战

3.3.10 TPM 推行三大工具

TPM 推行过程中，有三大工具，也有人将其称为 TPM 三大利器，即点滴教育、TPM 活动板、小组活动。

1. 点滴教育

点滴教育（OPL）也叫一点通、点课，是一种在工作过程中进行培训的方式，是用以交流和培训的工具。培训地点一般选在班前会，时间也可以不超过 10 min，又被称为 10 min 教育。其内容主要是有关生产线的问题及改善，包括改进、问题解决、操作维护技巧、知识、安全等。

点滴教育是由 TPM 衍生出的特有的工具。在日常工作中，我们经常会发现组织一场培训较困难，而很多的培训也因为缺乏针对性和实践性容易被人遗忘。点滴教育就是这么一个工具，能让我们利用短暂的时间对团队成员进行针对性更强的培训。

点滴教育的培训内容可以是基础知识，也可以是改善案例，或者是遇到的问题麻烦等。图 3-24 是关于操作的点滴教育案例。

奇瑞汽车	OPL 指导卡					部　门	
	主题	悬挂式点焊机的开关机过程				乘用车一厂	
内　容	安全		点检		5S		质量	
	维修		保养		操作	√	其他	

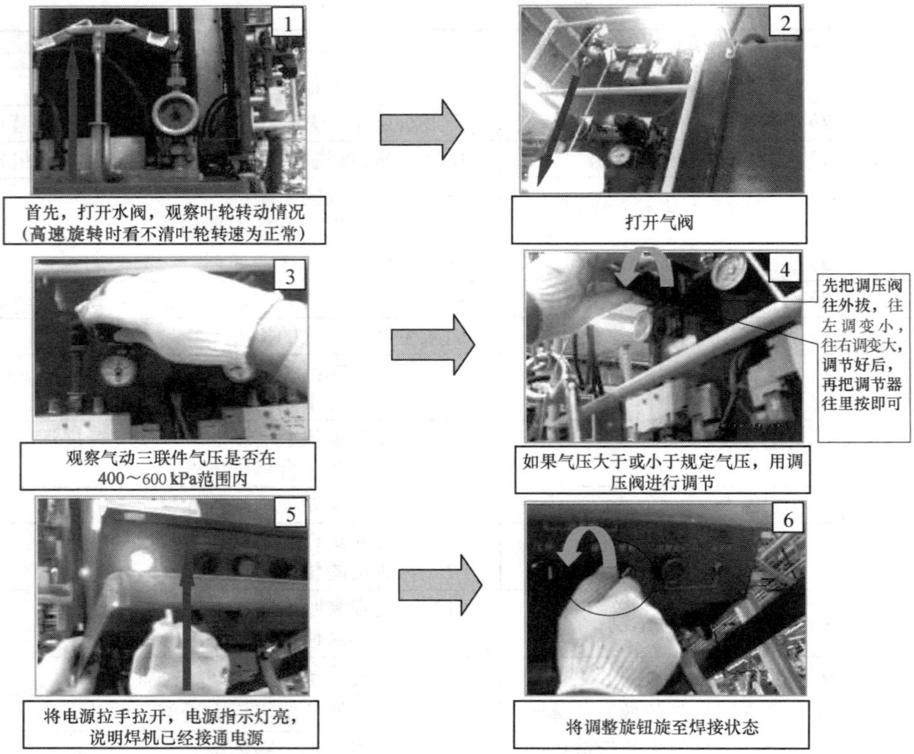

关机过程按照图中6→5→2→1的顺序进行操作。

安全注意事项：作业前应穿戴好必需的个人防护用品（工作服、劳保鞋、布手套、安全帽等）。

单位:	焊装一车间		编写人:	×××	日期:	××××年×月××日		审核:	×××
学习人员	学习日期	学习人员	学习日期	学习人员	学习日期	学习人员	学习日期	学习人员	学习日期

说明：（1）OPL就是一个简单的培训教材；

（2）培训时间不超过5 min，或自学；

（3）材料要求图文并茂，简单易懂，手画也可以；

（4）材料有一定技术含量，或包括一定技巧。

图 3-24　关于操作的点滴教育案例

点滴教育培训资料编制要点如下：

① 确定主题。

② 让亲身实践过的人来写，如果有困难，可以让技术人员协助。

③ 不必费太多的时间，每份教材平均用 30～60 min 完成。

④ 目标是每天做一次培训，也就是要求每天都有一个人完成一份培训教材。

⑤ 教材文字简单易懂，字体要大。

⑥ 编好登记号并计入账簿（电脑）管理。

⑦ 多使用漫画、图表、照片，形象生动。

⑧ 务必使被教育者记住培训内容。

⑨ 每天抽出时间由编写人员对其他员工讲解培训。

⑩ 将培训过的教材登记并公开展示，便于大家参考。

⑪ 将大家已经熟悉的内容从展示板取下编辑成册，统一保管。

2. TPM 活动板

TPM 活动板也被称为 RPP（result process presentation），即成果过程展示。简单地说，它是供 TPM 小组展示信息的平台，既可以展示过去的工作，也可以展示自己小组设备的状况信息，还可以展示自己小组的点滴教育成果等。图 3-25 为 TPM 活动板展示的内容。

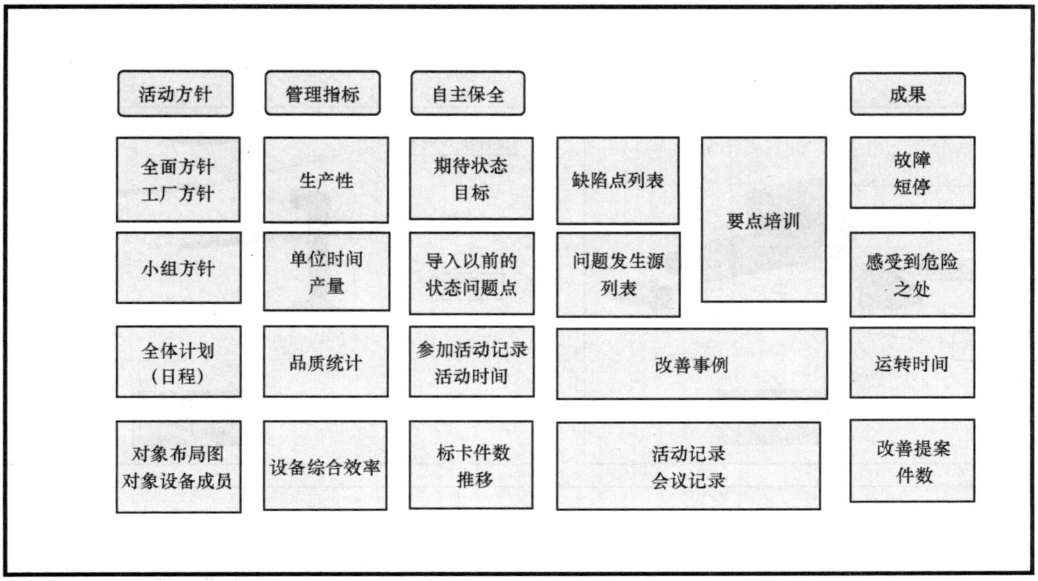

图 3-25　TPM 活动板展示的内容

3. 小组活动

通过小组活动来实现 TPM 追求的全员参与，全面提高生产效率。

每一次的小组活动，要有自己的日程和主题，控制好活动时间，并以开放的方式进行讨论，最好将小组活动的内容和结果反馈到小组活动板上。具体实施步骤和方法详见 4.3.3 QC 小组活动。

实战演练

根据图 3–26 中的对中设备编写自主点检标准书及点检记录表。

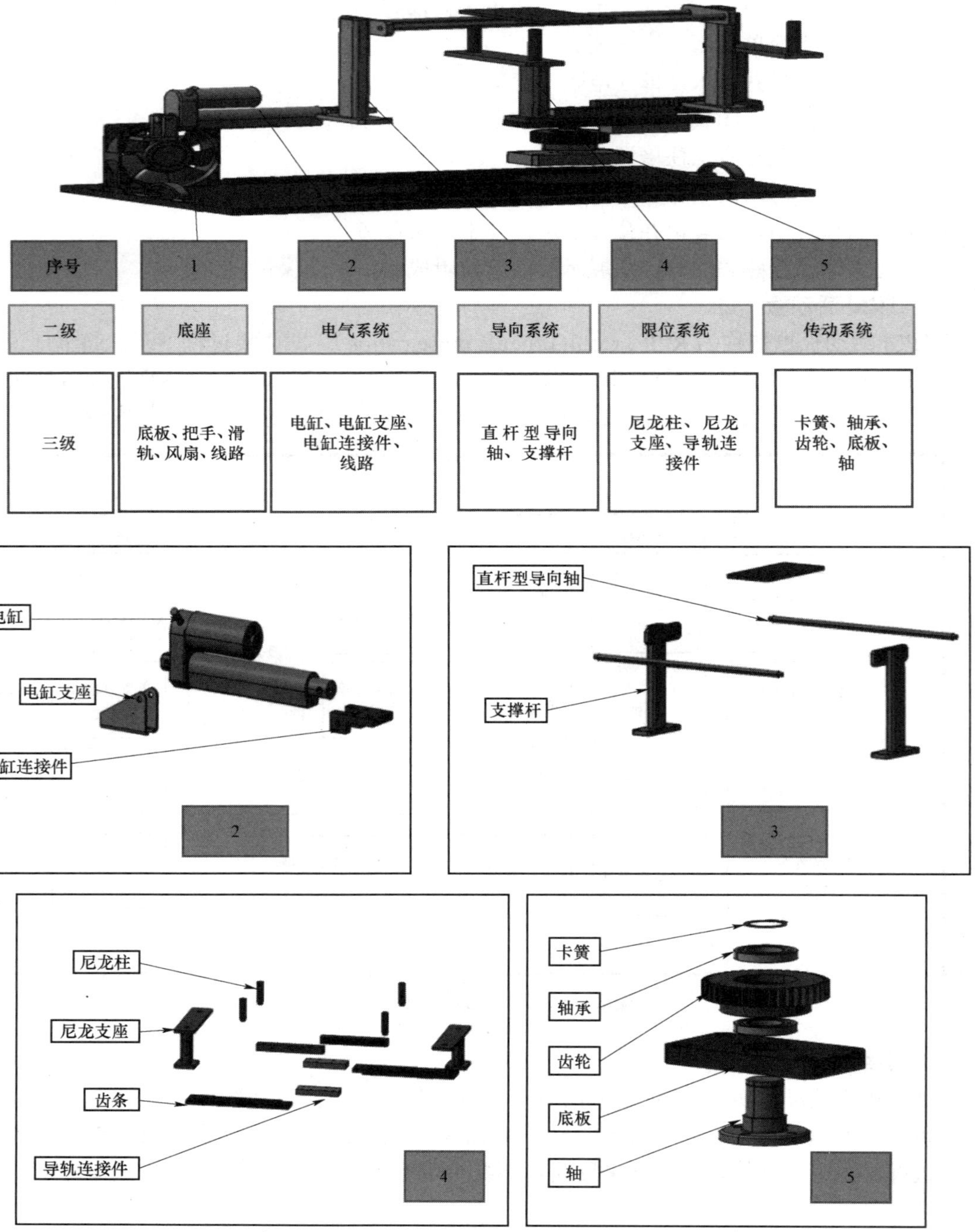

图 3–26　实战演练对中设备

学习评价

学习本单元后，请学生根据自身学习体会，结合下表所列内容进行评价。

单元 3.3 学习评价表

姓　名		组　别		班　级			
日　期		综合评价等级					
评价指标	评价标准	分值	评价方式				
			自我评价（占 30%）	小组评价（占 30%）	教师评价（占 40%）	单项得分	
课前预学	课前预习本任务相关知识，查找相关资料	5					
	完成问题引导部分的题目	5					
课堂参与	认真听讲和练习	10					
	积极参与小组讨论，并有详细笔记	10					
课堂互动	积极回答教师的问题	5					
	与小组成员有效合作，尊重他人	5					
	在小组活动中能围绕主题发表自己的观点	10					
自主探究	独立思考，自主学习，能发现问题	10					
	主动寻求解决问题的方法	10					
	善于观察、分析、思考，能提出创新观点	5					
综合素养	具有一定安全意识、责任意识、规范意识	5					
	具有吃苦耐劳的精神和严谨认真的学习态度	5					
学习成果	能在规定时间内完成本人的分工任务	10					
	完成课后作业	5					

模块 4

品质管理

产品质量是消费者权益的保障，也是制造型企业生存和发展的基础。制造型企业产品质量管理的经典方法是朱兰博士提出的“质量管理三部曲”，即质量策划、质量控制和质量改善三个方面。质量策划围绕识别和确定客户需求，开发满足客户要求的产品，并策划和制定稳定、可靠的生产制程，以便生产满足客户要求的产品，主要的负责部门是设计和工艺部门；质量控制是按照质量策划制定的作业标准、检测基准，对生产制程进行有效的管理和控制，并将实际的质量表现与质量目标进行对比和分析，以确保质量目标的实现；质量改善是调动全公司各个部门和全体成员的积极性，有针对性、有目标地组织大家一起参与公司的质量改善活动，鼓励和培养大家去识别问题、分析问题、解决问题，为提升企业的质量水平而不懈地努力。

本模块主要学习现场的质量控制和质量改善相关内容。

模块概述

为了更好地了解、学习品质管理内容，首先要了解品质管理及全面质量管理的概念、组成因素及成本构成；其次要掌握 QC 七大工具的使用场合及方法；最后要根据实际情况，选择合适的品质改善方法（PACD 循环、8D 法、防错法、QC 小组等）去解决实际质量问题。

教学目标

知识目标	能力目标	素质目标
（1）了解品质管理的概念、组成因素及成本构成； （2）了解全面品质管理的含义及特点； （3）清楚 QC 七大工具的内容及使用方法； （4）掌握 PACD 循环、8D 法、防错法、QC 小组等品质改善方法的原理及实施过程	（1）熟练使用 QC 七大工具解决实际问题； （2）熟练使用 PACD 循环、8D 法、防错法、QC 小组等品质改善方法解决实际质量问题	（1）培养精益求精的精神； （2）培养团队合作精神； （3）具备良好的安全意识、风险意识； （4）培养“三不”的质量意识

单元导航

单元 4.1　品质管理概述；

单元 4.2　QC 七大工具；

单元 4.3　品质改善。

单元 4.1　品质管理概述

品质管理概述

问题引导

引导问题 1：简述产品质量的五大方面。

引导问题 2：简述生产过程中“三不原则”。

引导问题 3：简述全面质量管理的特性。

相关知识

4.1.1　质量与品质管理的关系

1. 质量概念

质量是一组固有特性满足要求的程度，即功能符合需求、使用性与操作性便利、产品要有特色、品质稳定。图 4-1 为质量差距分析图。

产品质量包括以下 5 方面。

① 性能　功能上满足顾客要求的能力，包括使用性能和外观性能。

② 寿命　正常使用的年限，包括使用寿命和储存寿命。

③ 可靠性　在规定的条件下，在规定的时间内，完成规定的功能的能力，即可用性、维修性和保障性。

④ 安全性　在制造、流通和使用过程中保证人身安全与环境免遭危害的程度。

⑤ 经济性　产品寿命周期的总费用，包括生产、销售过程的费用和使用过程的费用。

2. 品质管理

品质就是产品的质量，即产品符合标准的程度。

品质管理以质量为中心，以全员参与为基础，目的在于通过让客户满意而达到长期成功的管理途径，是全部管理职能的一个方面，此管理职能负责品质方针的制定与实施。

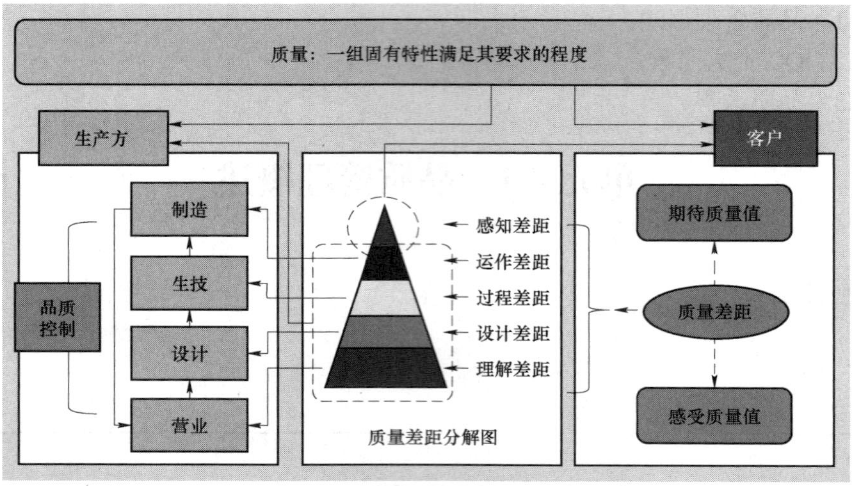

图 4-1　质量差距分析图

1）品质的保证和提升

（1）影响品质的因素

品质保证和提升

“人”（操作者）、“机”（机器设备）、“料”（材料）、“法”（法则、作业指导书）、“环”（生产环境）、“测”（品质检验）是生产过程质量管理六大因素。由于这六个因素的英文名称的第一个字母是 M 和 E，所以常简称为 5M1E。六个因素只要有一个发生改变就会导致产品质量发生变化。

① “人”就是操作者。人的性格特点不尽相同，其工作效率、工作态度和对产品质量的理解也不一样。对不同性格的人用不同的方法，使他们能“人尽其才”。发掘性格特点的优势，削弱性格特点的劣势，就是需要管理者善于用人。

② “机”指的是机器设备，即生产中所使用的设备、工具等辅助生产用具。在生产中，设备是否正常运作及其好坏都是影响生产进度、产品质量的又一要素。

③ “料”指材料，如半成品、配件、原料等产品用料。现在的工业化生产分工细化，一般都有多种配件或部件多个部门同时运作。当某一部件未完成时，整个产品就不能组装，造成装配工序停工待料。延伸来说就是不论员工在哪一个部门，工作的结果都会影响到其他部门的生产运作。

④ “法”指法则、作业指导书，即生产过程中所需遵循的规章制度。它包括工艺指导书、标准流程指引、生产图纸、生产计划表、产品作业标准、检验标准、各种操作规程等。其作用是规范产品的生产流程和及时准确地反映产品质量的要求。严格按照规程作业，是保证产品质量和生产进度的一个条件。

⑤ “环”就是生产环境。某些产品（计算机、高科技产品）对环境的要求很高。组织应确定和管理为达到产品要求所需的工作环境。环境也会影响产品的质量。

⑥ “测”就是品质检验，主要指测量工具、测量方法，以及经过培训和授权的测量人。使用指定的并经过定期检验的测量工具、统一规范的测量方法，保证同一测量点、同一测量

工具、不同测量人所测出的数据误差最小化。生产过程要对测量的数据进行记录。

（2）品质的提升

① 人员的管理——提升“人”的品质。

提升方法、途径：

- 人员教育，即人员品质观念的调整、强化；
- 技能培训，即岗前培训、岗位培训、工作教导法；
- 培养自主管理的精神，即操作者严格执行“三按”（按图纸、按工艺、按标准生产）、“三不”（不接受不良品、不制造不良品、不传递不良品）、“三自”（对自己的产品进行检查、自己区分合格与不合格的产品、自己做好标识（加工者、日期品质状况等））、“一控”（控制自检合格率）要求。

具体内容：

- 要清楚产品特点与基本知识；
- 要做到如何正确使用设备、工具，掌握不良修复技巧；
- 要清楚品质标准与不良品的辨别；
- 能够准确地自检、互检，出现不合格品要知道如何补救；
- 要严格执行作业流程品质要求；
- 要清楚品质不良种类与限度。

② 设备的管理——提升“机”的品质。

提升方法、途径：

- 适用性评估，即加工能力、参数设置、规格、精密度；
- 坚持做好设备保养与维修保养；
- 做好设备的操作和检测；
- 做好量测设备的管理。

具体内容：

- 设备额定精度要满足生产；
- 有完整的设备管理办法，包括设备的购置、流转、维护、保养、检定等均有明确规定；
- 设备管理各项规定均有效实施，有设备台账、设备技能档案、维修检定计划等相关记录，记录内容完整准确；
- 生产设备、检验设备、工装工具、计量器具等均符合工艺规程要求，能满足工序能力要求，加工条件若随时间变化能及时采取调整和补偿，保证质量要求；
- 生产设备、检验设备、工装工具、计量器具等处于完好状态和受控状态。

③ 材料的管理——提升“料”的品质。

提升方法、途径：

- 做好原材料检验、分类管理；
- 领用材料防止出错；
- 设计变更、代用品、特采品常见的预防用错料的方法。

具体内容：

- 有明确可行的物料采购、仓储、运输、质检等方面的管理制度，并严格执行；
- 建立进料检验、入库、保管、标识、发放制度，并认真执行，严格控制质量；

- 转入本工序的原料或半成品，必须符合技术文件的规定；
- 所加工出的半成品、成品符合质量要求，有批次或序列号标识；
- 对不合格品有控制办法，职责分明，能对不合格品有效隔离、标识、记录和处理；
- 生产物料信息管理有效，质量问题可追溯。

④ 方法的运用——提升“法”的品质。

提升方法、途径：

- 流程制度化；
- 工作标准化；
- 作业简单化；
- 设计愚巧化。

具体内容：

- 工序流程布局科学合理，能保证产品质量满足要求；
- 能区分关键工序、特殊工序和一般工序，有效确立工序质量控制点，每个质量控制点规定检查要点、检查方法和接收准则，并规定相关处理办法；
- 有正规有效的生产管理办法、质量控制办法和工艺操作文件；主要工序操作规程或作业指导书对人员、工装、设备、操作方法、生产环境、过程参数等提出具体的技术要求；
- 规定并执行工艺文件的编制、评定和审批程序，以保证生产现场所使用文件的正确、完整、统一性，工艺文件处于受控状态，现场能取得现行有效版本的工艺文件。

⑤ 环境的管理——提升“环”的品质。

提升方法、途径：

- 推行 5S 活动，脏乱的环境不可能生产出好产品；
- 从企业“环境”面貌改变“人”的工作面貌；
- 形成注重工作品质的企业文化。

具体内容：

- 硬环境治理——工作空间场所对产品的保护，消除温度、湿度、空气洁净度辅助设施、用品可能对产品质量产生的危害；
- 软环境治理——注重团队氛围；提高团队文化水平；关注个人成长可能性。

⑥ 测量技术的改进——提升“测”的品质。

提升方法、途径：

- 制定工序检验文件；
- 测量器具性能满足要求并定期计量；
- 检验作业人员要有相应的资质。

具体内容：

- 确定测量任务及所要求的准确度，选择具有所需准确度和精密度能力的测试设备；
- 定期对所有测量和试验设备进行确认、校准和调整；
- 发现测量和试验设备未处于校准状态时，立即评定以前的测量和试验结果的有效性，并记入有关文件。

2）品质成本

企业为稳定、提高产品品质进行品质活动所支付的费用和由于品质故障造成损失的总和，它是企业总成本的一部分。图 4–2 为品质成本的构成。

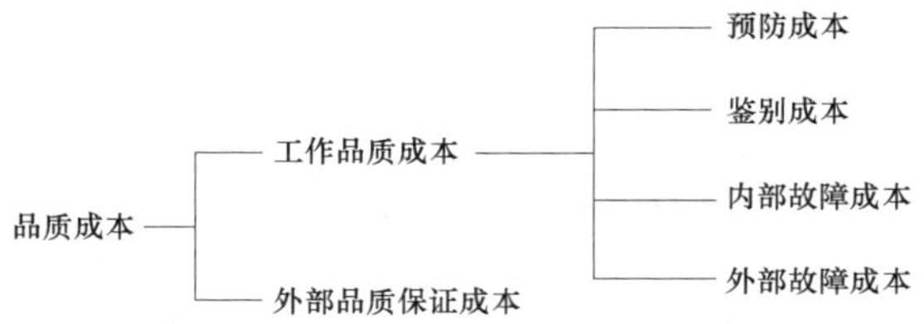

图 4–2　品质成本的构成

① 预防成本　为了稳定提高产品品质、减少故障损失而进行控制预防活动所发生的各项费用，如品质规划及计划费、设计评审费、品质情报信息费、培训费、品质奖励费等。

② 鉴别成本　为了掌握产品符合性品质情况所发生的费用，如检验费、试验设备校准维护费、试验材料及劳务费等。

③ 内部故障成本　产品在出厂前由于发生品质缺陷而造成损失，以及为处理品质缺陷所发生的费用之和，如废品损失、返工损失、停工损失、产量损失等。

④ 外部故障成本　产品交货后在用户使用中发生品质缺陷而产生的一切费用和损失的总和，如索赔费、退货损失、保修费等。

⑤ 外部品质保证成本　企业开展外部 QA 活动所支出的费用，包括特殊和附加的品质保证措施、流程、数据、认证和评定费用。

预防成本和鉴别成本随着合格率的提高而增加，而内外部故障成本则相反，这两条曲线的交点正是这两类品质成本的最佳平衡点。评价品质管理体系有效性的根本问题是考虑成本与品质保证值之间的最佳平衡。

3）品质管理的水准

品质管理的五个水准包括品质检验级（QI）、品质管制级（QC）、品质保证级（QA）、全面品质管制（TQC）和全面质量管理（TQM）。图 4–3 所示为品质管理的 5 个水准的发展历程。这些等级代表了质量管理的发展阶段和成熟度，从基本的品质检验到全面的质量管理，体现了质量管理理念的进步和实践的提升。

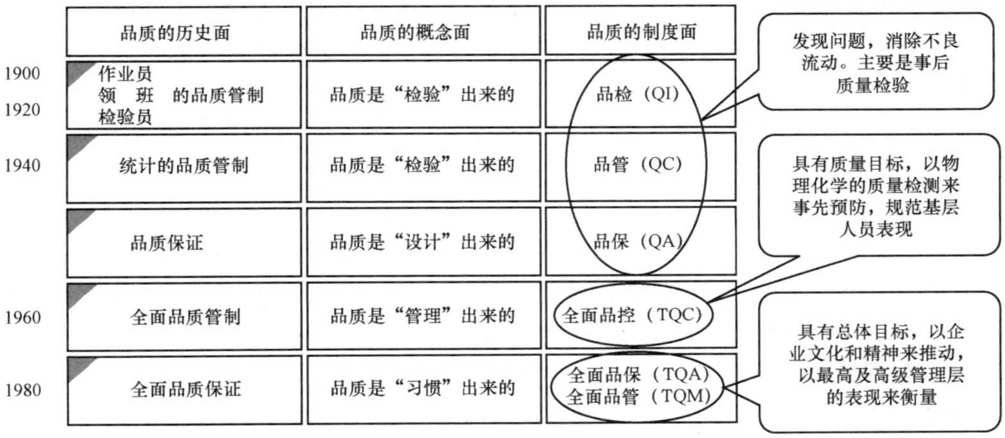

图 4–3　品质管理的 5 个水准的发展历程

① 品质检验级（QI）：这一阶段的质量管理主要依赖于事后的品质检验，即通过在成品中挑选次品来保证质量。这种模式下，质量功能与其他功能分离，容易出现重大缺陷，生产与研发几乎完全脱节。

② 品质管制级（QC）：在这一阶段，质量管理的重点开始转移到生产过程中，通过检测工艺过程的稳定性来控制质量。服务质量得到明确，但设计质量的测定标准尚未确定。

③ 品质保证级（QA）：此阶段关注产品的设计质量，意识到产品设计和生产工艺的相互影响，并以顾客需求为导向。质量管理的重点从制造转移到设计，更加注重产品的质量和顾客满意度。

④ 全面品质管制（TQC）：在这一阶段，质量管理成为组织文化的一部分，每个成员都意识到质量对企业成功的重要性。外部客户成为工作的中心，优化从供应商到客户的所有重要程序，实现质量的持续改进。

⑤ 全面质量管理（TQM）：这是质量管理的最高阶段，强调质量是设计出来的，通过全面的质量管理方法，最大限度地优化从供应商到客户过程中的所有重要程序，实现质量的持续改进和优化。

这些等级不仅体现了质量管理的发展历程，也反映了质量管理理念的进步和实践的提升，从简单的品质检验到全面的质量管理，体现了质量管理从被动到主动、从局部到全局的转变。

4.1.2 全面质量管理

20 世纪 80 年代后期以来，全面质量管理得到了进一步的扩展和深化，逐渐由早期的 TQC（total quality control）演化成为 TQM（total quality management），其含义远远超出了一般意义上的质量管理的领域，而成为一种综合的、全面的经营管理方式和理念。

全面质量管理创始人之一费根堡姆 1961 年在其《全面质量管理》一书中首先提出了全面质量管理的概念：“全面质量管理是为了能够在最经济的水平上，并考虑到充分满足用户要求的条件下进行市场研究、设计、生产和服务，把企业内各部门研制质量、维持质量和提高质量的活动构成为一体的一种有效体系。”《质量术语》（ISO 8402—1994）对全面质量管理的定义又与费根堡姆有所不同，不过内涵是一致的。全面质量管理是强调全员通过有效的质量体系对质量形成的全过程和全范围进行管理和控制，并使顾客满意和社会受益的科学方法和途径。

全面质量管理是从过去的事后检验，从以“把关”为主，转变为以预防改进为主；从“管结果”转变为“管因素”。

1. 全面的质量管理

不仅对产品的质量进行管理，也对工作质量、服务质量进行管理；不仅对产品性能进行管理，也对产品的可靠性、安全性、经济性、时间性和适应性进行管理；不仅对物，也对人进行管理。总之，全面质量管理是对各个方面的质量进行管理。

2. 全过程的质量管理

产品质量有一个产生、形成和实现的过程。全面质量管理的范围包括从市场调查开始，到产品设计、生产、销售等，直到产品使用寿命结束为止的全过程。全面质量管理的目的是顾客满意和社会受益，如果因为品质不良给顾客造成损失，那将是最大的损失，这样伤害用户、影响市场，同时由于后续的索赔、返修等工作增加了公司的成本支出。而通过全过程的质量管理，在产品未流入市场前及时发现并解决问题，将顾客和企业的损失降到最低。

3. 全员参加的质量管理

全过程的质量管理不仅是质量管理部门或质量检验部门的工作，是设计、生产、供应、销售、服务过程中有关人员的工作，而且是企业中各个部门所有人员的工作。因为企业中从事人保、财务、教育、后勤等各项人员的工作质量，都直接或间接地关系到产品和销售服务的质量。

4.1.3 品质理念

1. 零不良

企业的主要生产活动就是制造产品。由于生产的数量非常多，出于经济的原因或者受某些条件的限制，自然就会认为不可能实现全部检查，因此传统观念中存在着“多少会有些不良品存在吧”这种错误的想法。比如，生产汽车的工厂每年生产数十万辆甚至上百万辆车，假设发现一辆不良，以不良率来说只是数十万分之一，甚至是百万分之一，对公司来说品质已经是很好了，但是具体到某一个消费者而言，可能一生中就买了一辆车却恰好是不良的车子。根据资料统计，对小问题不满的消费者会告诉周围 10 个以上的人，而对质量严重不满的消费者会把自己的不幸遭遇告知 16 个以上的人。

此外，就制造工厂而言，任何一个不良品的发生，除了造成成本增加之外，还会使整个生产计划及管理控制活动发生混乱，而衍生的问题及额外的成本负担更是难以计算。精益生产以消除一切浪费为目标，而要降低成本就必须彻底消除不合格品。所以，企业的品质目标应该是“零不良”。

2. “三防”管理

丰田公司将不良品发生防止、流出防止、再发生防止简称为“三防”管理。

① *发生防止*　确保本工序不出现不合格品。

② *流出防止*　下道工序是用户，防止不合格品从本工序、后工序、检查工序流出。

③ *再发生防止*　防止曾经出现的不合格品再次发生。

3. 风化管理

风化管理是指为防止曾经出现的不合格品再次发生，避免从管理人员和操作者的脑海中逐渐淡忘，像风沙一样一过即逝，而运用表格和图片方式将不合格品的状态和产生原因记录下来，通过在工位采用目视化方式提醒操作者，不要再次出现同样的不合格品。

4. 过程控制

为用户提供品质优良的产品，提高用户的满意度是每一名员工的梦想。如果因为产品品质不良给用户造成了损失，那将是最大的损失，因为这样既伤害了用户，影响了市场，同时由于后续的索赔、返修等工作增加了公司的成本支出。如果在产品未流入市场或在生产过程中就发现了问题并及时解决，那么就会大大降低企业的损失。有效方法就是能在每个制造工序内发现问题，对影响品质的关键原因进行管理，在每个工序对不良原因作出对策，如图 4–4 所示。

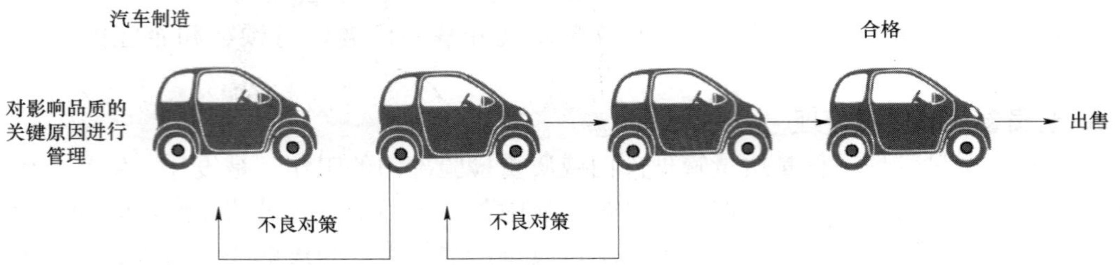

图 4–4　过程控制对策

5. 工序内采用“三不原则”

将不制造不良品、不接受不良品、不流出不良品简称为“三不原则”，这是精益生产贯彻质量“零不良”的基础。

1）不制造不良品

操作者在本工序必须树立的质量意识是：下一道工序就是用户，不合格品的产生就是浪费，要降低成本就必须彻底消除不合格品。这就需要针对各种质量问题事先预防或改善，保证在本工序不制造出不合格品。

2）不接受不良品

要求本工序做好检查，不接受前工序的不良品，所以下一道工序的人员一旦发现前工序来的不良品，必须即刻退回去，要求纠正处置，绝对不可以代为修正或者没有反映到前工序。

3）不流出不良品

如果能达到不制造不良品的完美境界，那么后续的一些检查工作就可以不用做了。但是在现实中，无法一下达到这个目标，所以退而求其次，重点放在防止不良品流到下一道工序去。换句话说，制造者必须自主检查，不可以有“制造是一个人，检查的是另外一个人”的错误做法。不流出不良品即要做到在哪个环节发现就必须在哪个环节处理，绝不流入下一道工序。

以上介绍了精益生产中的品质理念，虽然零不良是理想状态，但只要努力，总能一步一步地向理想状态靠近，不断提升品质管理的水准。

实战演练

1. 阐述全面质量管理概念中的“全面”“全过程”“全员”的具体含义。
2. 简述品质管理的五个水准的具体内容及各自特征。

学习评价

学习本单元后，请学生根据自身学习体会，结合下表所列内容进行评价。

单元 4.1 学习评价表

姓　名		组　别		班　级	
日　期		综合评价等级			

评价指标	评价标准	分值	评价方式			
			自我评价（占 30%）	小组评价（占 30%）	教师评价（占 40%）	单项得分
课前预学	课前预习本任务相关知识，查找相关资料	5				
	完成问题引导部分的题目	5				
课堂参与	认真听讲和练习	10				
	积极参与小组讨论，并有详细笔记	10				
课堂互动	积极回答教师的问题	5				
	与小组成员有效合作，尊重他人	5				
	在小组活动中能围绕主题发表自己的观点	10				
自主探究	独立思考，自主学习，能发现问题	10				
	主动寻求解决问题的方法	10				
	善于观察、分析、思考，能提出创新观点	5				
综合素养	具有一定安全意识、责任意识、规范意识	5				
	具有吃苦耐劳的精神和严谨认真的学习态度	5				
学习成果	能在规定时间内完成本人的分工任务	10				
	完成课后作业	5				

单元 4.2　QC 七大工具

QC 活动七大工具（一）

QC 活动七大工具（二）

问题引导

引导问题 1：简述常用的 QC 七大工具。

____

____

引导问题 2：QC 七大工具使用口诀是什么？

____

____

引导问题 3：简述鱼骨图的制作顺序。

____

____

相关知识

4.2.1 QC 七大工具概述

QC 七大工具又称为 QC 七大手法，一般指旧 QC 七大手法，即检表法、排列图（柏拉图）、因果图（鱼骨图）、散布图、分层法、直方图和统计图，是质量管理及改善运用的有效工具。

1. 适用范围

QC 手法的用途非常广泛，可以用于企业管理的方方面面（包括计划管控、员工思想意识行为管理、质量管控、成本管控、交期管控、士气管理、环境管理、安全管理、效率管理、绩效考核、日常管理等），但主要用于品质管理及改善。

2. 七大工具使用口诀

因果追原因、检表集数据、排列抓重点、直方显分布、散布看相关、统计找异常、分层作解析。

4.2.2 QC 七大工具之一：检表法

检表法方便进行数据统计和整理，将想要调查的项目按周期检查的结果或记录发生频率调查结果进行记录，以便工作者记录结果及得出目前的状况。表中记有检查的必要项目，只要记上检查记号，并加以统计整理，就可作为进一步分析或核对检查之用。

1. 查检表的制作顺序

查检表的制作顺序：一是明确点检的目的；二是确定点检项目、点检方法、点检基准、点检周期；三是设计表格，使用“√”或“×”符号；四是把观察到的数据记录在表格内。

2. 查检表的应用

① 可用于自主检查，以期收到时效。

② 可用于建立工作标准的表格文件。

③ 可借用查检表做在职教育训练，培养自主检查的习惯。

3. 查检表使用要诀

① 查检收集完成的数据应马上使用。

② 数据是否集中在某些项目或某些时段？是否因时间的经过而产生变化？周期性变化的特殊情形也要特别注意。

③ 如有异常，应马上追究原因并采取必要的措施。

④ 迅速判断，即刻行动。

⑤ 是否随着改善而有变化？

⑥ 适当保留过去、现在及未来的记录，以便日后比较。

⑦ 可利用排列图加以整理，以便更进一步掌握问题的重心。

4. 查检表使用注意事项

① 表中不可有“其他”项目栏。

② 查检表应有层别项目。

5. 查检表类别

① 记录用查检表：又称改善用查检表，常用于不良原因和不良项目的记录。

② 点检用查检表：又称备忘点检表，常用于机械设备与活动作业的确认。

6. 查检表的实例

表 4-1 为 A12 发动机查检表。

表 4-1　A12 发动机查检表

班别：发动机试车班	项目：A12 发动机						起讫时间：3/2—3/12				
查检人：××	查检方式：全检			查检时间：全天			查检符号：V（表示查出了问题）				
不良项	日期										
	3/2	3/3	3/4	3/5	3/6	3/7	3/8	3/9	3/10	3/11	3/12	总计
汽门异音	VV	V	V	V	V	VV	V	V	VV	VVV	V	16
漏油	V		V	V	V			V	VV	V		8
漏水	VV	V			V	V	V	V	VV	V	V	11
时规盖漏油	VV		V	V	V			V	V	V	V	9
点火角度不良	VV	V	V		V	VV	VV	V		VV	V	13
起动不良	VV	V	V		V	V	V	V	V	VV		11
合计	11	4	5	3	6	6	5	6	8	10	4	68
查检数	80	20	28	20	18	20	15	28	29	46	15	319

4.2.3 QC 七大工具之二：排列图（柏拉图）

在一定期间内根据所收集的数据，按不良数、缺点数、不合格、缺陷、事故、索赔等项目、原因、位置加以分类，并按其出现数据的大小顺序列出，寻求占最大比率的项目、原因或位置的一种图形，同时表示累积和的图形，称为排列图，又称柏拉图、重点分析图或 ABC 图，由意大利经济学家巴雷特提出。排列图由一个横坐标、两个纵坐标、几个按高低顺序排列的矩形和一条累计百分比折线组成。排列图法是依据分析结果的权重、等级等标准，对数据的结果进行进一步判断，从而对存在于数据中的问题更加清楚明了。

1. 排列图的应用

① 可以确定改进目标，找出问题点，任何问题均可用排列图分析。

② 可作为清除不良、改正缺点、降低费用等的依据。
③ 按照 80:20 原则，针对重点项目采取对策。
④ 在确认效果时，可采用排列图做改进前后比较，评估改进效果。
⑤ 用于整理书面报告或记录，使报告、记录一目了然。
⑥ 可与因果图配合使用，使因果关系更明确化。

2. 排列图的绘制方法

① 选择要进行质量分析的项目。
② 选择用来进行质量分析的度量单位，如频数、件数等。
③ 选择进行质量分析数据的时间间隔。
④ 画横坐标，将频数从大到小依次列出各项。
⑤ 左边纵轴标上件数频次的刻度，右边纵轴标上比率频率的刻度。
⑥ 在每个项目上画长方形，并显示出每个项目的影响大小。
⑦ 由左到右累加每个项目的量值（以%表示）。
⑧ 画出累计频率曲线，用来表示各个项目的累计影响。

3. 排列图实例

排列图的绘制方法如图 4-5 所示。在这里，用排列图查找问题，以便解决。

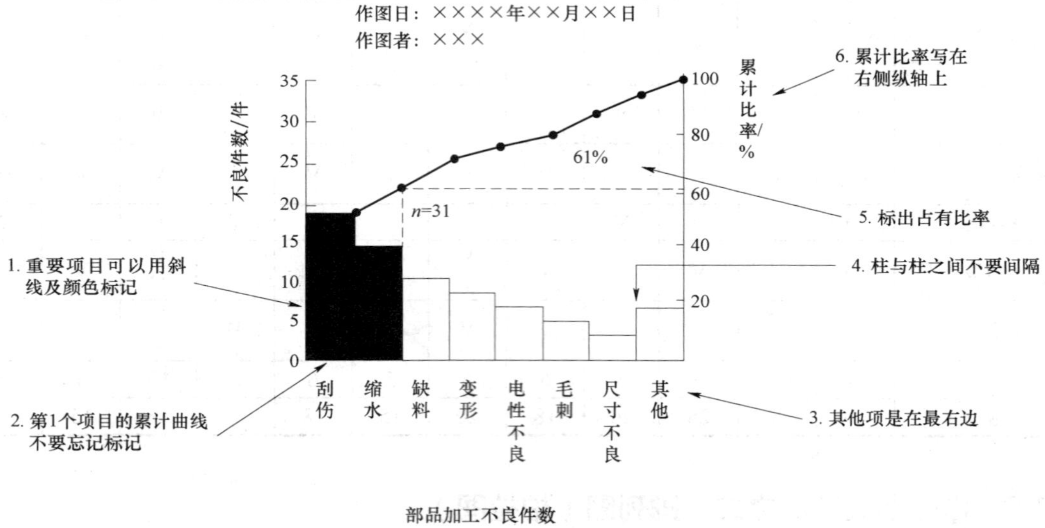

图 4-5 排列图的绘制方法

4.2.4 QC 七大工具之三：因果图（鱼骨图）

因果图即因果分析图，又叫特性要因图、石川图或鱼骨图，它是表达和分析因果关系的一种图表。因果图由日本东京大学石川馨教授提出，许多人共同讨论，采用脑力激荡的方法，考虑并展示事物已知结果与其潜在原因之间的一种工具。先设定待分析的主题，找出造成此主题结果的影响要因，并对影响要因进行深层次分析。找出原因，采取措施，从而促进问题的解决。在分析过程中，因果关系通过带箭头的线表示，最后绘出图形。因果图法更加侧重于因素之间的相关性。

1. 因果图的应用

① 与其他方法（如检表法、排列图等）配合使用，能得到更好的效果。

② 可用于 5W（即连问 5 次为什么）的源流管理训练与脑力激荡训练。

2. 因果图的制作步骤与方法

① 确定质量特性（结果）。

② 从左至右画一箭头（主骨），将结果用方框框上频数、件数等。

③ 列出影响结果的主要原因作为大骨，也用方框框上。

④ 列出影响大骨的第二层次的主要原因，作为中骨。

⑤ 用小骨列出影响中骨的第三层次的原因，以此类推。

⑥ 将认为对质量特性有显著影响的重要因素标出来。

⑦ 画出累计频率曲线，用来表示各个项目的累计影响。

3. 因果图实例

因果图实际应用如图 4–6 所示。

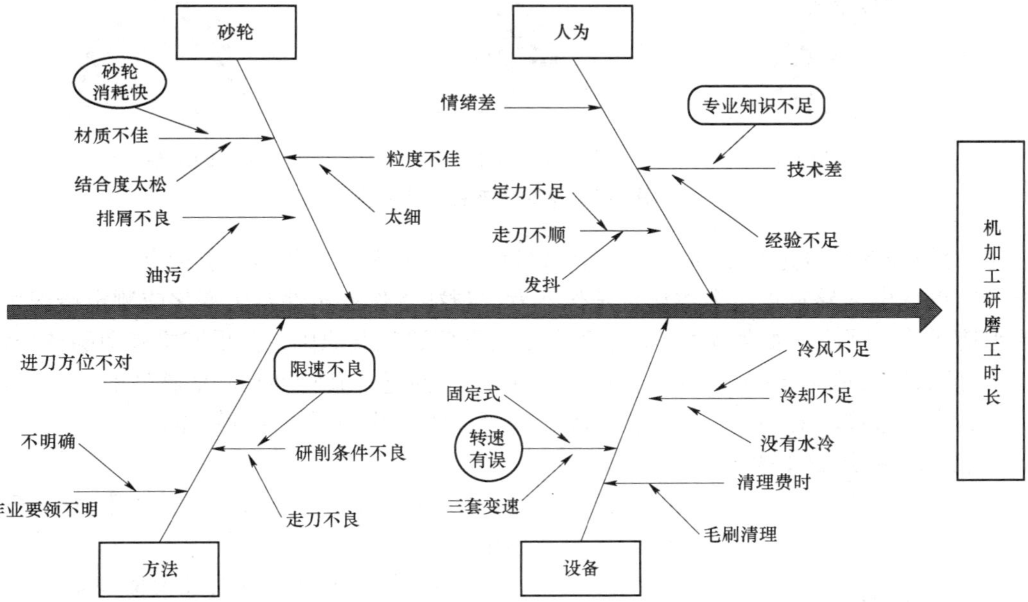

图 4–6 因果图实际应用

4.2.5 QC 七大工具之四：散布图

散布图是用来表示两个对应变量之间的关系，表示一组成对的数据之间是否有相关性的一种图表，又称相关图。散布图法又称简易相关分析法，这种成对的数据或许是“特性—要因”“特性—特性”“要因—要因”的关系。使用散布图法便于了解及掌握成对的数据间的关系。

1. 散布图的应用

① 散布图可以用来发现两组相关数据之间的关系，并确认两组相关数据之间的预期关系。

② 分析两组相关数据之间的关系主要是确认其相关性质，即正相关或负相关；相关程度，即强相关或弱相关。图 4–7 所示为六种常见的散布图。其中，图 4–7（a）为强正相关，即 x 增加 y 随之直线性增加，如容量和附料重量；图 4–7（b）为强负相关，即 x 增加 y 随之减少，如油的黏度与温度；图 4–7（c）为弱正相关，即 x 增加 y 随之大体上增加，如身高和体重；图 4–7（d）为弱负相关，即 x 增加 y 随之大体上减少，如温度与步伐；图 4–7（e）为不相关，即 x 与 y 没有相关时，点的分布呈现圆团状，如气压与气温；图 4–7（f）为非直线性关系，即 x 与 y 呈现次曲线或次曲线关系的场合。

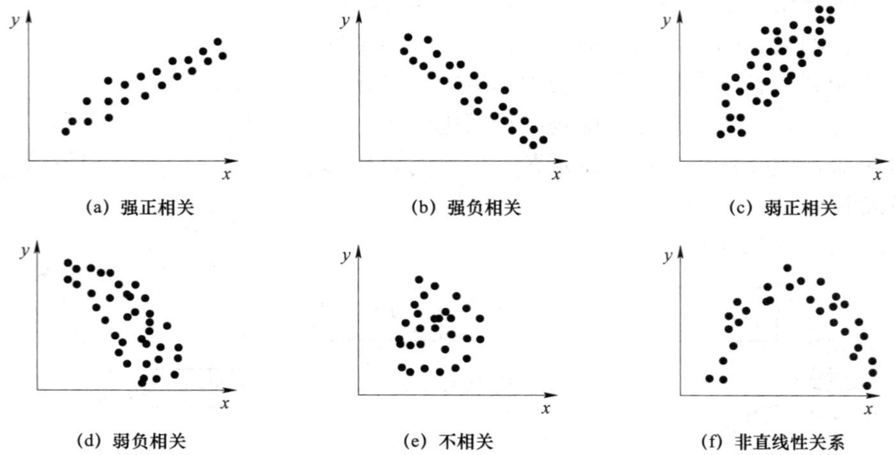

图 4–7　常见散布图代表图形

③ 对散布图可以进行定性分析，也可以进行定量分析。如散布图上远离主体大集团的点称作异常点。出现异常点，多数场合是作业者、材料等作业条件发生变化或测定错误之类特殊原因造成的。因此，如遇有“异常点”一定要彻底追究其原因，并采取措施消除该异常点。

④ 散布图可应用于处理要因与特性之间的关系问题、某特性与其他特性的关系问题等，以寻找造成结果波动的要因，确定管理项目的目标值及其要因的控制幅度。

2. 散布图的绘制步骤

① 收集两种特性值相对应的数据（至少三十组）。

② 找出数据中各自的最大值与最小值。

③ 画出纵轴、横轴的刻度，计算组距。

④ 将各组对应数据打点标示在坐标上。

⑤ 填上资料的收集地点、时间、测定方法、制作者等项目。

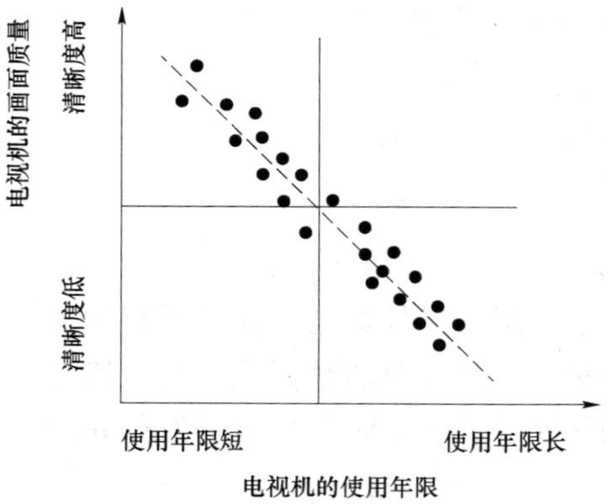

图 4–8　电视机的画面质量与使用年限的散布图

3. 散布图的实例

如图 4–8 所示，电视机的使用年限越长，其画面清晰度也就越低，也就是说，电视机的清晰度与使用年限是有关系的。这种关系称为相关，而要检定此种相互关系，散布图是很有效的工具。

4.2.6　QC 七大工具之五：分层法

1. 分层法的定义

依原料、机器、人员、工作方法、时间等分别收集数据，并进一步加以整理，以找出其中差异的方法，称为分层法。分层法具有较好的直观性，可以通过图表等形式将调查的数据进行分块及分类，以便决策者快速作出判断。

2. 分层法的应用

在收集数据或使用查检表时，必须先作层别，然后进一步解析。通常，还要结合直方图、因果图、排列图、控制图等工具一起使用，才能发挥更大作用。

分层法的应用步骤：① 收集数据；② 选择分层标志；③ 分层；④ 按层归类；⑤ 画分层直方图，进一步分析。

3. 层别的对象和项目

① 有关人的层别。

② 机械设备的层别。

③ 作业方法、条件的层别。

④ 时间的层别。

⑤ 原材料零件层别。

⑥ 测量检查的层别。

⑦ 环境气候的层别。

⑧ 制品的层别。

4. 分层法实例

表 4–2 为某厂 12 月 8 日成品抽验不良分层表。

表 4–2　某厂 12 月 8 日成品抽验不良分层表

产品代号：PG—011　本日产量：2.3 万只　日期：12 月 8 日											
不良项	时间										
	8:00	9:00	10:00	11:00	12:00	13:00	14:00	15:00	16:00	17:00	小计
弯曲	4	5	7	6	2	6	3	0	1	2	36
毛刺	5	9	7	1	3	6	8	2	7	1	49
起皱	22	11	6	8	11	5	12	15	25	19	134
划伤	13	9	11	9	12	11	6	13	11	13	108
曝漆	1	0	2	3	0	2	1	2	3	1	15
脏污	4	2	0	2	3	1	2	3	0	3	20
裂纹	0	2	1	1	2	0	1	3	1	0	11
小计	49	38	34	30	33	31	33	38	48	39	373

4.2.7 QC 七大工具之六：直方图

直方图是将所收集的数据、特性值或结果值在横轴上适当地区分成几个相等区间，并将各区间内测定值所出现的次数累加起来，用柱形画出的图形。

1. 直方图使用目的

① 测知制程能力。

② 测知数据的真伪。

③ 测知分配型态。

④ 计算产品不良率。

⑤ 调查是否混入两个以上的不同群体。

⑥ 借以制定规格界限。

⑦ 比较规格与标准值。

⑧ 设计管制界限是否可用于制程管制。

⑨ 求分配的平均值与标准差。

2. 直方图制作步骤

① 收集数据并记录在纸上。

② 找出全体数据中的最大值（*L*）与最小值（*S*）。

③ 定全距（*R*）=最大值（*L*）−最小值（*S*）。

④ 决定组数。史特吉斯公式组数：$K=1+3.32\log n$；n=数据个数。组数决定参考表（经验法则），如表 4–3 所示。

表 4–3　组数决定参考表

数据数目	组数
50～100	6～10
100～250	7～12
250 以上	10～20

⑤ 定组距（*H*）=*R*/*K*=全距/组数。

⑥ 求各组上、下组界。第一组下组界=最小值−最小测定值/2；第一组上组界=下组界+组距（以此类推）。

⑦ 决定组的中心点。组的中心点=（上组界+下组界）/2。

⑧ 制作次数分配表。

⑨ 制作直方图。

⑩ 填上标题、单位、平均值、数据来源、日期等数据。

3. 直方图型态、形成原因与对策

表 4–4 为直方图型态、形成原因与对策表。

表 4–4　直方图型态、形成原因与对策表

型号	型别	特征	作业系统状况	型态	对策
1	常态型	中间高、两边低，有集中的趋势，左右几乎对称	规格、重量等计量值的相关特性都处于安定状态，制品工程状况良好	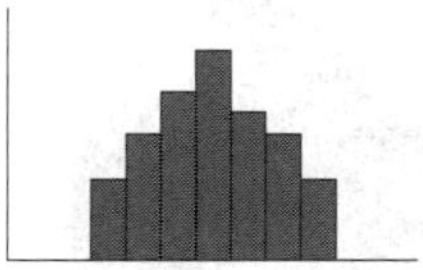	正常
2	双峰型	有两个峰谷	当抽样检查的样本是来自不同机器或材料时，便会产生不同的测量值	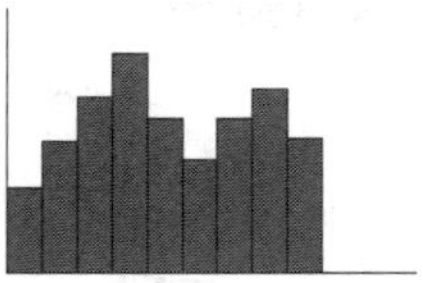	先加以层别，再重新制作直方图
3	高原型	中间部分特别高	不同平均值的分配混合在一起所致	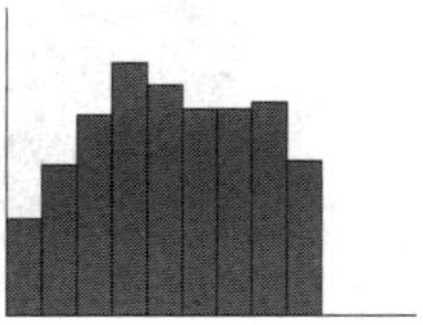	先加以层别，再重新制作直方图
4	绝壁型	一端不见	当全部数据或制程本身全部都被检查过。下限规格以外的数据未被剔除	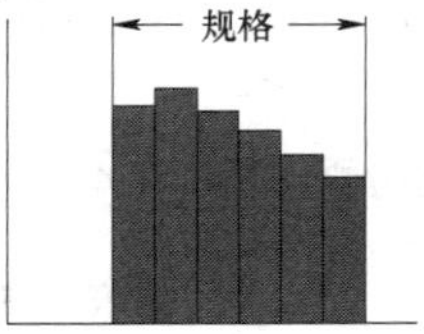	提高工程能力，以免除全数检查
5	锯齿型	一高一低，规则性	制作直方图的方法或数据搜集方法不正确所产生，例如偏好选取 5 或 10 等数字的样本	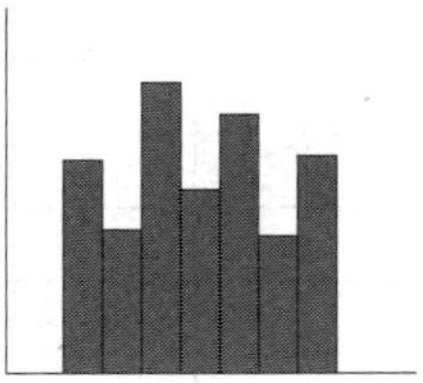	确认制作方法是否正确，组数是否过多，放弃对抽样方法的主观偏好
6	离岛型	图的另一端形成另一个小的直方图，类似小岛	取样或测定法失误，异常值混入	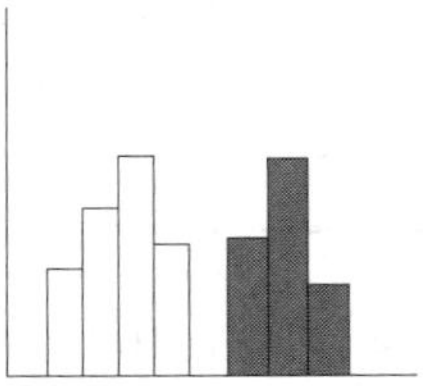	调查离岛上的数据由何处来，或者检查工程、数据测量是否正确

4. 直方图分布型态与目标规格比较

直方图分布型态与目标规格比较，要考虑以下三方面问题。

第一点是图形是否分布中央？第二点是规格外比率有多少？第三点是平均值是否在规格正中央？图 4–9 所示为具体分布型态与目标规格比较直方图。其中，图 4–9（a）表示制程能力还可以，但产品质量稍有变动即会产生不良品，有提高制程能力的必要；图 4–9（b）表示制程能力足够，产品质量分散宽度完全在规格界限内；图 4–9（c）表示制程能力不足，因为中心值偏右，如能将中心值调整至规格中心处，则刚好可以符合规格；图 4–9（d）表示制程的分散宽度过大，而且中心值偏右，如能将中心值调整至规格中心处，则刚好可以符合规格。

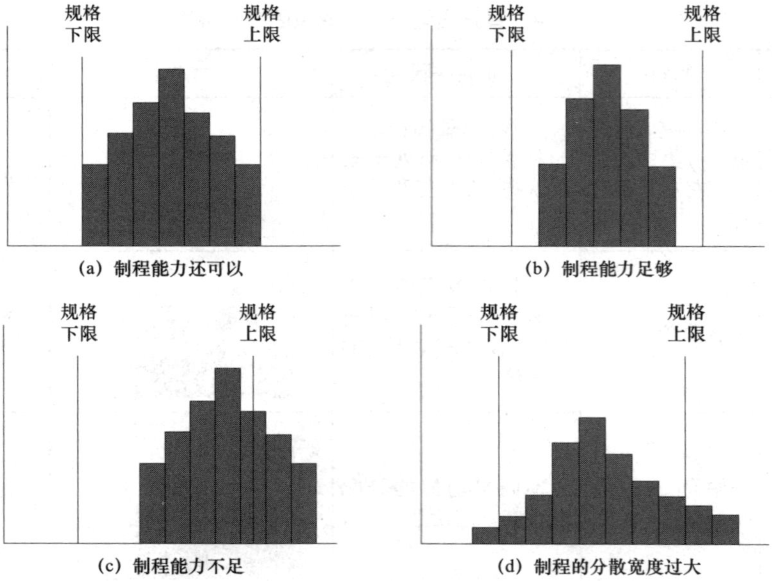

图 4-9　具体分布型态与目标规格比较直方图

5. 直方图应用实例

① 西瓜重量次数分配表（表 4-5）。

表 4-5　西瓜重量次数分配表

组界/斤	组中点/斤	次数
11.45～11.95	11.7	2
11.95～12.45	12.2	1
12.45～12.95	12.7	4
12.95～13.45	13.2	15
13.45～13.95	13.7	10
13.95～14.45	14.2	5
14.45～14.95	14.7	3
合计		40

② 西瓜重量直方图（图 4-10）。

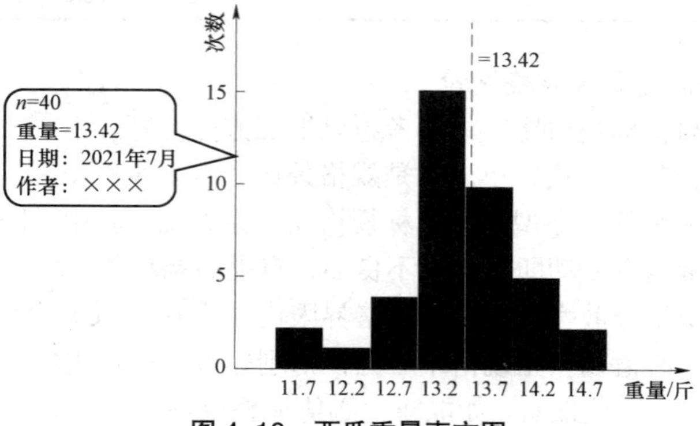

图 4-10　西瓜重量直方图

4.2.8　QC 七大工具之七：统计图

统计图就是将繁杂的数据用最简单的图形表达，让使用者易于接受、理解。统计图能有效率地传送情报，易于发现问题重点。

1. 统计图用途说明

① 掌握数据整体形态、趋势，使读者易于比较及发现事实。

② 有效率地传送情报。

③ 强调发现问题的重点。

2. 统计图必须具备的条件

要具有看一眼就能完全了解整体状况的特点。

① 绘制上力求简单明了。

② 让看的人易于了解与分析。

③ 图表的尺度、点、线应力求正确。

④ 能从中了解问题的核心。

3. 统计图制作步骤

① 确定统计图分析目的。

② 选择统计图种类。

③ 决定图形的大小。

④ 绘制统计图的轴、圆、刻度等必要骨架。

⑤ 依据收集数据统计后绘图。

⑥ 记入必要事项：统计图名称；关于数据搜集期间、样本数等；必要说明事项；制作者。

4. 统计图的种类

1）棒状图

棒状图（bar chart）也称作柱形图，是由若干等宽的长柱平行排列而成。柱形的长短表示数值的大小，将这些数值并列以便比较。制作上一般以纵轴为次数，横轴为层别项目。项目多时可密接，项目不多时可适中分开。图 4–11 为棒状图应用实例：某汽车地区销售数量棒状图。

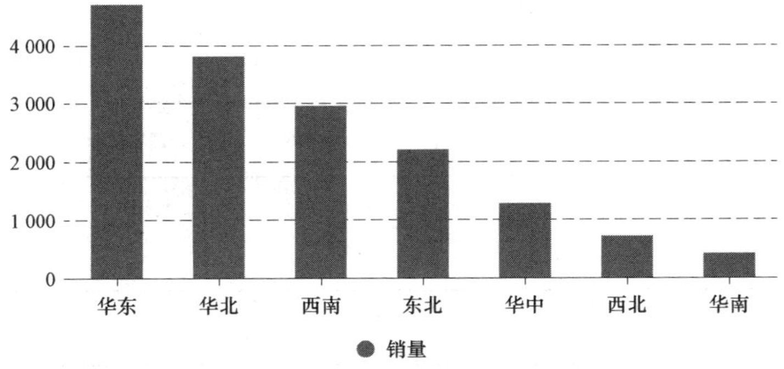

图 4–11　某汽车地区销售数量棒状图

绘制棒状图的注意事项：

① 柱形的宽度要一样，而且不可过于宽大。

② 柱与柱之间隔大约是柱形宽度的一半。

③ 图中若有某一柱形太高时，可以用波形加以间隔画出。

2）饼图

饼图（pie chart）的绘制：先计算出各数值占总数值的百分比，再依其比例画成一圆形。读图时容易由直觉来发现层别项目的比例，适合用于强调组成比例的场合。

图 4-12 为饼图应用实例：某汽车四个季度销量饼图。

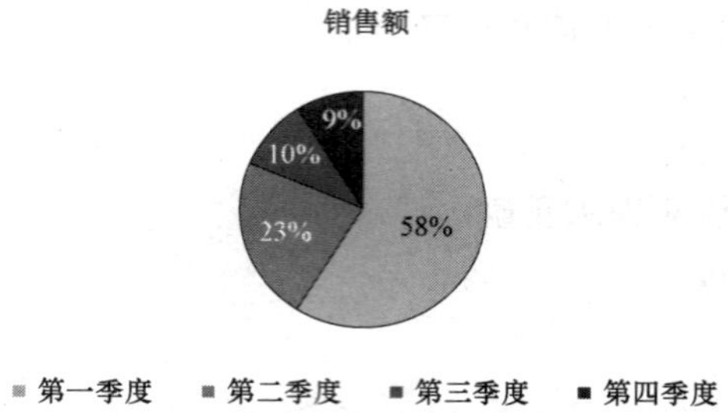

图 4-12　某汽车四个季度销量饼图

绘制饼图的注意事项：

① 以 12 点钟方向画出一条基线，以基线为起点按逆时针方向由小至大分类画上。

② 各扇形必要时可用不同线纹或颜色加以区分。

③ 若有特别强调部分也可用突出圆周以外的方式画出。

3）带状图

带状图是按各项目的结构比率，分割带状（长方形）的面而成。带状图综合棒状图与饼图的优点，可同时显现比例与数值；若配上时间亦可显示时间的变化。图 4-13 所示为带状图实例：某果园近三年来各品种芒果产量带状图。

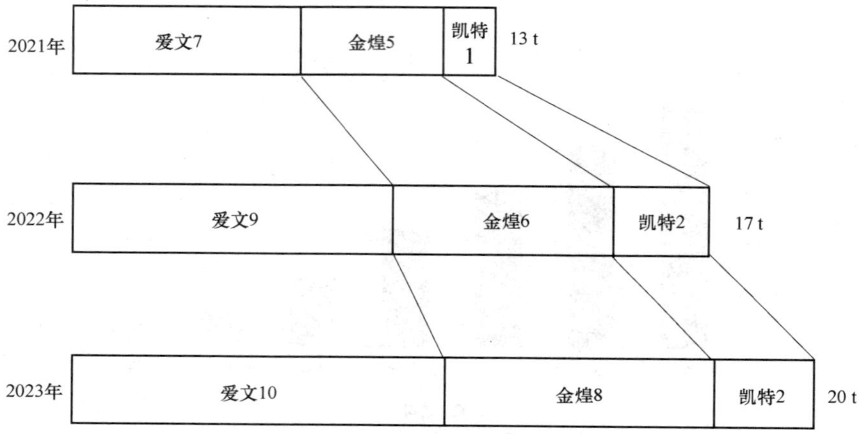

图 4-13　某果园近三年来各品种芒果产量带状图

4）推移图

推移图（run chart）也称为折线图或历史线图。推移图的纵轴代表统计事项数值，横轴代表时间。将一连串依时间顺序排序的数据在图中描点，再以线连接起来就成了推移图。推移图可以用来观察时间推移时数据的变化，以及变动的趋势和变化的速度。图 4-14 为推移图实例：某家庭近几年在衣、食、住、行、娱乐方面支出的推移图。

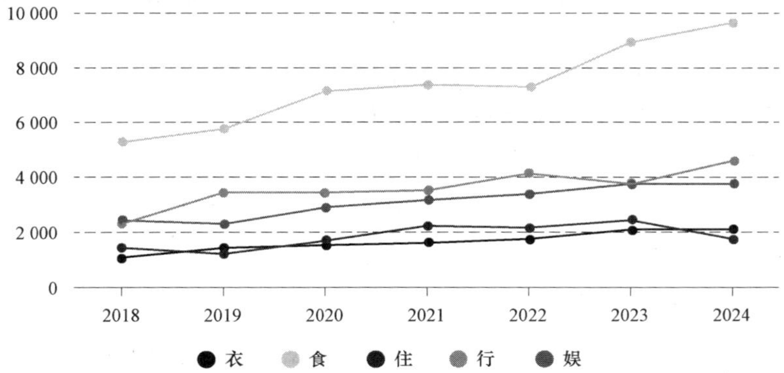

图 4-14　某家庭近几年在衣、食、住、行、娱乐方面支出的推移图

绘制推移图的注意事项：

① 当数值大小差距很大时，可使用相同的波形加以隔开。

② 如果推移图中有多种数据表现时，可用线的虚实或颜色、打点的形状、线的粗细加以区分。

5）雷达图

雷达图（radar chart）可以将所有层别项目同时表现于一图上，容易发现多项目间的平衡性及平衡性不佳的状况。图 4-15 为雷达图实例：2 个系列产品近 5 天的不合格品数量变化的雷达图。

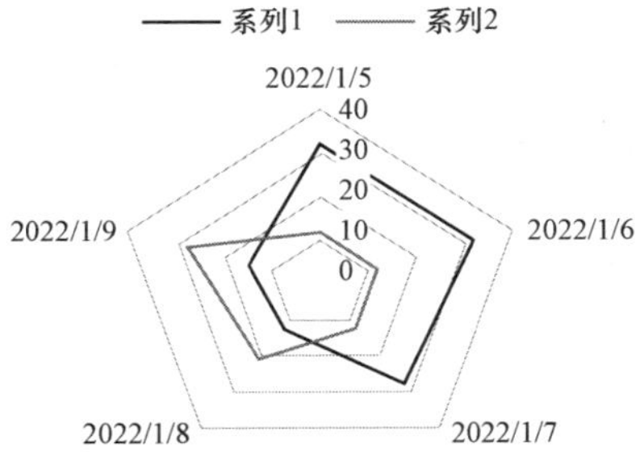

图 4-15　2 个系列产品近 5 天的不合格品数量变化的雷达图

6）管制图

管制图（control chart）是将实际的质量特性，与根据过去经验所建立的制程能力的管制界限比较，按时间的先后或制品全体号码的次序，以判别产品质量是否安定的一种图形。

（1）管制图的功用：

① 在任何生产过程中，影响质量差异的原因不外乎有机遇原因与非机遇原因两种。机遇原因：不可避免的原因；非机遇原因：可避免的原因。

② 防止非机遇原因再度发生，维持制程稳定。

（2）依数据的性质分类

① 计量值管制图　用来测量长度、重量、面积、温度、时间等计量值的管制图。

② 计数值管制图　用来计算不良数、缺点数等计数值的管制图。

（3）依用途来分类

① 解析用管制图　为了调查制程是否处于统计管制的状态。

② 管制用管制图　为了保持完善管理的制程。

图 4–16 所示为管制图的实例：质量特性的管制图。

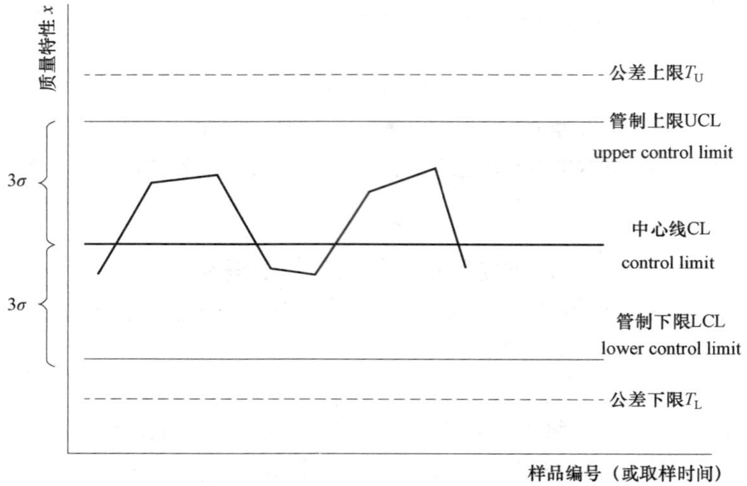

图 4–16　质量特性的管制图

制作管制图的注意事项：

① 目的明确。

② 确定数据来源、范围与充分性。

③ 层别项目检讨。

④ 两种以上统计图并列活用。

实战演练

1. 用因果法分析“现在每天都会塞车至少 1~2 小时”的原因。
2. 用合适的统计图统计出你每月的支出明细以及你年初到本月的月支出明细。
3. 用分层法统计同学们上课迟到的原因；用排列图找出上课迟到的主要原因。

学习评价

学习本单元后，请学生根据自身学习体会，结合下表所列内容进行评价。

单元 4.2 学习评价表

姓　名		组　别		班　级			
日　期		综合评价等级					
评价指标	评价标准	分值	评价方式				
			自我评价（占 30%）	小组评价（占 30%）	教师评价（占 40%）	单项得分	
课前预学	课前预习本任务相关知识，查找相关资料	5					
	完成问题引导部分的题目	5					
课堂参与	认真听讲和练习	10					
	积极参与小组讨论，并有详细笔记	10					
课堂互动	积极回答教师的问题	5					
	与小组成员有效合作，尊重他人	5					
	在小组活动中能围绕主题发表自己的观点	10					
自主探究	独立思考，自主学习，能发现问题	10					
	主动寻求解决问题的方法	10					
	善于观察、分析、思考，能提出创新观点	5					
综合素养	具有一定安全意识、责任意识、规范意识	5					
	具有吃苦耐劳的精神和严谨认真的学习态度	5					
学习成果	能在规定时间内完成本人的分工任务	10					
	完成课后作业	5					

单元 4.3　品 质 改 善

问题引导

引导问题 1：简述 8D 问题解决法的实施步骤。

引导问题 2：简述十大防错原理。

引导问题 3：简述 QC 小组活动的实施步骤。

相关知识

8D 问题解决法

4.3.1 8D 问题解决法

1. 8D 问题解决法起源

8D 问题解决法（8 disciplines，以下简称 8D 法），即 8 个解决问题的固定步骤。

8D 法通过建立一个体系，采用解决问题的一个很有用的工具，经过跨部门建立团队或小组，针对出现的问题，找出其产生的根本原因，提出短期、中期和长期对策并采取相应措施，杜绝或尽量减少相同或类似问题的再发生，让整个团队共享信息，努力达成解决问题的目标。该方法适用于批量生产的企业，是进行质量改进的完整的一种改进方法。特别适用于对重大制程异常（如不合格产品问题、生产线品质突然出现异常、出现环境或安全事故、设备故障停机等）、客户投诉、重复频发问题，以及团队作业问题的解决。

2. 8D 法实施步骤

步骤一（D1）：建立一个团队（小组）。

步骤二（D2）：问题描述，关注问题本身。

步骤三（D3）：实施临时措施或设定改善目标。

步骤四（D4）：寻找和确定根本原因。

步骤五（D5）：验证并确定永久性纠正措施。

步骤六（D6）：实施永久性纠正措施。

步骤七（D7）：采取预防措施。

步骤八（D8）：小组总结表彰，效果巩固完成文档。

3. 8D 法具体内容和方法

表 4-6 为 8D 法具体内容和方法。

表 4-6 8D 法具体内容和方法

PDCA 循环原理	8D 步骤	具体内容和应用工具	实施关键点
计划 P	D1	建立一个由具备过程/成品知识的人员组成的团队，团队必须有一位组长，负责分配任务、审查及追踪进度。可应用的工具：行动计划表、时间管理、团队宪章、甘特图	小组建设，成员分工；目标；程序

续表

PDCA 循环原理	8D 步骤	具体内容和应用工具	实施关键点
计划 P	D2	通过确定可定量化的项（谁、什么、何时、何地、为什么、如何、多少），识别对象和缺陷。可应用的工具：5W2H、折线图、直方图、排列图、流程图、因果图等	收集和审核现有数据，识别问题及问题发生的频率、数量等，通过 5W2H 等方法确认问题
	D3	设定改善目标或制定、执行临时性的围堵措施并立即而短期行动，避免问题扩大或持续恶化。可应用的工具：SPC（统计控制）、检查表、记录表 PDCA 等	为防止损失的进一步扩大，评价紧急响应措施；找出和选择最佳临时纠偏措施，如返工、返修、筛选、让步、接收等；决策实施，并做好记录
	D4	用统计工具列出可以用来解释问题起因的所有潜在原因，将问题说明中提到的造成偏差的一系列事件或环境相互隔离测试并确定产生问题的根本原因。可应用的工具：PPM、鱼骨图、头脑风暴&关联图、控制图、故障树（FTA）、5WHY、FMEA（失效模式与影响分析）、DOE（实验设计）、工作流程分析 SPC 方法等	评估可能原因列表中的每一个原因；对一切可能原因进行验证寻找真因，探求对策
执行 D	D5	通过对不同的纠正措施做定量化的试验筛选出纠正措施，依据风险评估，确定必要时的应急措施，选定与执行长期对策、验证改善措施，可应用的工具：FMEA、SPC、CPK（过程能力指数分析）、DOE、PPAP、MSA、因果图、检查表、记录表等	重新审视小组成员资格；选择最佳措施；实施最佳纠偏措施
检查 C	D6	制定一个实施永久措施的计划，确定过程控制方法并纳入文件，以确保根本原因的消除。在生产中应用该措施时应监督其长期效果。可应用的工具：FMEA、防错法、SPC、任务树	执行永久纠正措施，废除临时措施；验证措施的长期有效性
处理 A	D7	修改现有的管理系统、操作系统、工作惯例、设计规程以及避免此问题及类似问题的再次发生的后续行动方案。可应用的工具：FMEA、控制计划 CP、经验数据库（包括人员教育训练、改善案例分享、作业标准化、程序文件、产品 BKM）等	将流程进行标准化处理，防止问题的再发生
	D8	问题已改善，肯定改善小组的努力，对小组工作进行总结并表彰，并规划未来改善方向。可应用的工具：物质奖励、精神激励	有选择地保留重要文档；将心得形成文件；对团队成员的努力予以肯定，为以后解决问题增加信心

4. 实例：解决瓶盖冲压质量不良 8D 法

某公司是一个专业生产瓶盖的企业，冲压车间冲压工序的要求非常严格，为了满足顾客对产品的要求，开始实施持续不断的改进活动。

1）改善小组

由公司生产部、质量部、工艺部、机加部、冲压车间冲压班组相关人员组成改善小组（表4-7）。

表 4-7　8D 改善小组

部门	姓名	职务	小组职责
质量部	张×	副部长	组长：全面负责推进方案的实施，监督活动的进度，协调完成落地
质量部	陈×	质量工程师	问题发生的根本原因，措施制定
生产部	李×	生产主管	实施验证纠正措施、标准作业
工艺部	江×	技术主管	问题发生的根本原因，措施制定
机加部	过×	技术员	模具修正、加工、安装、调试等
冲压班组	林×	班长	协助调查、标准作业、现场改善

2）现状把握

① 近期冲压车间发现瓶盖不良只数上升（图 4-17）。

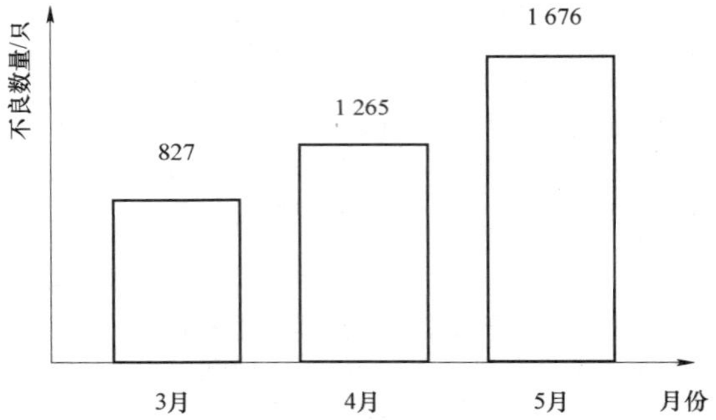

图 4-17　瓶盖不良统计图

② 因瓶盖不良，造成组装线多次停线。发现瓶盖不良后不修复，报废金额大（图 4-18）。

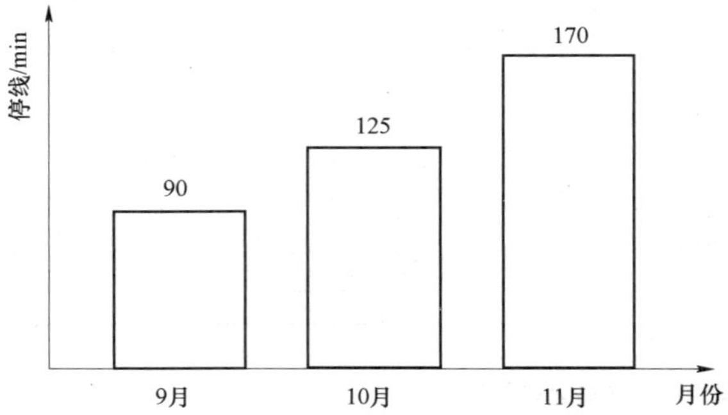

图 4-18　停线时间统计图

3）设定改善目标

每月的瓶盖不良数量降低到 300 只以内。

4）要因解析

① 不良现象的分析（图 4-19）。

② 起皱、擦伤占不良数量的 90%以上，作为本次改善的着眼点。

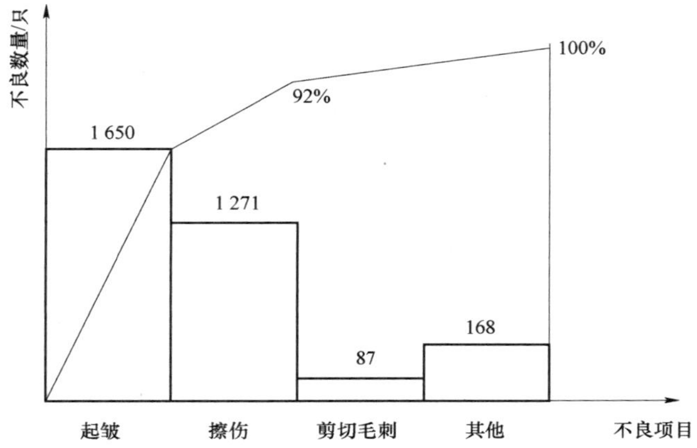

图 4-19　不良现象的分析

③ 要因解析（图 4-20）。通过对影响瓶盖品质变异的要因逐一分析，发现模具的零件有缺陷、模具内有垃圾，所以将这两方面作为分析的重点。

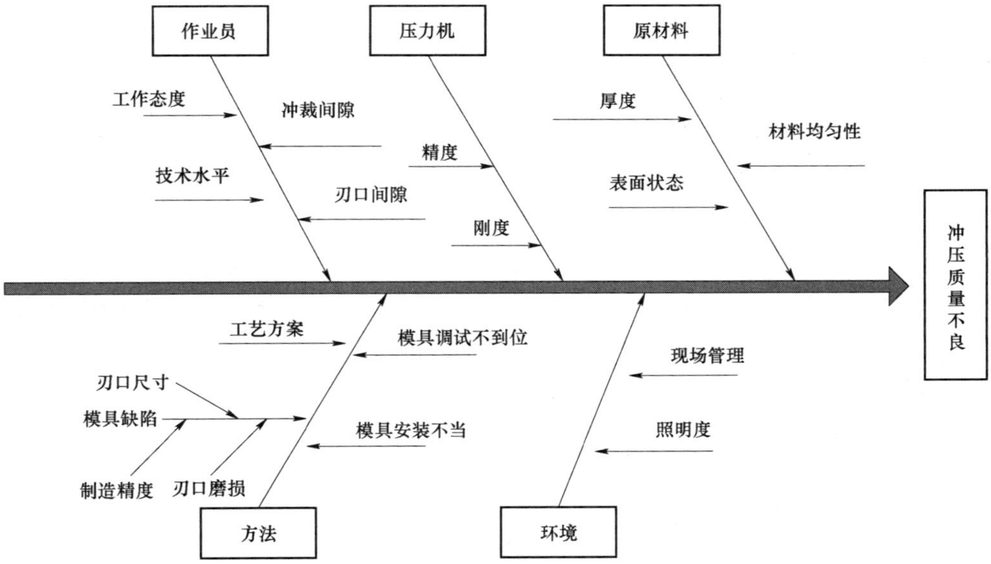

图 4-20　要因解析

5）研讨对策

① 按照模具图纸要求加工好模芯零件（油圆角），再正确安装、调试。

② 冲压班组全面消除模具脏污，消灭隐患，确保长期的品质稳定。

6）计划实施

由冲压班长直接负责，3 日内完成清扫并教育相关人员；机加部按照模具图纸要求加工好模具零部件。

7）效果确认

改善后的效果如图 4–21 所示。

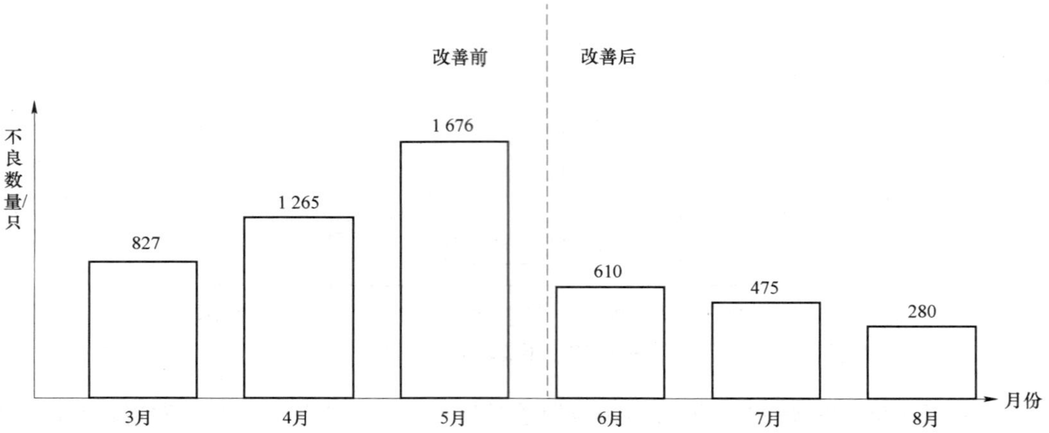

图 4–21　效果确认

有形效果：每月减少材料损失和停线损失 6 850 元。

无形效果：员工的改善意识和技能有所增强。

8）效果巩固

作业标准化如表 4–8 所示。

表 4–8　模具点检记录表

序号	点检项目	周期			点检记录						
		日	周	月	1	2	3	4	5	6	7
1	确定所有模芯零件是合格零件	√									
2	按标准组装冲压模具	√									
3	确定定位孔无灰尘	√									

4.3.2　防错法

防错方法十大原理

1. 防错法概述

1）防错法的内涵

防错法是在产品生产与设计过程中对可能存在的问题及失误加以预防，在作业过程中采用自动作用、报警、标识、分类等手段，使作业人员在作业时可以明显发现缺陷，以防止因人操作失误而导致不良发生、流出，防止设备破损及故障发生。该方法的特点在于成本低，实时发现失误、实时反馈，全检产品但不增加作业者负担。

2）防错法的作用

通过防错，可以强化操作的程序和顺序；当错误发生或产生缺陷时，它可以通过发信号或停止过程，消除产生不正确行为的选择；防止产品或机器的损坏；防止人员受到伤害；消除不经意的错误。防错的作用主要表现在以下几个方面。

① 采用一系列方法或工具，消除了工人操作困难的作业，防止失误的发生，消除缺陷，可做到第一次就把工作做好，消除返工与检查次数，操作动作轻松，缩短交货期，提高生产效率。

② 结合防错设施，以便机器设备能够将差错及时检测和识别出来，并自动停机，防止次品流入下一道工序，以便在行动差错刚产生时就能进行纠错，减少物料浪费，提高加工柔性。

③ 强化了操作的程序和顺序，减少了对技能工人的依赖，消除了产生不正确行为的选择，降低了工人的工作强度和人为问题的发生概率，减少了返工率，提高了管理效率。

④ 可以保证“因人为疏忽或者外行人来做也不会出错”，改善操作人员的工作态度，实现制程自动化，降低停机时间，降低成本。

⑤ 尊重工人的智能，取代了依靠人为记忆、经验的重复工作或制度规范行为，将操作人员的时间和精力解放出来，以便从事更具创造性和其他增值的活动，从而使员工通过更多地参与获得成就感与满足感。

⑥ 能够防止操作员因为失误或其他原因而发生损伤、安全事故和安全隐患，消除作业危险，为生产流程的有效和有序运行提供安全保障。

⑦ 从预防角度出发采取预防措施，逐步消除质量检验，降低了质量风险，提升产品质量，减少由于检查而导致的浪费，优化了产品性能，提高了顾客满意度，获得最大竞争优势。

2. 差错类型、产生差错的原因及其对策

1）人为差错

当生产过程不适合或缺少所必需的条件，就会出现差错，并偏离预期过程目标。由于所有缺陷均由差错所致，因此必须十分重视差错的产生。一般产生差错有三大类，即人为差错、方法差错和设备差错。人为差错是指在生产操作过程中，操作者实际完成的职能与该工作所要求完成的职能之间的偏差，它占错误总量的 77.8%，其结果会以某种形式给系统带来不良影响。人为差错主要包括以下 5 种情况。

① 未执行分配给自己的职能。

② 执行了未被赋予的分外职能。

③ 错误地执行了分配给自己的职能。

④ 按错误的程序或在错误的时间执行了职能。

⑤ 执行职能不全面。

2）差错产生的原因及其对策

在现代企业的生产活动中，归纳起来有 10 种差错类型，产生差错的原因及其对策如表 4–9 所示。由表中常用消除对策可以看出，如果采用大规模的培训、教育方法不仅不能从根本上消除差错，还会产生很大的成本。

表 4–9　差错产生的原因及其对策

差错类型	差错原因	举例	常用消除对策
忘记	忘记了作业或检查步骤	如忘记在打螺丝之前先装上垫片	保持警觉；按一定频率检查
对过程/作业不熟悉	由于不熟悉作业过程或步骤，作业产生失误的情况在所难免	如让一个刚刚经过培训的新手开始一道其不熟悉的工序	培训、经验分享
识别错误	对工作指令或理解有错误	如作业标准书指明更换 IC 时需同时加热各引脚，但修理作业员理解为逐个加热各引脚	培训、提高注意力和警觉性
缺乏工作经验	由于缺乏工作经验，会出现一些意想不到的错误	如对于不易区分的左右件，如果没有现场经验进行对比，现场焊接时经常容易装反	培训技能、作业标准化
故意失误	由于操作者的故意行为而导致的失误	如操作者为了发泄对其领导的不满，而故意进行错误的操作	进行基础性的教育，纪律约束
遗漏	由于作业人员不小心所造成，失误的很大一部分是由此类原因造成	在现场安装或者焊接过程中，经常出现漏装、漏焊等现象	提高注意力，强化纪律，作业标准化
行动迟缓	由于作业人员判断或决策过慢而导致的失误	如锡槽焊接时间为 3 s 之内，而作业员 5 s 后才将漆包线从锡槽内拿出，而导致绝缘不良	提高技术技能，作业标准化
缺乏适当的作业指导	由于缺乏作业指导或作业指导不当，发生失误的概率是相当大的	如作业指导为随机装配螺丝，则可能发生装配间隙等失误	作业标准化指导
突发事件	由于突发事件而导致作业人员措手不及，从而引起失误	如现实中突发事件类原因引起的失误较少	全面生产维修，作业标准化
随意	在特定条件下不顾规定行事	如不按作业标准，仅凭自己想法进行操作	进行基本教育和经验分享

3. 五大类型的防错方法与十大防错原理

为了保证 100%的合格品，必须花时间去识别差错何时发生和为何发生，这时防错就是最有效的手段。防错的对象是人和设备。防错的手段要在设计、生产技术、硬件和软件、员工资质等方面予以考虑。五大类型的防错方法如图 4–22 所示。

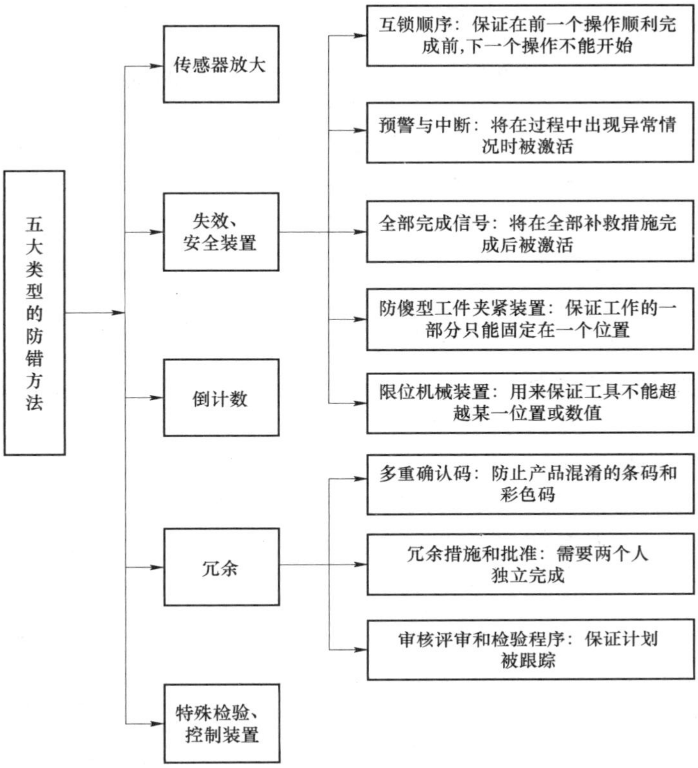

图 4-22 五大类型的防错方法

1）防错原理与技术

① 断根原理 断绝形成差错的条件，从根本上排除造成差错的原因，使其绝不发生。例如：长时间离家时关闭水、电、气的总开关，防止发生意外；产品设计和卡具设计；录音带内容的永久保存。

② 保险原理 需要两个或两个以上的动作共同或按顺序执行才能完成工作。例如：只有当两只手同时按键，冲压设备才能工作（压下来）；如果在模具下面再加一个光栅保护，可以实现双保险；银行保险箱双钥匙管理。

③ 自动原理 以各种光学、电学、力学、机构学、化学等原理来限制或提醒某些动作的执行或不执行，以避免错误发生。例如：马桶浮球，电梯超载，烘手机，自动照相机，压力锅泄压阀，电源开关保险丝，超市单向栏栅。

④ 相符原理 通过检查动作或结构的符合性来防止差错的发生，可以以形状、符号、声音、数量等方式来检验。这个例子和断根原理很类似，例如医生手术器械的放置盒可以确定手术后有没有器械落到病人体内。

⑤ 顺序原理 为避免工作顺序或流程顺序发生错误，可按照编号排列，从而减少或避免错误的发生。例如流程单、各种检查表。

⑥ 隔离原理 也称为保护原理，指用分隔不同区域的方式来达到保护某些区域的目的。例如把合格品与不良品进行隔离，分别放置在不同区域。

⑦ 复制原理 同一件工作，如需做两次以上，采用“复制”方式来完成，这样既省时又

不会产生错误。例如，挡风板的左右件设计一样（非镜像），减少零件种类，便于管理，降低错误的可能性。

⑧ *层别原理* 充分运用不同的颜色、形状等感官信息将不同的作业加以区分。例如：高低配零件在细节形状上有区别，便于操作人员区分及后续装配；不良品挂“红色”标签，待判定品挂“黄色”标签，合格品挂“绿色”标签。

⑨ *警示原理* 如有不正常的现象发生时，能以明显标识或声光等方式给出警告信号，以避免错误发生。例如：当车速过高或安全带没系，警告灯会亮或语音提醒；工件安装不到位，传感器将信号传递给终端，以鸣笛、闪灯、震动的形式发出提醒。

⑩ *缓和原理* 用各种方法来减少差错发生后所造成的损害程度。例如：安全带，安全气囊，安全帽，安全座椅；喷漆件用吸塑盘包装，且层与层之间加防护垫，避免油漆磕碰；自检互检专检。

2）具体的防错方法

在设置防错装置时要充分进行检测，设置后还需必要的维护和跟踪，以达到几乎所有差错都可以避免的目的。具体的防错方法如表 4-10 所示。

表 4-10　具体的防错方法

防错方法类型	防错方法内容	实例
保险防错法	需要两个或两个以上的动作共同或依序执行才能完成工作，以避免差错发生	台式冲压机为预防操作人员不小心手被夹伤，采用双联串联式按钮，只有两个按钮同时按下，冲压机才会工作
自动化防错法	以各种光学、电学、力学、机构学、化学等原理来限制某些动作的执行或不执行，以避免差错发生	限位开关和电眼分别探测横向和前后的位置。如果产品没被放置在正确位置，限位器就会动作，托盘向升降机方向的移动停止，蜂鸣器就会鸣叫催促作业员注意
顺序防错法	为了避免工作顺序或流程前后倒置，可依编号顺序排列，从而减少或避免差错发生	如在组装形状相似的零件时，有时会出现顺序错乱的情况，这时用光电感应器与零件配套供料，并确认配件按顺序排列后组装，确保遗漏为零
警告防错法	当有不正常的现象发生时，能以声光或其他方式显示出各种“警告”的信号，以避免差错发生	如安全带没系好，警告灯就亮了，或在组装过程中遗忘了某些部件，警告灯就提醒
隔离防错法	依靠分隔不同区域的方式，来达到保护某些地区的目的，使其不能造成危险或发生差错	独立设立的危险品仓库；电动圆锯有一保护锯片套，以防止锯到手
识别防错法	为避免将不同的工作做错，可采取将不同工作区别出来的方法	颜色在视觉识别中最为明显。人类对颜色的共通认识是以绿色表示“安全”或“良好”；以黄色表示“警示”或“注意”；以红色表示“危险”或“不良品”
尺寸防错法	对长、宽、高、厚度、直径等的尺寸标准差异的判断和不良检测	如在零件加工时，为防止出现尺寸不良，设置防呆防错板，使尺寸不良（直径大或小）的全部不能通过防呆防错板

续表

防错方法类型	防错方法内容	实例
重量防错法	设定产品的重量基准，不符合重量基准的为不良品	如在秤上设置区域传感器，秤的刻度（OK 开区域、NO 关区域）都用颜色显示出来，也不能完全杜绝人为差错发生
止动桥防错法	用一根木条状物品横跨在流水线的适当位置，形成一个“桥”，当有产品流下来时，可以挡住它，该工位只能由人工拿起产品，等完成作业后才能再流下去	通常适合于细小产品的流水线作业中，尤其是那些不能明显区别操作结果的工位。如电子电器产品生产的调试、目检等工位，防止人员因忙乱、疏忽、失误等情况而形成漏作业
联合动作防错法	通过联合动作的防错设计来解决操作者作业和设备作业联合动作中由于作业步骤不能顺利完成而造成停机问题	在焊接工序中同时进行的有焊接拧紧复合作业，有时会忘掉某一个工序。在夹具固定好后时间继电器启动，时间内没有上完螺母的话，信号灯提醒，同时焊机的联微装置自动停止焊接
放大字体标识防错法	有些比较细小部件的标识文字非常不易看清楚，看起来费力而导致猜测，常常发生错用	如电子厂作业中的集成电（IC）、三极管（TR）、微件（CHIP）等，这些产品的印字又小又暗，看时十分费力，可在工位上设置一块放大字迹的牌子，并备有放大镜随时确认
放置体位防错法	利用产品不同的放置体位（包括方向）来表示某种状态，以便于人员在操作时能够区别，防止遗漏或拿错	如调试作业过程中调试作业前后产品不同的放置体位（方向）
危险地带标志防错法	危险地带泛指现场存在安全隐患或容易导致员工受到伤害的地带。必须设置地沟标志，其方法为画警戒线、加装防护栏杆、沟盖等	主要适用于厂区内的各种地沟、井、坑等，如某客人视察工厂时绊倒在地沟中。为了防止这些意外事件出现，工厂需要设立地沟标志
建立标准的操作 SOS 防错法	在加工过程中的成品、待制品、待处理品、料废、工废等下线零件必须马上按照各类零件的处理规范挂上不同颜色的识别标签	如刀具设定正常使用耐用度，防错装置建立 TPM、PM 维护保养制度等
操作细节防错法	在流水线作业中，一个产品多个工序生产中有可能损伤产品的外观部分，导致产生不良品，可做一个像治具一样、质地坚韧轻薄的防护套，以便组装产品时防护的金属部件	如可在作业过程中从始至终用薄膜覆盖显示器，以免划伤显示器；用粘贴皱纹胶纸的方法把产品易损伤的边、角、尖等突出部位护起来，避免刮花显眼位置、弄脏镜片等
颤动功能的防错法	通过颤动机的颤动，使零件随之不断地颤动并输送至判别零件的方向正确与否处，只有零件处于正确的位置方向时，才能进入送料轨道；位置方向错误的零件则掉入零件颤动料箱里，从而达到预防零件的进给方向错误、避免工件报废的目的	如缸体凸轮轴衬套的方向验证，防止衬套压反，缸体水道闷盖的压装方向防错等

4. 自动化防错装置及应用

在产品的制造过程中，设备上的自动化防错装置及应用如表 4-11 所示。

表 4-11　自动化防错装置及应用

技术类型	应用方法
传感器感应检测	机加工自动线根据不同产品型号的外形变化，传感器将感应到的信息反馈给后面的加工工序，使后面的工序调用对应的加工程序，实施相应的加工内容。如位置传感器、位移传感器、金属通式传感器等

续表

技术类型	应用方法
加工孔探测	在机加工线中的钻孔或攻丝后的工位，对加工孔的断刀检测及切屑冲洗
微动开关和限位开关	检测工件、模具或工具是否就位。这种便宜又稳定的传感器得到了广泛应用。限位开关可以用来保证工件不在正确的位置时不运作或工件形状错误时使操作停止；特别对于消除夹点（pinch point）、因受到撞击而导致的设备及产品的损伤非常有用
差动变压器	依靠与工件的接触角度来获取磁场的变化，使错误操作停止
硬探头	检测零件的不同型号，实施不同的装配或加工工艺，如用探头探测零件的外形；实施不同的装配，如用硬探头探测缸孔，区分 3.0 L 或 3.4 L 缸体
接触开关	当光线照射到天线节（antenna section）时被激活，可以检测物体是否存在、尺寸及损伤等
导向挡块、导向（基准、阻塞）棒或销	区分零件的输送导向
光电器件	广泛作为光幕靶使用，以确保运行之前机器区域内的整洁，也用于计算动作、落料和工件尺寸
金属通过探测器	用来计算安装的螺钉数，校验一个零件是否从冲压机上移走，确定安全升降机是否关闭
温度计和热电偶	被用来测定模具、电动机和固化炉的温度变化
压力计	检测管道内液体淤塞和引擎过压
铰链杠杆滚轮	适用于高速凸轮和棘轮，需要外力推动针推按钮，大冲程
滑道滚轮推式按钮	适合直线外冲程操作，适时、探测，精度高，但作业后移动量小，需可靠性高的制动器
光栅防错	通过光栅的检测控制，确定工件是否摆放到位
限位机械装置	用来保证工具不能超过某一位置或数量
防呆型工件夹紧装置	保证工作的一部分只能被固定在一个位置
夹具防错	控制装配零件在夹具上的摆放是否到位来防错

5. 实施防错方法的基本步骤

实施防错方法的八大基本步骤如下。

第 1 步：明确防错的对象。在生产现场寻找和发现缺陷。

第 2 步：识别和描述。详细识别和描述，并指派一名队员跟踪缺陷/红牌条件。

第 3 步：确定根本原因。用因果图分析以评估和确定根本原因。

第 4 步：确定改善目标、计划。明确改善目标，提出多种改善方案并进行比较评价，确定改善方案，确定最可能有效消除缺陷的防错装置。

第 5 步：防错方案的实施阶段。对改善方案进行比较评价，确定改善方案，确定最可能有效消除缺陷的防错装置。

第 6 步：检查防错方案的执行情况并测试实施效果。检查防错方案，修改装置直到证明对防止缺陷有效，实施并确认结果。

第 7 步：总结经验教训。对原有的防错方案进行修正，以巩固取得的成绩，同时防止再度出现同样的问题。

第 8 步：标准化和日常管理。开展训练活动，纳入日常管理，彻底生根。

6. 防错法典型改善案例

防错改善案例如表 4−12 所示。

表 4−12　防错改善案例

项目	改善前	改善后
加工错误 主题：预防钻孔不良 原因：加工差错 问题点：在钻孔过程中经常发现，孔没有完全钻穿时钻头即抽出	工作程序要求：钻头要完全钻穿工件后再提起。有时钻头未到要求的深度即提起，出现不良孔。完全靠操作者的技能和直觉，是否能在后续装配中发现不良孔，无法知道	按照孔的深度在主轴上安装限位装置，操作者只要把主轴向下按到限位装置即可 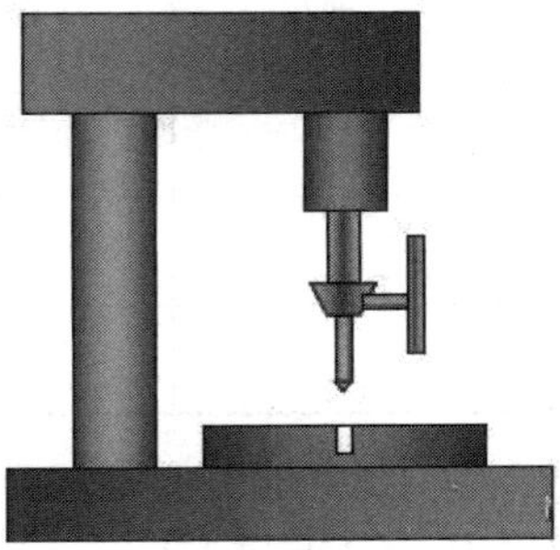
装配遗漏 主题：预防锁紧垫圈的差错 原因：漏掉锁紧垫圈 问题点：漏掉锁紧垫圈会导致螺栓松动	工作程序要求：要求每个螺栓都要配锁紧垫圈，并把螺栓拧紧。因操作者疏忽而忘记装锁紧垫圈，这样会导致螺栓松动 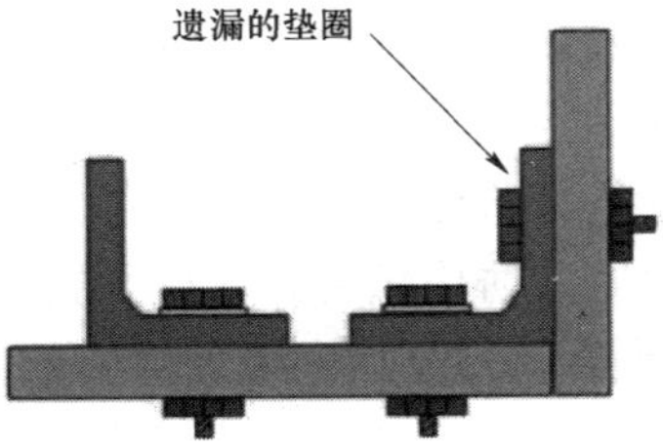	操作者所需的每个零件的正确数量被预先计算好并装在容器里，操作者只需把容器中零件使用到没有，这样就不会漏装 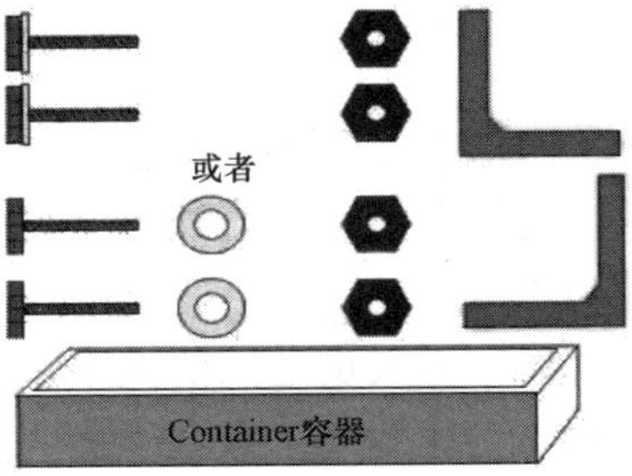

7. 实用工具与方法

防错装置验证记录表如表 4−13 所示。

表 4-13　防错装置验证记录表

表单编号版本 1 修订号

<table>
<tr><td>产品型号</td><td colspan="2"></td><td>产品名称</td><td></td><td colspan="2">设备编号</td><td></td><td>工段工位</td><td></td></tr>
<tr><td>工序号</td><td colspan="2"></td><td>工序名称</td><td></td><td colspan="2">防错装置名称</td><td></td><td>规格型号</td><td></td></tr>
<tr><td colspan="5">验证方法</td><td colspan="5">防错图示</td></tr>
<tr><td colspan="5"></td><td colspan="5" rowspan="3"></td></tr>
<tr><td colspan="2">验证频次</td><td colspan="3"></td></tr>
<tr><td colspan="2">验证班次</td><td colspan="3"></td></tr>
<tr><td rowspan="2">验证日期</td><td colspan="2" rowspan="2">防错验证
项目</td><td rowspan="2">防错验证
内容</td><td colspan="3">验证结果</td><td rowspan="2">验证人</td><td colspan="2" rowspan="2">备注</td></tr>
<tr><td colspan="2">好√</td><td>坏×</td></tr>
<tr><td>1</td><td colspan="2"></td><td></td><td colspan="2"></td><td></td><td></td><td colspan="2"></td></tr>
<tr><td>2</td><td colspan="2"></td><td></td><td colspan="2"></td><td></td><td></td><td colspan="2"></td></tr>
<tr><td>3</td><td colspan="2"></td><td></td><td colspan="2"></td><td></td><td></td><td colspan="2"></td></tr>
</table>

4.3.3　QC 小组活动

QC 小组即质量控制小组，1962 年起源于日本的管理行业。QC 小组是由生产岗位上从事各种劳动、来自相同或不同车间或班组的员工自愿组成的现场改进小团体，全体合作、集思广益，按照一定的活动程序围绕企业的经营目标、方针目标及现场存在的产量、质量、成本、交期、安全等问题，或针对班组的薄弱环节，如降本增效、提高质量、改善顾客满意度、提升服务响应速度等，灵活运用各种质量管理工具及统计方法对问题现状进行改善分析，找出改善措施，取得一定的活动成果，实现改进质量、降低消耗、提高人的素质和经济效益的目的。

QC 小组建设的核心就是要培养一支高素质的员工队伍，最大限度地激发员工工作的积极性、主动性和创造性。通过将 QC 小组和班组建设进行有机结合，将对班组的建设有着积极的推动作用，有利于促进班组运用科学的管理方法，提高班组人员的分析和解决问题能力；有利于改善班组人员之间的关系，促进班组团队协作精神；有利于提高班组的生产管理水平，提高企业的工作效率；有利于增强班组质量意识，做好班组预防质量问题和改进质量工作；有利于发挥班组人员的潜能，提高班组人员的素质；有利于提高班组文化、技术水平，提升班组自主管理水平，以适应企业业务的提升。

1. QC 小组活动的宗旨、特点、作用和效果

表 4-14 列出了 QC 小组活动的宗旨、特点、作用和效果。

表 4-14　QC 小组活动的宗旨、特点、作用和效果

QC 小组活动	具体内容
宗旨	（1）提高职工素质，激发职工的积极性和创造性； （2）改进质量、降低消耗，提高经济效益； （3）建立文明的、心情舒畅的生产
主要特点	（1）明显的自主性：员工自愿参加，自主管理，自我教育，互相启发，共同提高； （2）广泛的群众性：不但包括领导人员、技术人员、管理人员，而且更注重吸引在生产、服务工作第一线的操作人员参加； （3）高度的民主性：小组成员不分职位与技术高低，各抒己见，互相启发，集思广益，高度发扬民主； （4）严密的科学性：遵循科学的工作程序，用科学的方法来分析与解决问题
作用	（1）QC 小组充分尊重了人的主观能动性，有利于发挥人的潜能，提高人的素质； （2）QC 小组有利于实现全员参与管理，提高员工的分析和解决问题能力； （3）QC 小组有利于改善人和人之间的关系，增强团队合作精神； （4）QC 小组有利于改善和加强管理工作，提高管理水平； （5）QC 小组有利于预防质量问题和改进质量
效果	（1）增强质量意识，解决质量问题，提高质量水平； （2）提高效率，提高员工的技能，减少浪费，降低成本； （3）改进工作态度，增加工作满足感； （4）提高士气，加强上下左右沟通，加强员工的团结，改善人际关系； （5）发掘人才，增强归属感，降低流动率； （6）创造更新的企业文化，丰富员工的文化生活

2. QC 小组活动的实施程序

QC 小组活动是进行质量改进的一种组织。QC 小组是企业员工参与全面质量管理的重要方法，是建立质量保证体系的一个重要手段。每个 QC 小组成员都需自觉运用 PDCA 循环原理开展活动，不断地进行质量改进，以达到持续、有效地开展活动并实现目标的目的。

QC 小组活动的实施步骤如下。

① *组建 QC 小组*　根据面对的问题或可能选择的课题，由管理人员、技术人员和员工等 3～10 人自愿组成 QC 小组，选好小组长，掌握常用的改进工具和技术，如调查表、排列图、直方图、控制图、散布图、矩阵图、分层法、因果图等。

② *课题选择*　根据现场存在的薄弱环节，根据用户（包括下道工序）的需要，QC 小组的选题范围涉及企业各个方面，如提高质量和工时利用率等。

③ *确定合理的目标值*　注重目标值的定量化，注重实现目标值的可能性，使小组成员有一个明确的努力方向，便于检查，便于评价活动成果。

④ *调查现状*　认真做好现状调查，并根据实际情况应用不同的 QC 工具进行数据的收集整理。

⑤ *分析原因*　对调查后掌握到的现状，要发动全体组员动脑筋、想办法，选用适当的 QC 工具进行分析，找出问题的原因。

⑥ *找出主要原因*　根据实际需要应用不同的 QC 分析方法，根据关键、少数和次要、多数的原理，将多种原因进行排列，从中找出主要原因。

⑦ *制定并实施措施*　制定相应的措施计划，明确各项问题的具体措施，确定谁来做，何

时完成以及检查人。小组长要组织成员实施和随时调整措施计划。

⑧ *检查效果* 措施实施后，应进行效果检查。如果达到了预定的目标，小组就可以结题；如果没有达到预定目标，就应对计划的执行情况找原因并加以改进。

⑨ *巩固措施* 小组将得到的一些行之有效的措施或方法纳入工作标准、工艺规程，经审定后纳入企业有关标准或文件。如课题的内容只涉及本班组，可以通过班组守则、岗位责任制等形式加以巩固。

⑩ *总结成果* 成果的材料必须以活动记录为基础，进行必要的整理，并用数据说话。

⑪ *发表成果* 指定一名QC小组成员将成果在相应的会议上发表，交流经验，获得其他员工的评价，不断提高活动的效果。

⑫ *继续开展活动* 按PDCA循环的结果，可以将遗留的问题作为下一课题继续开展活动，也可以重新选择课题继续开展活动。

3. 持续有效开展QC小组活动的途径和方法

在企业上下从实际出发，确保QC小组活动的实效性，以取得科技含量高的QC实际成果。为此，企业可以通过以下有效途径和方法扎实开展QC小组活动，以获得较好成效。

① *最高管理层全力支持QC小组活动* 公司从基层管理者到总裁要经常参与QC小组活动，营造质量改进的环境，并亲自上台发表成果或讲课。同时，还帮助提供一些相应的硬件及软件要求，例如人员、时间、场地、工具、资金等，这将对小组目标的实现起到至关重要的作用。

② *建立和完善QC小组活动制度标准、组织和激励机制* 公司应编制《企业质量管理小组活动管理办法》，明确QC小组的组建、注册登记、活动、管理、培训、成果发表、评选和奖励等规章制度，正确指导QC小组活动，以调动员工参与QC小组活动的积极性。在质量部门设立QC管理职能，并列入质量部门年度计划，各部门设置兼职QC管理人员，公司统一注册登记管理，建立严格的管理制度，建立三表一本（QC小组登记表、课题登记表、成果申报表、小组记录本）等，把QC小组的管理纳入正常的工作轨道。

组织管理QC小组活动。组织应指定一个部门或人员负责QC小组活动的管理工作，通过示范、鼓励、支持及激励等手段来吸引员工参与，激发员工自觉参与QC小组活动的积极性。

③ *注重多层次培训，培养QC小组骨干人才，提高员工参与积极性* 通过内外培训和辅导，例如外请专家亲自授课、有针对性地举办QC小组活动骨干培训班、每年选派一部分组长和骨干送外进行培训、参加地区举办的QC发布会等，以实现QC小组骨干的培养，建立起QC辅导员和QC组长两个人才库，对QC小组活动进行指导，及时帮助协调活动开展过程中出现的各类问题，以提高QC小组活动的成效。

对员工进行教育培训，让他们了解QC小组活动的重要意义，参加QC小组活动能体现自己的价值，增加更多自信，并为企业的发展做贡献，获得领导和同事的认可、赞赏，从而吸引更多的人参与到QC小组活动中来。为了提高QC小组活动的业绩，对参与的员工进行QC小组知识培训，如质量改进的基本知识和常用工具等，以不断提高人员素质，确保QC小组活动质量。

④ *活动课题应结合实际* 选择活动课题时应优先选择容易完成的、工作和生产中迫切需要解决的问题。例如：为了将QC活动很好地与班组建设相结合，以“小课堂、小课题、小

环境、小指标、小团队”为基点，选题时坚持从“小、实、活、新”上下功夫，这样有利于调动员工工作热情，提高班组建设水平。

⑤ *加强活动的过程管理* 从小组注册开始对小组活动进行跟踪把控，对小组申报的课题进行把关；建立跟踪机制，实施定期抽查和检查考核制度，并纳入日常管理工作中；同时，对开展活动中遇到困难的小组进行过程帮扶、指导，以促进 QC 小组活动的正常开展，提高活动的效果。

⑥ *重视成果总结，开展 QC 成果发布会* QC 课题经过各小组总结后，企业需召开年度成果交流发表会，发表会上可以邀请企业分管质量领导、部门领导和各相关专业人员参加，还可以邀请上级质量主管领导参加，既为各小组间互相交流和学习搭建平台，展示了 QC 小组活动成果，又能使公司领导和相关部门人员更全面、深入地了解 QC 小组活动情况及活动成果，以获得相关领导对成果应用、推广的支持，以利于深化 QC 小组标准化建设，保证 QC 小组活动的健康发展。

⑦ *加大活动的方法和技术的创新力度* 结合智能工厂数字化发展趋势，建立网上信息互享平台，实行 QC 项目网上登记、注册、立项、结项及推广的全过程数字化管理，打造 QC 小组活动云端管控模式，实现 QC 小组活动开展知识积累、资源共享、经验交流和传承。同时，公司管理层也可以通过该平台挖掘有推广价值的项目，进行自上而下的推广。

⑧ *实施评比奖励机制* 通过对 QC 小组成果的年终评定、总结、考核，评审发布年度 QC 小组成果的一、二、三等奖，对成果参与人员全部给予必要的物质奖励，并实行专项嘉奖，授予荣誉称号。进一步把 QC 小组成果作为员工的奖金、管理干部业绩考核、评先选优的重要依据，使 QC 小组活动开展得更加有声有色。

⑨ *推广与转化实现效益最大化* QC 小组成果在企业内外部进行发布、推广，促使成果与工程项目相结合，并在专利申请、项目招投标、市场开发等方面逐渐走向成熟，不仅能拓宽推广途径，真正实现知识产权化，而且能带来较好的 QC 成果的综合效益、经济效益和社会影响力。

4. 实例：“创新型”课题 QC 小组活动

1）QC 小组选择“创新型”课题开展活动的具体程序

选择课题对于“创新型”课题来说是很重要的。课题必须落实在开发、研制新产品、新服务项目、新业务、新方法等方面，而不是指标水平的提高与降低方面。例如开发新型涂料混合机：涂料混合机是涂料业中最重要的设备之一，它就是通过电子计算机把各种颜色的油漆或者涂料混合起来的一个机械设备；这设备看似简单，但是要真正实现涂料混合高效率、产生高质量涂料，显然老式涂料混合机并不适用，如果从国外进口庞大的设备将花费昂贵的费用；为了突破现有产品（服务）、业务、方法的局限，实现创新，涂料工厂成立由技改部门技术人员、生产部门操作人员等组成的 QC 小组，发动 QC 小组全体成员，对大家提出的各种想法和意见加以整理，从不同角度形成一些可供选择的方案。

2）整理可选择课题，综合评价后选出活动课

对整理形成的几个可供选择的课题，按照一定的标准进行综合分析、评价，然后经过比较，选出小组成员共同认可的活动课题。例如围绕新型涂料混合机课题，小组成员提出了五个可供选择的方案，如图 4–23 所示。如何比较其优劣并确定最优方案呢？现在就来一项一项地做工作。

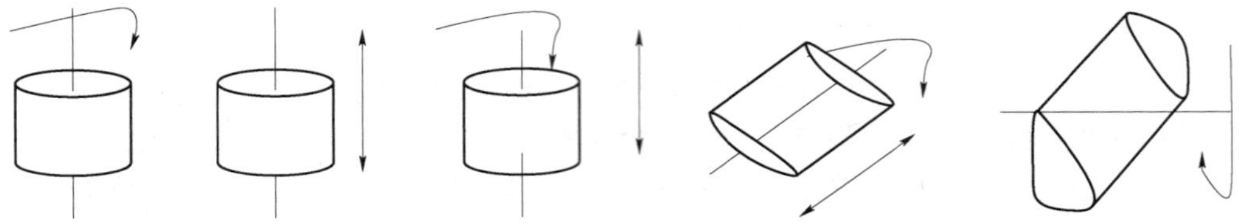

图 4–23 五个可供选择的方案

方案一：涂料混合机工作模式是指机器本身旋转，这个结构很简单，造价很低。但是，这种装置的缺点是混合花费的时间长一点，效率太低。

方案二：机器可以上下振动，结构也简单，造价一般，但是这个方案有个缺陷，即混合效果一般。

方案三：涂料混合机不仅机器本身转动，还上下振动。但是这个方案结构复杂。

方案四：斜着转，其好处是由于重力作用，涂料受重力影响要向下流，但是在转的过程中，又有一种离心力使它往上去，进而使涂料混合。

方案五：对角线转，使涂料的混合变为很复杂的运动，而且很快就可以混合好，这是一种更为巧妙的方法。

在大家讨论分析的基础上，QC 小组每一位成员对每个方案分别从技术的有效性（含难易程度）、经济合理性（含需投资多少）、预期效率等方面进行评价，即根据自己的认识和理解，给每个方案按各项标准分别打分，然后再将这些分值乘以各项标准的权数并相加，从而得出每人对每个方案的评价权数，得到小组总体对每个方案的综合评价值，对这些方案逐个进行综合分析论证，表 4–15 为最佳方案评定表（缺点列举法）。

表 4–15 最佳方案评定表（缺点列举法）

方案	有效性	效率	经济性	计分	选择
方案一	○	△	●	9	不选
方案二	○	△	●	9	不选
方案三	○	○	○	9	不选
方案四	○	△	○	7	不选
方案五	●	●	○	13	选择

注：●5 分；○3 分；△1 分。

3）通过各方案间的比较，选出最佳方案

对各方案的综合评价值进行比较，选出分值最高的方案作为最佳方案。显而易见，第五个方案是最佳方案。按照这个方案，有一个转轴，再加上电动机、变速箱带着它转；再加一个卡紧装置用手摇压住，建成了新型设备，效果非常好。

5. 实用工具与方法

QC 小组活动成果报告书如表 4–16 所示。

表 4-16　QC 小组活动成果报告书

单位		QC 小组名称		组长		课题名称	
开始日期				完成日期			
一、小组简介（包括小组活动计划表）							
二、成果简介							
三、选题理由							
四、现状调查							
五、目标值							
六、主要原因（找到突破口并进行可行性验证）							
七、制定对策方案							
八、对策分析（其表包括要因、方法、执行者、地点、日期）							
九、实施（记录实施过程中的各种情况和原始数据）							
十、严格检查执行效果							
十一、效益前后比较							
十二、标准化（巩固措施）							
十三、遗留问题以及下一步的活动计划							
成果的评价与鉴定意见		质量员签名			年　　月　　日		
		成本员或技术员签名			年　　月　　日		
有关部门签署意见		盖章			年　　月　　日		
		盖章			年　　月　　日		
主管领导审核意见		签名（盖章）			年　　月　　日		
奖励、推广等情况							

实战演练

航空铝装配作业指导书（表 4-17）如下：① 来料检验工位作业指导书；② 产品装配工位作业指导书；③ 检验交付工位作业指导书。按要求装配 10 件产品，统计出合格率。用 QC 小组的形式对此前航空铝装配作业的质量进行改善，要求首选防错法改善具体装配环节，提高产品合格率。

表 4–17　航空铝装配作业指导书

① 来料检验工位作业指导书				
操作顺序	1. 抓取工件	2. 外观检测	3. 尺寸检测	4. 工件转运
图片示例	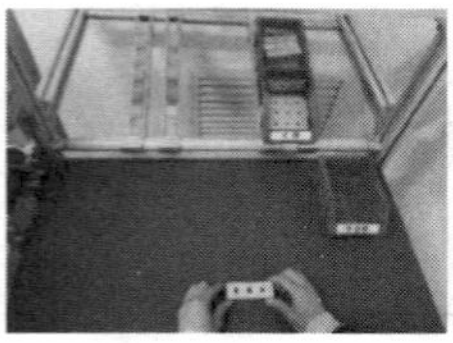	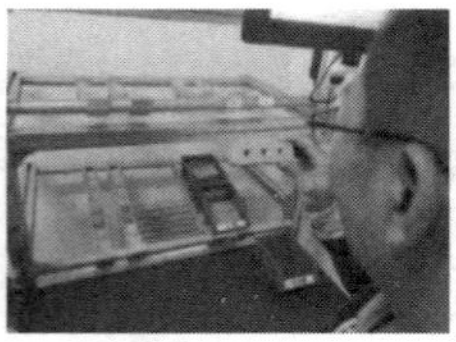		
操作方法	从物料架上抓取工件至工作台面	对比极限样件目视检验工件外观质量	使用直尺检验工件长度（900±0.2）mm、宽度（30±0.2）mm、高度（20±0.2）mm	将检验合格工件放至传送带上，转运至加工工位，检验不合格工件放入不良品盒

② 产品装配工位作业指导书					
操作顺序	1. 抓取工件	2. 侧面 M8 螺栓拧紧	3. 上面 M10 螺栓拧紧	4. 正面 M6 螺栓拧紧	5. 产品转运
图片示例					
操作方法	从线边存储区抓取工件至工作台面	使用 T 形套筒扳手将 2 个 M8 螺栓拧紧至工件顶面两侧孔，要求力矩 5 N • m≥M≥3 N • m	使用 T 形套筒扳手将 1 个 M10 螺栓拧紧至工件顶面中心孔，要求力矩 6 N • m≥M≥4 N • m	使用 T 形套筒扳手将 2 个 M6 螺栓拧紧至工件正面孔，要求力矩 5 N • m≥M≥3 N • m	加工完成后将产品放至传送带上，产品转运至检验交付工位

③ 检验交付工位作业指导书					
操作顺序	1. 抓取产品	2. M8 螺栓检验	3. M10 螺栓检验	4. M6 螺栓检验	5. 产品转运
图片示例	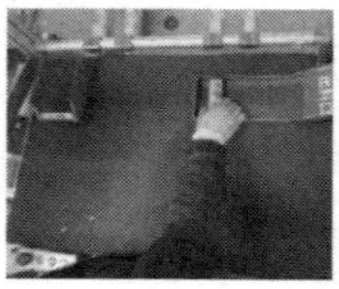				
操作方法	从线边存储区抓取产品至工作台面	使用数显扳手检验顶面侧孔拧紧力矩，要求力矩 5 N • m≥M≥3 N • m	使用数显扳手检验顶面中心孔拧紧力矩，要求力矩 6 N • m≥M≥4 N • m	使用数显扳手检验中心孔拧紧力矩，要求力矩 5 N • m≥M≥3 N • m	将检验合格产品放入成品库，检验不合格产品放入不良品盒

学习评价

学习本单元后，请学生根据自身学习体会，结合下表所列内容进行评价。

单元 4.3 学习评价表

姓　名		组　别		班　级			
日　期		综合评价等级					
评价指标	评价标准	分值	评价方式				
			自我评价（占 30%）	小组评价（占 30%）	教师评价（占 40%）	单项得分	
课前预学	课前预习本任务相关知识，查找相关资料	5					
	完成问题引导部分的题目	5					
课堂参与	认真听讲和练习	10					
	积极参与小组讨论，并有详细笔记	10					
课堂互动	积极回答教师的问题	5					
	与小组成员有效合作，尊重他人	5					
	在小组活动中能围绕主题发表自己的观点	10					
自主探究	独立思考，自主学习，能发现问题	10					
	主动寻求解决问题的方法	10					
	善于观察、分析、思考，能提出创新观点	5					
综合素养	具有一定安全意识、责任意识、规范意识	5					
	具有吃苦耐劳的精神和严谨认真的学习态度	5					
学习成果	能在规定时间内完成本人的分工任务	10					
	完成课后作业	5					

模块 5

均衡化生产

均衡化生产策略是一种以市场需求为导向的生产方式，它通过优化生产流程、提高生产灵活性，来减少浪费、提高生产效率和市场适应性，使企业能够更好地适应市场需求的变化，在提高生产效率和产品质量的同时，满足客户需求，提高市场竞争力。

模块概述

均衡化生产模块旨在深入解析丰田生产系统中的核心理念，通过理论讲解与实践操作相结合的方式，使读者掌握均衡化生产的概念与含义，从而了解生产线不均衡的判定标准；通过案例分析，使读者掌握生产线不均衡的改善方法；通过实操练习，使读者亲身体验均衡化生产的过程，巩固所学知识，为接下来的学习打下坚实的基础。

教学目标

知识目标	能力目标	素质目标
（1）掌握均衡化生产的概念与含义； （2）掌握生产线平衡的判定标准； （3）掌握生产线不平衡的改善方法； （4）掌握生产线平衡率与生产线不平衡损失率	（1）能说明生产不均衡引起的问题； （2）能正确计算生产线平衡相关参数； （3）能够灵活运用生产线不平衡的改善方法完成实践任务	（1）培养创新思维和解决问题的能力； （2）培养自主学习、终身学习的意识和能力； （3）培养团队合作、沟通协调、创新意识

单元导航

单元 5.1　均衡化生产的概念与含义；

单元 5.2　生产线平衡的判定标准；

单元 5.3　生产线不平衡的改善方法。

单元 5.1　均衡化生产的概念与含义

均衡化生产概述

问题引导

引导问题 1：均衡化生产的定义是什么？

____

____

引导问题 2：均衡化生产包括哪两部分内容？

____

____

引导问题 3：实现均衡化生产需要注意哪几个方面的问题？

____

____

相关知识

5.1.1　均衡化生产概述

1. Muda、Muri 与 Mura

杜绝浪费是精益生产的重心。在日语中，浪费用“Muda”表示。在精益生产方式中，“Muri（负荷过重）”和“Mura（不均衡）”也与 Muda 同等重要。这 3 个“M”结合起来成为一个制度，如图 5-1 所示。

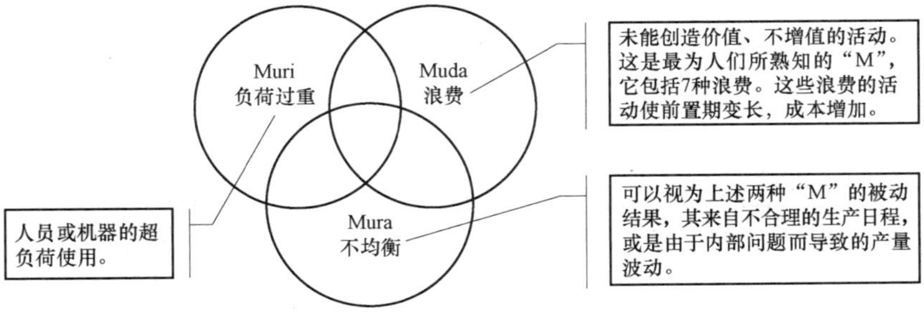

图 5-1　Muda、Muri、Mura

就某些层面而言，Muri 正好与 Muda 相反。Muri 是人员或机器的超负荷使用，而 Muda 正是人员或机器闲置的一种现象。不均衡可视为上述两种“M”的波动的结果，在生产中经常出现有时工作量超出人员或机器负荷（Muri）、有时工作量不足（Muda）的情况。不均衡有两个来源，一是来自不合理的生产日程，二是来自内部问题（如停工、零部件遗失、出现次品等）而导致的产量波动。因此，去除不均衡是杜绝浪费和消除负荷过重问题的基础。

2. 均衡化生产的概念

工厂中，生产线上各工位和设备的生产能力不均衡，易造成能力不匹配现象的不均衡。如图 5-2 所示，生产线上各工位的生产能力不均衡，工位 3 能力最弱，易造成生产瓶颈；工作 4 能力最强，易产生库存。这种能力不均衡会引起浪费。因此，要尽可能地减少这种生产能力不均衡，即可实现消除不平均现象的均衡化。

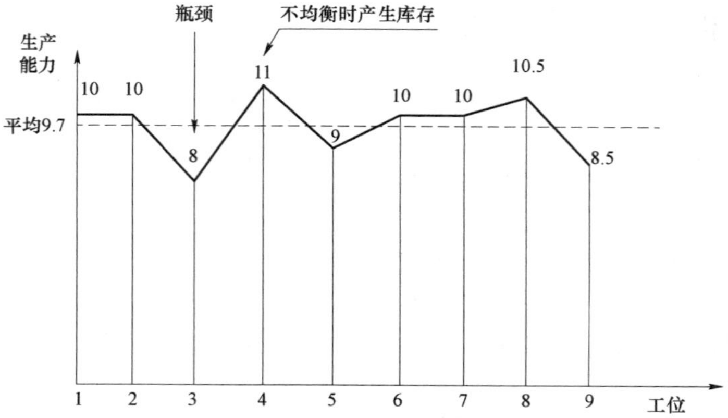

图 5-2　消除不平均现象的均衡化

可把这种思考方式用在多品种、少批量生产上来进行分析，图 5-3 为批量生产的均衡化案例。在图 5-3（a）中，如果后道工序（组装工序）的生产不均衡，那么后道工序在组装 A 产品时，生产 A 产品零件的前道工序比较繁忙，但在后道工序转移到生产 B 产品时，则生产 A 产品零件的前道工序又变得空闲了，可见生产 A 产品零件的前道工序忙闲不均。在繁忙的时候，前道工序为了满足后道工序负荷的要求，需要多准备一些设备、人力和库存，这样很容易造成资源上的浪费。为了避免这种浪费，后道工序不应采用集中、连续的方式装配同一产品，而应采用在某一单位时间内各品种装配概率均等的顺序进行装配（采用混流生产），即均衡化生产，如图 5-3（b）所示。这样，前道工序的负荷就会减少，使均衡化生产成为可能。

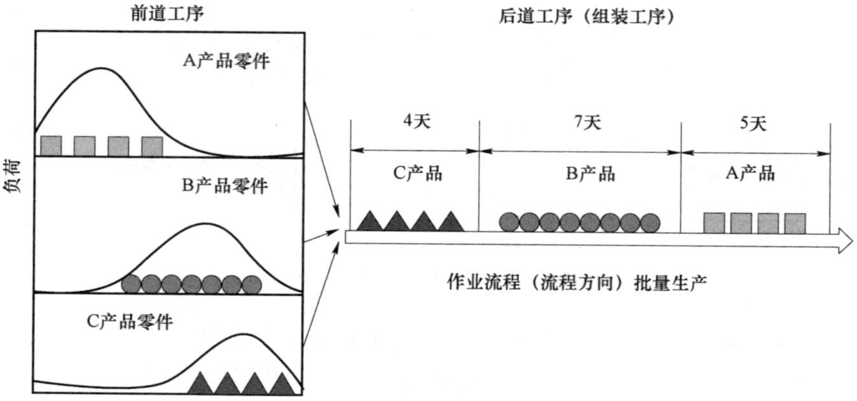

(a) 批量生产的不均衡

图 5-3　批量生产的均衡化

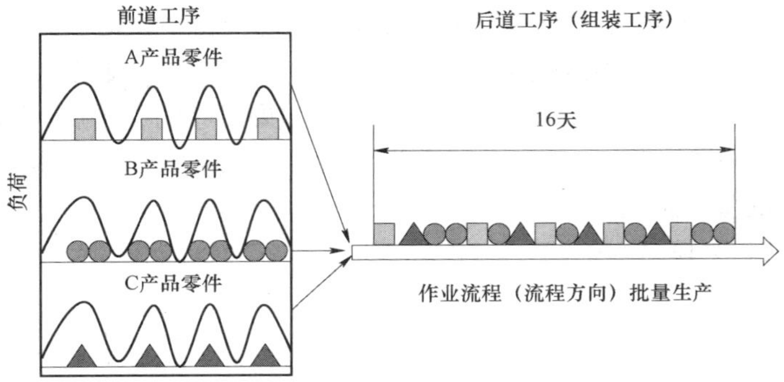

(b) 混流生产的均衡化

图 5-3　批量生产的均衡化（续）

均衡化生产也称平准化生产，各种产品的生产节拍与对应产品的平均销售节拍一致，即以适当的周期、适当的数量及适当的产品来组织生产。例如，2 min 能卖一辆车，则 2 min 生产一辆车。均衡化是使产品稳定地平均流动，避免在作业过程中产生不均衡的状态。均衡化生产是实现准时化的前提条件，是实现看板管理的基础。均衡化是一种理想状态，必须采取混流生产、缩短作业转换时间、一个流生产、准时采购、全面品质管理等管理手段和方法才能实现。均衡化生产中的均衡包括总量均衡和品种均衡两方面内容。

总量均衡

5.1.2　总量均衡

1. 总量均衡的概念

总量均衡就是将一个单位期间内的总订单量平均化，即将连续两个单位期间的总生产量的波动控制到最低程度。对于批量生产的某种产品，需要按照预测需求确定以月为单位的生产总数，按这个月的劳动天数进行平均，就可以得出每天的生产数量。

如果工厂生产总量不均衡，即产品的产量出现波动，那么工厂的设备、人员、库存及其他各种必要的生产要素，必然要依照生产量的高峰期（日）做准备，尤其是在人和设备方面。因此，在生产量减少时，就容易产生人员、库存等浪费。

例如，某月某产品的实际需求总量为 400 台，一月生产 20 天，每天产量的需求不同，最高时每天 30 台，最低时每天 10 台，典型时段如图 5-4 所示。为了满足产量的高峰日需求，

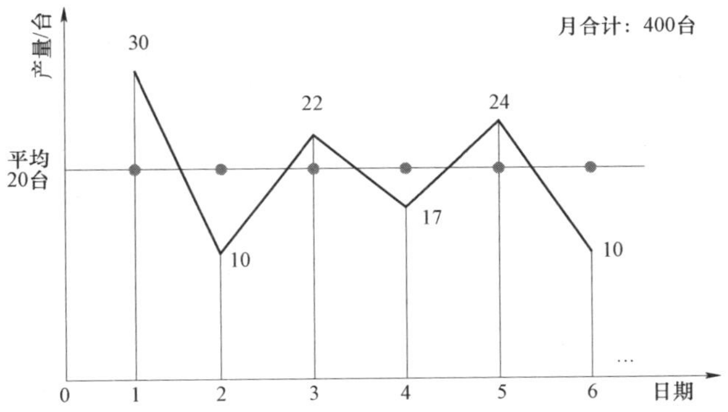

图 5-4　实行总量均衡前典型时段

需按每天 30 台最大产量准备人员及其他生产要素，但是当日产量需求为 10 台时，人员和设备就会造成很大的浪费；如果不按照每天 30 台的产量来安排生产要素，则在日产量需求增加时不能满足生产需要。可见，即使采用拉动式生产，如果工序间不平衡，同样也会产生浪费。

反之，如果采用总量均衡的办法，使日产量保持一致，即每天生产 20 台，如图 5-5 所示，则可以按这个产量准备人员及生产要素。这样一来，总产量没有减少，人员及生产要素可以减少 1/3，成本也就随之降低。

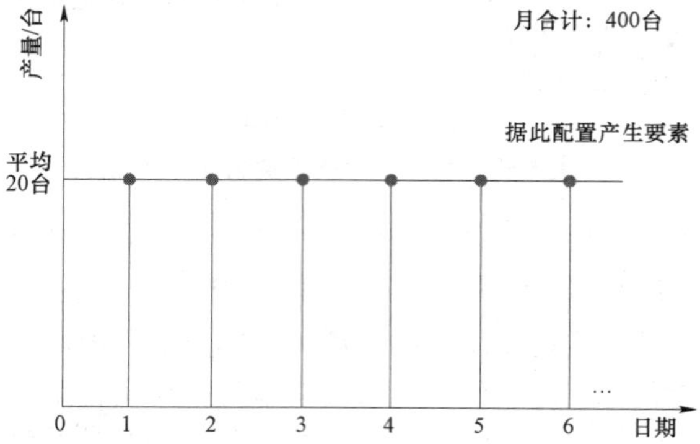

图 5-5 实行总量均衡后（典型时段）

因此，在精益生产方式中，为了配置人员、设备等生产要素，采用总量均衡，而实际每天的生产是通过生产指示看板按需求量进行控制。

2. 短期波动与长期波动

实施总量均衡后，虽然每天按照相同的数量准备人员及生产要素，但需求仍有可能产生波动，而且波动有短期波动和长期波动两种情况。

1）短期波动

对于短期内需求有小幅度波动的情况，当需求量增大时，可以采取加班方式；当需求量减小时，则提早结束生产。仍以月生产 400 台为例，当某天需求量稍大于 20 台时，靠加班就可以解决问题；当需求量稍小于 20 台时，则提前结束生产。短期波动示例如图 5-6 所示。

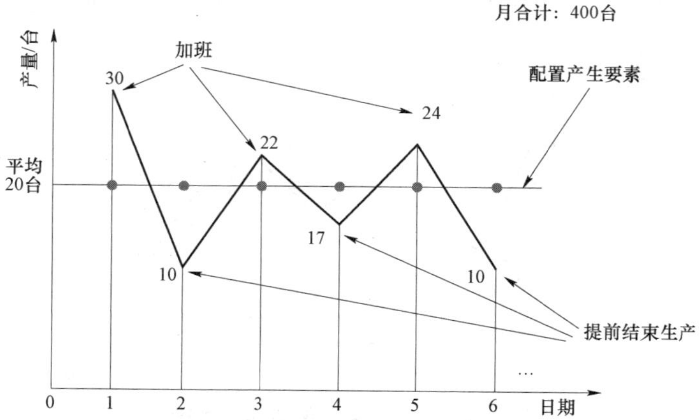

图 5-6 短期波动示例（典型时段）

2）长期波动

对于周期性的大幅度波动情况，则需要重新按总量均衡来配置生产要素，而进行总量均衡的周期由产品特点及工厂管理能力而定。若产品需求量波动频繁，则调整也应频繁进行；若工厂管理能力强，则可在需要的时候及时调整；否则只能允许浪费的存在，或允许供不应求的情况出现。示例如图 5-7 所示。

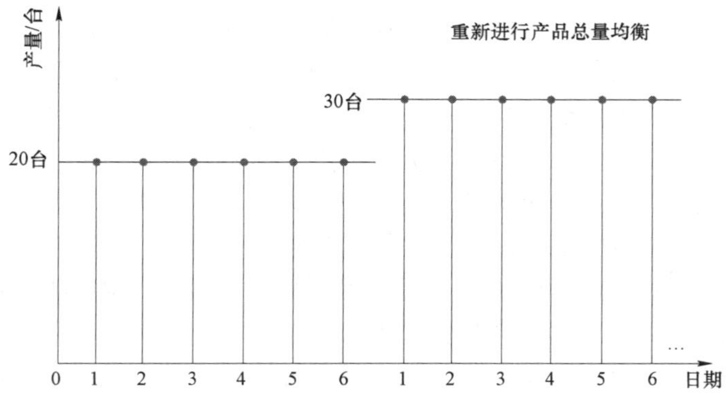

图 5-7　长期波动示例（典型时段）

综上所述，如果完全按照准时化生产，则会产生生产要素配置的浪费；如果不按准时化生产，则会产生库存浪费。因此，需要权衡产能损失与库存浪费的最佳平衡点。根据经验，日产量允许存在着一定的变化幅度，但为保持人员和设备的稳定性，应把振幅控制在 20%之内，如图 5-8 所示。

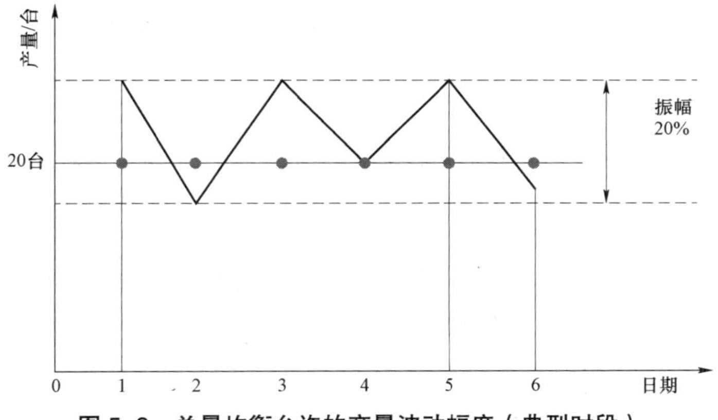

图 5-8　总量均衡允许的产量波动幅度（典型时段）

生产不均衡不仅导致工厂在不同时期产生浪费，而且还会因工序之间的不均衡而产生浪费。前工序为了准备后工序在高峰期的领取量，需将设备、人员、库存等按高峰期配置，最终装配工序的总量波动也会使零部件供货厂家的人员、设备和库存按高峰期配置，因而造成不同工序间的浪费。

总之，总量均衡可以防止两种浪费：① 不同时间段之间不均衡造成的浪费；② 不同工序之间不均衡造成的浪费。

5.1.3 品种均衡

品种均衡

1. 品种均衡的概念

品种均衡就是将在一个单位期间内生产的产品组合平均化，使各种产品在不同单位期间不产生波动，在生产各种产品时所需前工序的零部件数量不产生波动。

在传统大批量的生产排产中，较常见的是以月为单位来安排生产。例如，某工厂某月有甲、乙、丙三种产品需要生产。甲产品的需求数为 1 000 件，乙产品的需求数为 600 件，丙产品的需求数为 400 件。若每月工作日为 20 天，则传统生产计划安排为：前 10 个工作日先将甲产品生产完毕，接下来的 6 个工作日生产乙产品，最后 4 个工作日生产丙产品，如表 5–1 所示。这是一种常见的生产形态，也称为分段生产。虽然这种传统的大批量生产方法可以节省作业转换时间，但是其产出与市场需求会出现很大的差异，因为一个企业的产品一般都有多个用户，每个用户对产品的品种、型号、式样的要求不同，要求交货的具体时间也不相同。企业应该在尽可能短的时间内（如 1 天）提供尽可能多品种的产品。而传统的大批量生产排产方法在某个时间点势必使一部分产品供大于求，销售不出去，造成积压；同时，另一部分产品生产不出来，供不应求，造成缺货。无论是哪种情况，都会造成损失和浪费。从表 5–1 可以看出，甲产品通常库存时间较长，而丙产品却大半个月无货可供。

表 5–1　传统的生产排产　　单位：件

某月生产计划																					
产品	总量	1	2	3	4	5	6	7	8	9	10	11	12	13	14	15	16	17	18	19	20
甲	1 000	1 000																			
乙	600											600									
丙	400																	400			

为了满足需求的多样性，可以进行以下改进：减少生产批量，每天生产甲产品 50 件、乙产品 30 件、丙产品 20 件，如表 5–2 所示。一个月 20 天每天重复 1 次，共 20 次，这样每天都可以生产出甲产品、乙产品和丙产品，产品积压与短缺的情况将大大减少，企业内部生产资源利用率也大大提高。但是，此时（每天重复 1 次）作业切换次数为原生产安排（每月重复 1 次）的 20 倍，作业转换的辅助时间大大增加。为避免这种损失，就要设法减少作业转换时间。如果将作业转换时间降为传统大批量生产方式的 1/20，就可以弥补这种损失。

表 5–2　改进后的生产排产　　单位：件

某月生产计划																					
产品	总量	1	2	3	4	5	6	7	8	9	10	11	12	13	14	15	16	17	18	19	20
甲	1 000	50 件/天																			
乙	600	30 件/天																			
丙	400	20 件/天																			

这种生产安排以天为单位，与传统的以月为单位的生产安排相比，在库存与满足市场需求方面都有较大改善。但是在每天的生产安排中，依然按照批量生产的方式，即先生产 50 件甲产品，然后生产 30 件乙产品，最后生产 20 件丙产品，如表 5–3 所示。

表 5–3　改进后的生产排产　　单位：件

<table>
<tr><td colspan="12">某日生产计划</td></tr>
<tr><td>产品</td><td>总量</td><td>8:00</td><td>9:00</td><td>10:00</td><td>11:00</td><td>12:00</td><td>13:00</td><td>14:00</td><td>15:00</td><td>16:00</td><td>17:00</td></tr>
<tr><td>甲</td><td>1 000</td><td colspan="5">50</td><td colspan="5"></td></tr>
<tr><td>乙</td><td>600</td><td colspan="5"></td><td colspan="3">30</td><td colspan="2"></td></tr>
<tr><td>丙</td><td>400</td><td colspan="8"></td><td colspan="2">20</td></tr>
</table>

如果进一步细化生产单位，1 天内产品甲、乙、丙按照 5:3:2 的比例进行轮番生产，1/10 个工作日重复 1 次，1 天重复 10 次，1 个月重复 200 次。这样，对顾客的服务、对企业资源的利用情况就会更好，不仅使得在更短的周期内产品种类是均衡的，而且在这些产品的生产中消耗的前工序的零部件数量波动也明显变小。

例如，甲、乙、丙三种产品各由 A、B、C 三种零件组成，如表 5–4 所示。表 5–5 所列为甲、乙、丙批量分别为 50 件、30 件、20 件时需要的各种零件数量。从表中可知，每日按照甲、乙、丙各自批量生产，则各个零件波动较大。当生产甲产品时，需要 A 零件 10 个；当生产乙产品时，需要 A 零件 2 个。这样，容易产生库存和人员的浪费。

表 5–4　各产品零件构成　　单位：个/件

产品	A 零件	B 零件	C 零件
甲	10	2	3
乙	2	5	2
丙	3	8	5

表 5–5　改进前每天各产品零件消耗数量　　单位：个/件

产品	批量	A 零件	B 零件	C 零件
甲	50	500	100	150
乙	30	60	150	60
丙	20	60	160	100

如果 1 天内产品甲、乙、丙按照 5:3:2 的比例进行轮番生产，1/10 个工作日重复 1 次，则 1/10 个工作日内各个零部件的消耗速率就相同，如表 5–6 所示。

表 5–6　改进后的零件消耗数量　　　　单位：个/件

产品	批量	A 零件	B 零件	C 零件
甲 乙 丙	5 3 2	62	41	31
甲 乙 丙	5 3 2	62	41	31
甲 乙 丙	5 3 2	62	41	31

以这样的思路改进下去，不断细化生产单位，直到可以按照“甲—乙—甲—丙—甲—乙–甲—丙—甲—乙”的顺序重复生产，达到最小的观察时间单位，满足精益生产倡导的以小时、分钟为单位进行安排的要求，实现均衡化生产。

因此，品种均衡就是在一定的周期内各品种出现的比率是均等的，并且时间周期尽量缩短、观察标准尽量细化，如图 5–9 所示。这样使产品的瞬时生产数量波动尽可能控制到最低程度。图 5–10 为按不同时间单位进行品种均衡的实例。

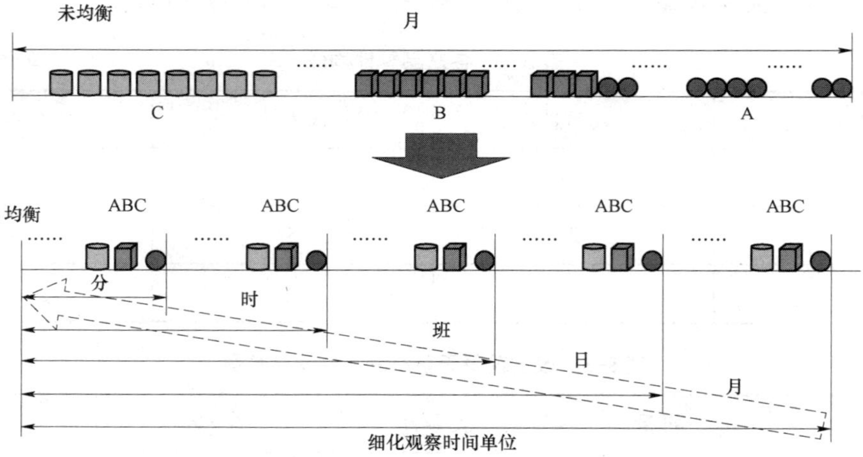

图 5–9　品种均衡的细化观察时间单位

2. 品种均衡的作用

从企业内部组织来看，由于面临多品种生产，所以企业必须配备多种设备和具有多种技能的工人，准备多种原材料。如果生产不均衡，在一段时间内只生产一种产品，就会造成忙闲不均，在生产某一种产品时，可能一部分车间和设备超负荷运行，部分工人加班加点，某些原材料和外购件一时供应不上；而另一部分车间和设备则负荷不足，甚至空闲，工人无事可做，某些原材料和外购件出现积压。因此，生产不均衡会导致库存的浪费和时间的浪费。

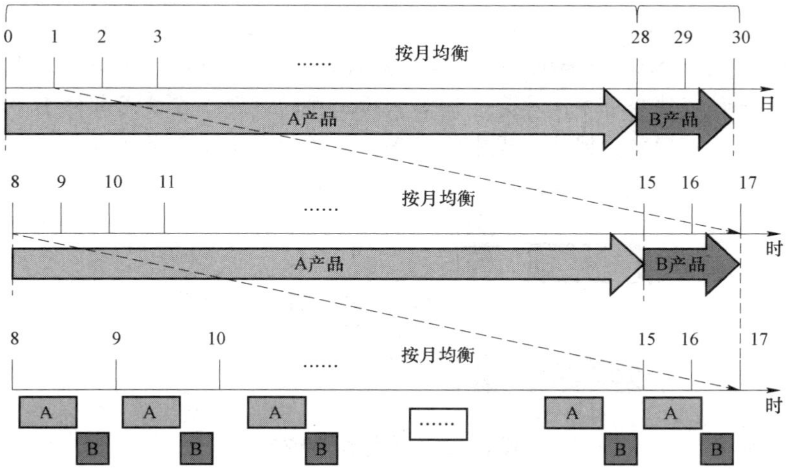

图 5-10　按不同时间单位均衡的实例

【例 5-1】 某汽车装配线装配 A、B 两种车型，装配顺序是 4 个 A 型车和 4 个 B 型车循环。装配线和部件线的生产节拍都是 4 min，生产部件 A 和 B 的工序都需要 2 名操作工。由于不同车型需要不同的部件，即装配 A 型车需要用到 A 部件，装配 B 型车需要用到 B 部件，如图 5-11 所示。

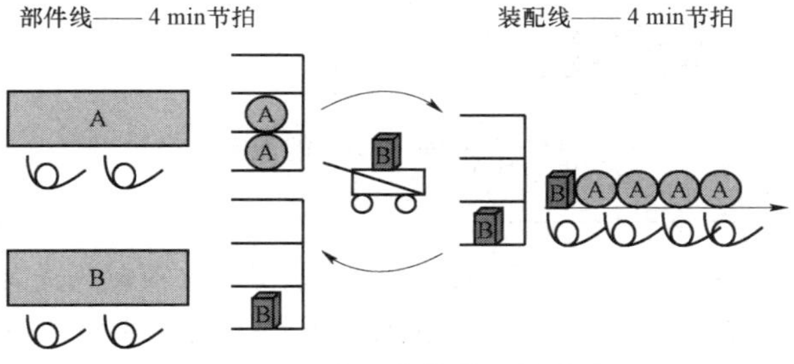

图 5-11　未均衡的装配线生产

① 如果按照准时化的要求进行生产，当后工序装配线装配 B 型车时，需要使用 B 部件，则生产 A 部件的生产线等待，反之亦然，这样就造成了等待的浪费。

② 部件线的生产节拍仍为 4 min，如果为了使各工序不等待，就会出现生产过剩，造成库存增加，导致生产过早的浪费和库存的浪费，如图 5-12 所示。

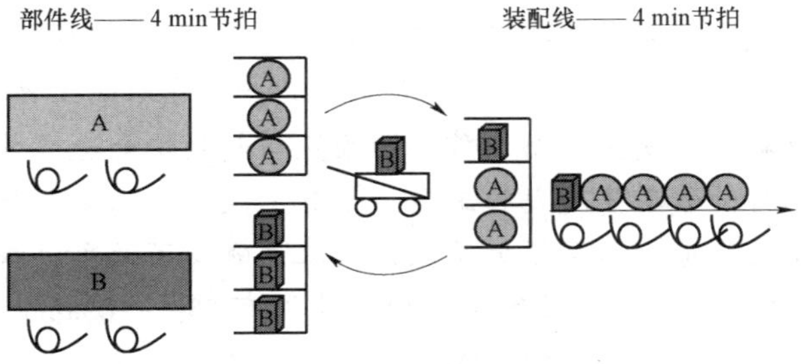

图 5-12　产生制造过早和库存

③ 为了解决上述问题，如果将部件线的生产节拍调整到 8 min，各工位无等待现象，并且生产能力配置可减少 50%（如部件线操作人员只需 1 人）。但是后工序的装配线在使用其中一种部件时，另一种部件会有中间库存。例如，后工序的装配线在使用部件 B 时，A 部件线还在生产，但 A 部件未被领取，因此出现中间库存，最多时会出现 2 个 A 部件，如图 5–13 所示。

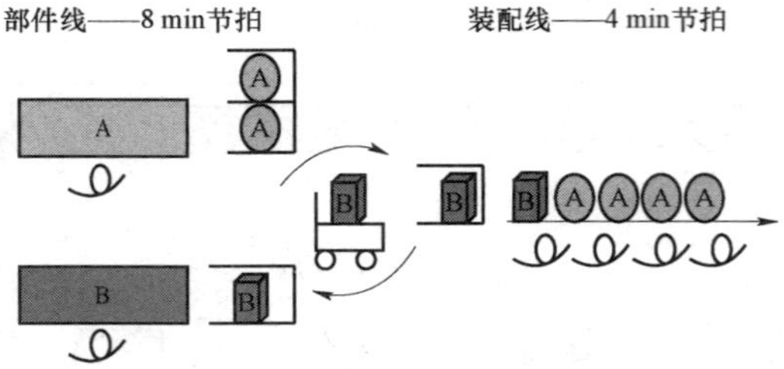

图 5–13　产生中间库存

④ 若对后工序进行品种均衡，按照“A—B—A—B—A…”的循环顺序进行生产（如图 5–14 所示），这样可消除库存浪费和等待浪费，同时生产能力配置可以减少 50%，如图 5–14 所示。

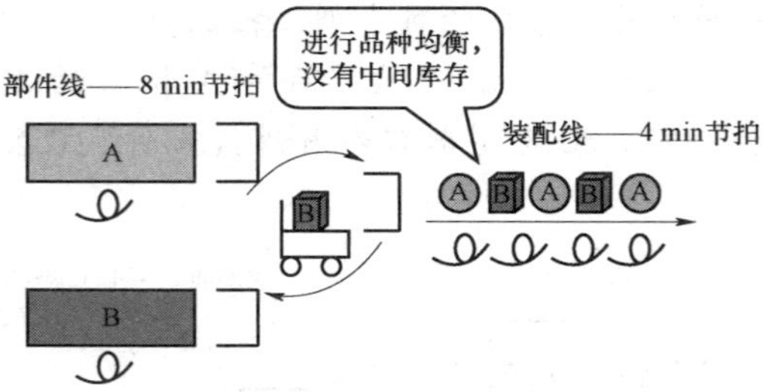

图 5–14　实行品种均衡的混流生产

【例 5-2】 生产 A、B、C 三种车型的装配线。A 型车作业时间是 4.2 min，B 型车作业时间是 3.8 min，C 型车作业时间是 4.0 min。根据生产需要，装配线的平均节拍是 4 min，则如果采取连续生产方式，如图 5–15（a）所示，整个装配线需要按最大节拍 4.2 min 配置人员（生产 A 型车），但当处于最小节拍 3.8 min（生产 B 型车）时会产生等待，从而造成人员的浪费。

对装配线生产进行品种均衡即采用混流生产，如图 5–15（b）所示。操作者尽管在生产节拍较长的 A 型车时压位，但是紧接着就生产节拍较短的 B 型车，这样刚刚达到平均节拍，因此可以按平均节拍配置人员。这种适合于人员配置的生产方式，既能合理配置人员，又能满足生产需要、消除浪费。

总之，在混流装配线上，即使各个品种的产品在每个工作站的平均负荷都达到均衡，但是对每个品种来讲，随着投产顺序的不同，不同品种的产品在不同工作站中的负荷也不相同，工作站中闲置与超载现象时常发生，而工作站的闲置与超载均会造成装配流水线效率低下，尤其是当超载现象发生时，劳动强度大的工人为了赶上生产线的运行节拍，常常忽视产品质量，这样不仅影响产品的质量，而且增加了生产成本，降低了效率。据有关资料统计，即使在美国这类工业发达的国家，在工业装配生产中平均仍有 5%～10%的生产时间是浪费在平衡延迟上的。而采用品种均衡后，通过把所需工时多的产品、所需工时一般的产品、所需工时少的产品合理地搭配，均衡地进行流水混流生产，可有效解决装配线平衡问题。

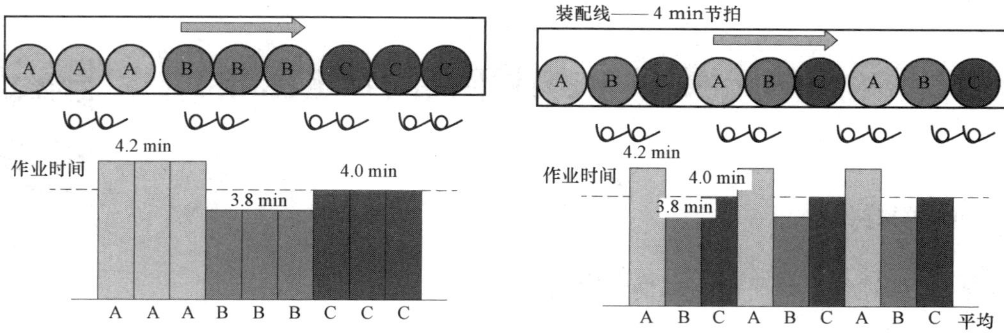

(a) 均衡前 (b) 均衡后

图 5-15 品种和数量均衡减少人员配置

实战演练

1. 查阅资料，举例说明均衡化生产的优点。
2. 梳理例 5–1 中对后工序进行品种均衡前后展现的特点。

学习评价

学习本单元后，请学生根据自身学习体会，结合下表所列内容进行评价。

单元 5.1 学习评价表

姓　名		组　别		班　级	
日　期		综合评价等级			

评价指标	评价标准	分值	评价方式			
			自我评价（占 30%）	小组评价（占 30%）	教师评价（占 40%）	单项得分
课前预学	课前预习本任务相关知识，查找相关资料	5				
	完成问题引导部分的题目	5				
课堂参与	认真听讲和练习	10				
	积极参与小组讨论，并有详细笔记	10				
课堂互动	积极回答教师的问题	5				
	与小组成员有效合作，尊重他人	5				
	在小组活动中能围绕主题发表自己的观点	10				
自主探究	独立思考，自主学习，能发现问题	10				
	主动寻求解决问题的方法	10				
	善于观察、分析、思考，能提出创新观点	5				
综合素养	具有一定安全意识、责任意识、规范意识	5				
	具有吃苦耐劳的精神和严谨认真的学习态度	5				
学习成果	能在规定时间内完成本人的分工任务	10				
	完成课后作业	5				

单元 5.2　生产线平衡的判定标准

生产线平衡基础知识

问题引导

引导问题 1：简述生产线平衡与木桶定律的关系。

____

____

引导问题 2：简述生产节拍与周期时间的关系。

____

____

引导问题 3：简述生产线平衡率与生产线不平衡损失率的关系。

____

____

相关知识

5.2.1　生产线平衡基础知识

1. 生产线平衡与木桶定律的关系

1）木桶定律

一个木桶盛水多少，并不取决于桶壁上最长的那块木板，而恰恰取决于桶壁上最短的那块木板，这一定律我们称之为“木桶定律”，如图 5–16 所示。

图 5–16　木桶定律

2）生产线平衡与木桶定律的关系

① 生产线平衡与木桶定律非常相似：生产线的最大产能不是取决于作业速度最快的工

位，而恰恰取决于作业速度最慢的工位，最快与最慢的差距越大，产能损失就越大。

② 企业现场管理的整体水平并不取决于最优的车间单位，而是取决于最差的车间单位；同理，对一条生产线来言，其产量、效率高低与各道工序的关系也是如此。

2. 生产线平衡的定义与意义

1）生产线平衡的定义

生产线平衡是指对生产的全部工序进行平均化，调整作业负荷，使作业人员的作业时间尽可能保持一致，即构成生产线各道工序所需的时间处于平衡状态，从而消除各道工序间的时间浪费，实现“一个流”。

2）生产线平衡的意义

通过平衡生产线，可以综合应用程序分析、动作分析、搬动分析、时间分析等全部IE手法，提高全员综合素质，在平衡的生产线基础上实现单元生产，提高生产应变能力，应对市场变化，实现柔性生产；减少单件产品的工时消耗，降低成本（等同于提高人均产量）；减少工序的在制品，真正实现“一个流”；提高作业效率及设备工装的利用率。

3. 生产线平衡相关参数

1）生产节拍

生产节拍（tact time，TT）是以顾客需求周期来设定的，它表示在有效生产时间内为满足顾客需求，每生产一件产品所需的时间间隔。

生产节拍=可用工作时间/客户需求数量

【例5-3】 某车企每小时产车400台车，求流水线生产节拍。

解：TT=1 h/400=60 min/400=3 600 s/400=9 s

生产节拍与生产线实际加工速度、设备能力、作业人数无关，是根据顾客需求数量进行更改的。

【例5-4】 制品流水线计划年销售量为20 000件，另需生产备件2 000件，废品率为2%，两班制工作，每班8 h，时间有效利用系数为95%，求流水线的生产节拍（年生产天数为：254天）。

解：

$$可用工作时间=254\times8\times2\times60\times95\%=231\ 648\ (\text{min})$$

$$客户需求数量=(20\ 000+2\ 000)/(1-2\%)\approx22\ 449\ (件)$$

$$TT=可用工作时间/客户需求数量=231\ 648/22\ 449\approx11\ (\text{min})$$

生产节拍的作用：指导生产计划，控制生产工序的加工时间，设定流水线线速与定员。

【例5-5】 某条装配线生产节拍为22 s，每天两班，每班工作时间9 h，每班10 min休息时间，请问每天排产上限是多少？

解：

$$排产量=每天可用工作时间/生产节拍$$

$$=(9\times2\times60-10\times2)\times60/22\approx2\ 891$$

【例 5-6】 某条流水线的生产节拍设定为 36 s，产品加工工时为 1 250 s，其后工序生产节拍为 18 s，需要配置多少条流水线才能满足后工序生产？每条生产线需要配置多少人？

解： 流水线数量=前生产节拍/后生产节拍=36/18=2（条）

定员=加工工时/生产节拍=1 250/36≈35（人）

2）周期时间

周期时间（cycle time，CT）是指某一工序或生产线顺序生产两件相同产品的时间间隔（即生产一件产品的时间），它反映了一个工序或生产线的生产速率。

CT 是员工完成动作需要的时间，是员工的操作速度；TT 是根据一日的需求量计算出来的单件生产时间，是客户需求速度。CT 与生产线实际生产周期、设备生产能力有关；TT 与实际设备生产能力、作业人数无关。

当 TT>CT 时，如图 5-17（a）所示，应放缓生产节奏，将 CT 调整至接近 TT，避免过量生产，消除不必要的加班；当 TT<CT 时，如图 5-17（b）所示，应消除生产过程中的浪费，增加产能，或安排员工加班（增加可用时间）。

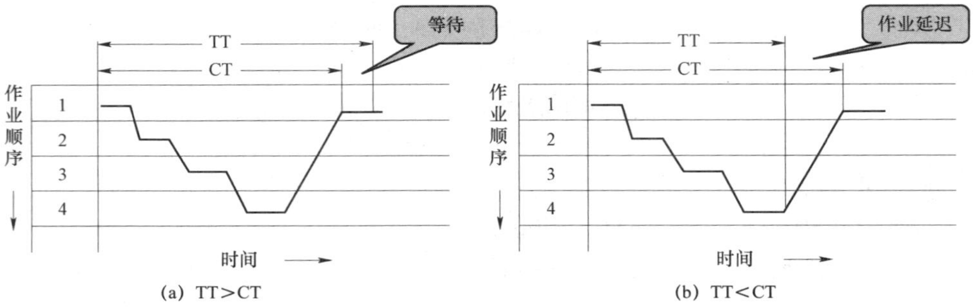

图 5-17 TT 与 CT 的关系

5.2.2 生产线平衡率与生产线不平衡损失率

1. 生产线平衡率

生产线平衡率是衡量生产线上各工序之间平衡状态的一个指标，通常以百分率的形式表示。

生产线平衡率计算公式如下：

$$生产线平衡率=\frac{\sum 合计工序时间}{最高工序（瓶颈工序）标准时间\times 合计人数}\times 100\%$$

式中，瓶颈工序是指生产线作业工时最长的工序。生产线的产出速度取决于时间最长的工序，如图 5-18 所示。各工序间的作业时间差距越小，生产线就越平衡。

这个指标反映了生产线上各工序之间的效率差异，是衡量生产效率、降低成本和改善产品质量的关键因素之一。一般要求生产线平衡率达到 85%以上。根据行业标准，生产线平衡率在 85%以下被认为是水平较差，85%到 90%之间被认为是一般水平，而 90%及以上则被视为优秀。这意味着，为了达到优秀水平，企业需要采取一系列措施来提高生产线平衡率，包括但不限于优化工序顺序、减少非增值活动、提高工人的技能水平、改进设备性能及实施分步生产等。

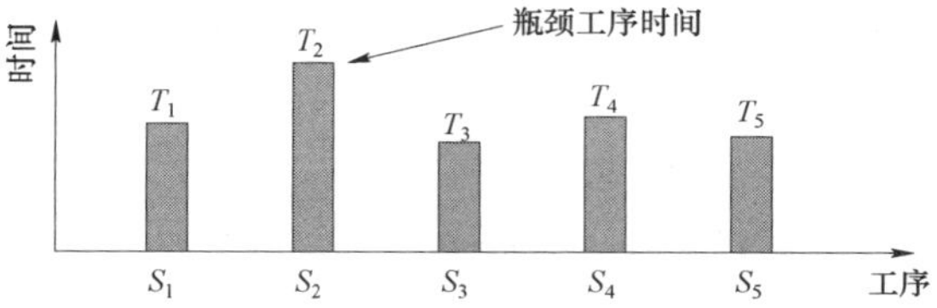

图 5-18　瓶颈时间

2. 生产线不平衡损失率

生产线不平衡损失率是指生产过程中各工序时间与最长工序时间之间的差异所导致的生产效率损失的比例。这个损失率可以通过计算生产不平衡损失时间与总生产时间的比值来得出，计算方法如下：

生产线不平衡损失率=1−生产线平衡率

对生产线来说，不平衡率越小越好，一般控制在 5%～13%，至少要控制在 15%以下。如果生产线的平衡率较低，意味着生产过程中存在较多的空闲时间和效率损失，这时通过改善瓶颈工序、调整作业内容、合并或分解工序等方法，可以提高平衡率，降低不平衡损失率，提高生产效率。

标准时间是指一个熟练工用规定的作业方法以标准速度进行作业时所需的作业时间，也就是在熟练度、合理性、工作热情及其他所有方面都相同的标准作业员以标准的作业方法及一般的努力程度进行作业，次日不会感到疲劳的作业时间。

【例 5-7】 某汽车配件生产线各工序配置人数、标准时间如图 5-19 所示，请根据图示数据信息计算生产线平衡率与生产线不平衡损失率。

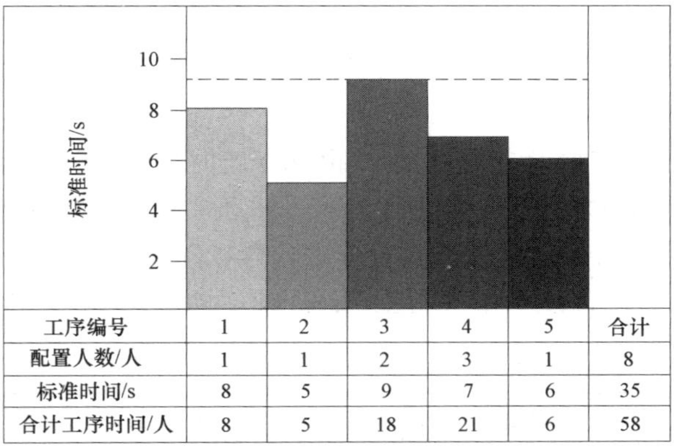

工序编号	1	2	3	4	5	合计
配置人数/人	1	1	2	3	1	8
标准时间/s	8	5	9	7	6	35
合计工序时间/人	8	5	18	21	6	58

图 5-19　例 5-7 数据信息表

解： $$\text{生产线平衡率}=\frac{\sum \text{合计工序时间}}{\text{最高工序（瓶颈工序）标准时间}\times\text{合计人数}}\times100\%=\frac{58}{9\times8}\times100\%\approx80.6\%$$

$$\text{生产线不平衡损失率}=1-\text{生产线平衡率}=1-80.6\%=19.4\%$$

【例 5-8】 某电子产品生产线各工序配置人数、标准时间如图 5-20 所示，请根据图示数据信息计算生产线平衡率与生产线不平衡损失率（图中，浅色为作业的时间，深色为失去平衡的时间）。

解：

$$\text{生产线平衡率}=\frac{\sum \text{合计工序时间}}{\text{最高工序（瓶颈工序）标准时间}\times\text{合计人数}}\times 100\%=\frac{1\,505}{90\times 19}\times 100\%\approx 88\%$$

$$\text{生产线不平衡损失率}=1-\text{生产线平衡率}=1-88\%=12\%$$

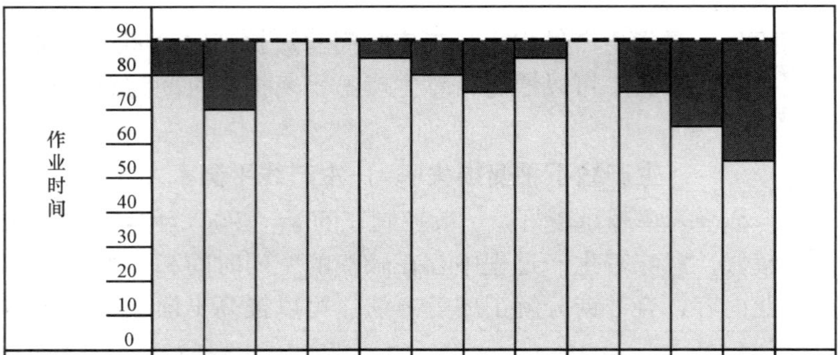

工序编号	1	2	3	4	5	6	7	8	9	10	11	12	合计
配置人数/人	1	2	2	2	2	1	1	2	2	1	1	2	19
合计工序时间/s	80	140	180	180	170	80	75	170	180	75	65	110	1 505
标准时间/s	80	70	90	90	85	80	75	85	90	75	65	55	940

图 5-20　例 5-8 数据信息表

实战演练

1. 某条装配线生产节拍为 20 s，每天 2 班，每班工作时间 8 h，每班 20 min 休息时间，请问每天排产上限是多少？

2. 某条流水线的生产节拍设定为 25 s，产品加工工时为 1 250 s，后工序生产节拍为 15 s，请问需要配置多少条流水线才能满足后工序生产？每条生产线需要配置多少人？

3. 某工装柔性生产线各岗位配置人数、作业内容、动作时间、标准工时如表 5-7 所示，请根据图示数据信息计算生产线平衡率与生产线不平衡损失率。

表 5-7　工装柔性生产线数据信息表

工装生产线（KFR−32G/DY−TH（E3））					
工位序号	岗位名称	作业内容	动作时间/s	标准工时/s	配置人数
1	打线	打变压器	10	32	1
		打电源线	7		
		打室内外线	5		
		标贴	5		
		包装	5		

续表

工位序号	岗位名称	作业内容	动作时间/s	标准工时/s	配置人数
2	插线	插线	32	37	1
		外观检验	5		
3	功能检验	插线	20	40	1
		功能检验	16		
		拆线	4		

学习评价

学习本单元后，请学生根据自身学习体会，结合下表所列内容进行评价。

单元 5.2 学习评价表

姓　名		组　别		班　级		
日　期		综合评价等级				
评价指标	评价标准	分值	评价方式			
			自我评价（占 30%）	小组评价（占 30%）	教师评价（占 40%）	单项得分
课前预学	课前预习本任务相关知识，查找相关资料	5				
	完成问题引导部分的题目	5				
课堂参与	认真听讲和练习	10				
	积极参与小组讨论，并有详细笔记	10				
课堂互动	积极回答教师的问题	5				
	与小组成员有效合作，尊重他人	5				
	在小组活动中能围绕主题发表自己的观点	10				
自主探究	独立思考，自主学习，能发现问题	10				
	主动寻求解决问题的方法	10				
	善于观察、分析、思考，能提出创新观点	5				
综合素养	具有一定安全意识、责任意识、规范意识	5				
	具有吃苦耐劳的精神和严谨认真的学习态度	5				
学习成果	能在规定时间内完成本人的分工任务	10				
	完成课后作业	5				

单元 5.3　生产线不平衡的改善方法

问题引导

引导问题 1：简述实施均衡生产的两个阶段。

____

____

引导问题 2：简述生产线不平衡分析改善原则。

____

____

引导问题 3：简述 ECRS 法的作用。

____

____

相关知识

均衡生产实施

5.3.1　均衡生产实施

1. 均衡生产实施阶段

图 5-21 为实施均衡生产的两个阶段。第一阶段是适应每个月的需求变化，即每月适应；第二阶段是适应每天的需求变化，即每日适应。

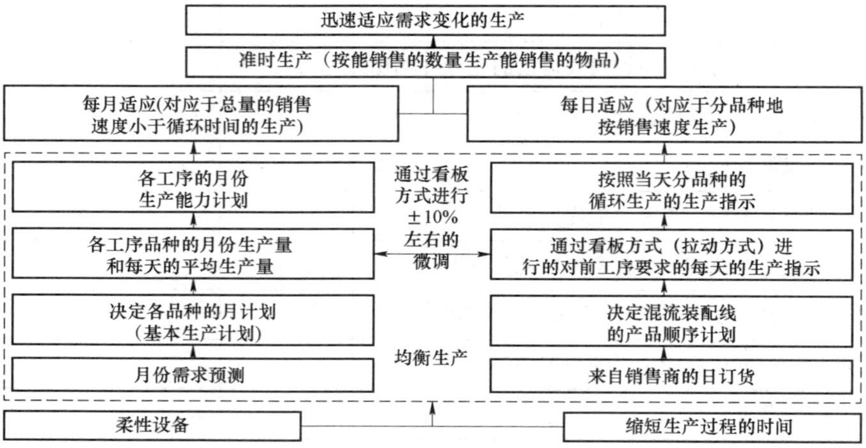

图 5-21　均衡生产实施阶段

① *每月适应*　按照每个月的需求预测制定月度生产计划，即按照总量均衡的目标，制定生产计划，确定各工序每天的平均生产量。

② *每日适应*　因为每天的生产指示是由顺序计划和看板来实施的，所以使得每日适应成为可能。而最终装配生产线上的投入顺序计划则是进行看板管理的出发点，这个投入顺序计划以品种均衡为目标，根据它可以均衡地从零部件供货商和零部件生产线领取各种零部件。

2. 均衡生产排产计划

1）制定生产节拍

生产节拍对实现均衡生产很重要。一天生产的产品数量是由生产计划决定的，而生产计划是基于市场预测和订货情况而制定出来的。因此，每天的产品生产数量并不一定是固定的，每天的生产节拍也不是固定不变的，它总是随着生产任务量的变化而变化。

均衡生产是指每天要以一定的节拍循环地生产多个品种。仍以表 5–8 中 X、Y、Z 三种产品为例，假设一天工作时间 8 h，则产品 X、Y、Z 的生产节拍分别为 9.6 min、16 min、24 min，各产品平均生产节拍为 4.8 min。可以看出，均衡生产可以理解为在当月里用与各种产品的平均销售速度（X 产品 9.6 min 能卖出一件，Y 产品 16 min 能卖出一件，Z 产品 24 min 能卖出一件）同步的速度进行生产。

表 5–8　均衡生产的生产节拍

产品	月产量/件	日产量/件	工作时间/min	生产节拍/min
X	1 000	50	480	9.6
Y	600	30	480	16.0
Z	400	20	480	24.0
合计或平均	2 000（合计）	100（合计）	480（平均）	4.8（平均）

2）轮排图

制定生产节拍后，就可以按照平均生产节拍来安排不同产品的生产顺序，常用工具为轮排图。所谓轮排图，就是生产中各品种及生产数的排列图，它形象地描述了各品种的生产排列。

仍以生产 X、Y、Z 三种产品为例。假设每天需要生产 100 件产品，其中产品 X 需要 50 件，产品 Y 需要 30 件，产品 Z 需要 20 件，依照均衡生产排产计划，X、Y、Z 的生产比率为 5:3:2，最小生产批量为每个循环生产 10 件产品，一天共循环 10 次，生产节拍为 480 min/100=4.8 min。若在同一条生产线上生产，就可以做成一个圆盘形的轮排图，划分成 10 等份，其中，产品 X 每 2 等份安排一件，产品 Z 约每 4 等份安排一件，产品 Y 则安排在其余的空格内，如图 5–22（a）所示。

这样的安排是很理论化的，因为需要每一个产品都很准确地在 4.8 min 内完成。在实际生产时，可能会发生延迟的情况，如果按照这样的方式生产，就有可能无法按时完成。为了增加生产安排的灵活性，可以增设一个自由位。自由位就是不指定具体产品的调整位，用自由位的时间来应对生产过程中的时间调整，增加生产安排的灵活性。例如，可以将圆盘划分为 11 格，将最后一格规定为自由位格，当这一个循环内产品不能如期完成时，就利用自由位来补救，如图 5–22（b）所示。自由位所占用的时间可以比正常的产品生产节拍时间少。因为有自由位的时间占用，有效的工作时间也跟着减少，当然生产节拍时间也变短了。

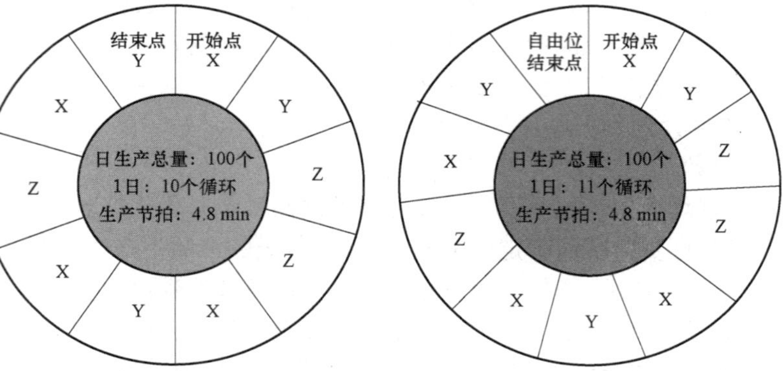

(a) 无自由位　　(b) 有自由位

图 5–22　轮排图

3）ABC 分类法

在产品品种较少的情况下，可以运用轮排图按照节拍和品种比例进行排产，但是在品种较多的情况下就比较烦琐，这时可采用 ABC 分类法进行排产。

【例 5-9】 某条生产线生产 10 种规格的产品，其产品信息与 ABC 分析如表 5–9 所示，请对生产进行排产。

表 5–9　产量信息与 ABC 分析

产品	日产量/件	日产量累计/件	累计比率	生产总量/件
a	500	500	33%	合计 800 平均 400
b	300	800	53%	
c	200	1 000	67%	合计 450 平均 150
d	150	1 150	77%	
e	100	1 250	83%	
f	70	1 320	88%	合计 250 平均 50
g	60	1 380	92%	
h	50	1 430	95%	
i	40	1 470	98%	
j	30	1 500	100%	

解： 运用 ABC 分类法进行排产，具体排产步骤如下。

① 进行 ABC 分析。首先，对各规格产品的产量进行 ABC 分析，设定 A 类为 50%以上的生产量，B 类为 20%～50%的生产量，C 类为未满 20%的生产量。由表 5–9 可知，产品 a

和 b 产量约占总生产量的 53%，属于 A 类产品；产品 c、d、e 产量约占总生产量的 30%，属于 B 类产品；其余产品约占总生产量的 17%，属于 C 类产品。

② 决定生产批量。以 10、100 的倍数等容易辨识的单位构成生产批量，因为管理数字小而简单的话，可使管理单纯化。

③ 制作均衡生产计划周期表。先确定 A、B、C 三类产品的日产量，然后再具体安排各产品的生产。对于 A 类产品，尽可能安排每天生产；对于 B 类产品，尽量以周为单位安排生产（每个循环 3 日～1 周）；而 C 类产品就可以按实际情况统筹安排生产。表 5-10 是最终均衡生产计划周期表，可以看出，A 类产品日产量为 800 件，以 400 件作为最小批量安排生产；B 类产品日产量为 450 件，以 150 件作为最小批量安排生产；C 类产品日产量为 250 件，以 50 件作为最小批量安排生产。这样既保持了每天 1 500 件的产量，又使得各个品种得到较好的搭配。

④ 安排每天产品投入顺序计划。在最终均衡生产计划周期表的基础上，可以进一步均衡化地安排每日产品投入生产线的顺序计划，可以参照轮排表的做法。例如，第一个工作日生产 a、c、d、f、g、h 这 6 种产品，可以按照 16:6:3:2:2:1（800:300:150:100:100:50）的比例作出轮排图。

表 5-10　最终均衡生产计划周期表

产品	1	2	3	4	5	6	7	8	9	10	11	12	13	14	15	16	17	18	19	20
a	800	400	400	400	800	400	400	400	800	400	400	400	800	400	400	400	800	400	400	400
b		400	400	400		400	400	400		400	400	400		400	400	400		400	400	400
A 类	800	800	800	800	800	800	800	800	800	800	800	800	800	800	800	800	800	800	800	800
c	300	150	150	300	150	150	300	150	150	300	150	150	300	150	150	300	150	150	300	150
d	150	150	150	150	150	150	150	150	150	150	150	150	150	150	150	150	150	150	150	150
e		150	150		150	150		150	150		150	150		150	150		150	150		150
B 类	450	450	450	450	450	450	450	450	450	450	450	450	450	450	450	450	450	450	450	450
f	100	100	50	50	50	100	100	50	50	50	100	100	50	50	50	100	100	50	50	50
g	100	50	50	50	50	100	50	50	50	50	100	50	50	50	50	100	50	50	50	50
h	50	50	50	50	50	50	50	50	50	50	50	50	50	50	50	50	50	50	50	50
i		50	50	50	50		50	50	50	50		50	50	50	50		50	50	50	50
j			50	50	50			50	50	50			50	50	50			50	50	50
C 类	250	250	250	250	250	250	250	250	250	250	250	250	250	250	250	250	250	250	250	250
总计	1 500	1 500	1 500	1 500	1 500	1 500	1 500	1 500	1 500	1 500	1 500	1 500	1 500	1 500	1 500	1 500	1 500	1 500	1 500	1 500

3. 其他技巧

1）装载均衡箱

实现小批量生产工作有很多方法。有些公司使用一种帮助均衡生产品种和生产量的工具，叫作装载均衡箱。这种箱子有一列看板插口供每个批量使用，还有一行看板插口供每种产品使用，如图 5-23 所示。在这种系统中，看板不仅表示生产的量，而且表示生产这种量的时间（基于节拍时间）。看板以产品类型所需的混合序列放入均衡箱中，随后物料搬运员取走这些看板并将它们带到定拍工序，每次一个批量。图 5-24 为使用装载均衡箱的看板循环过程。

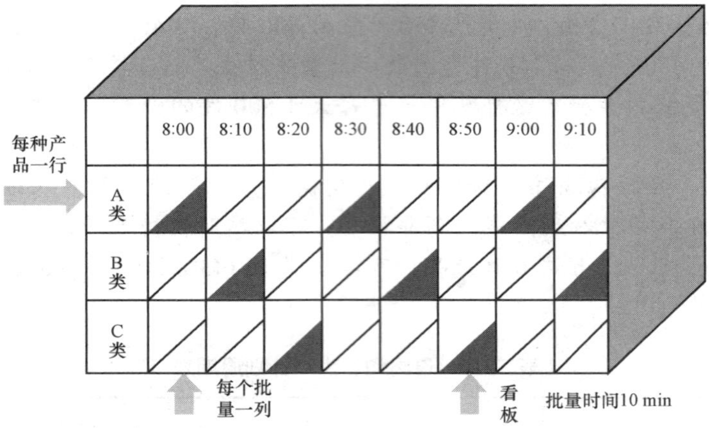

图 5-23　装载均衡箱

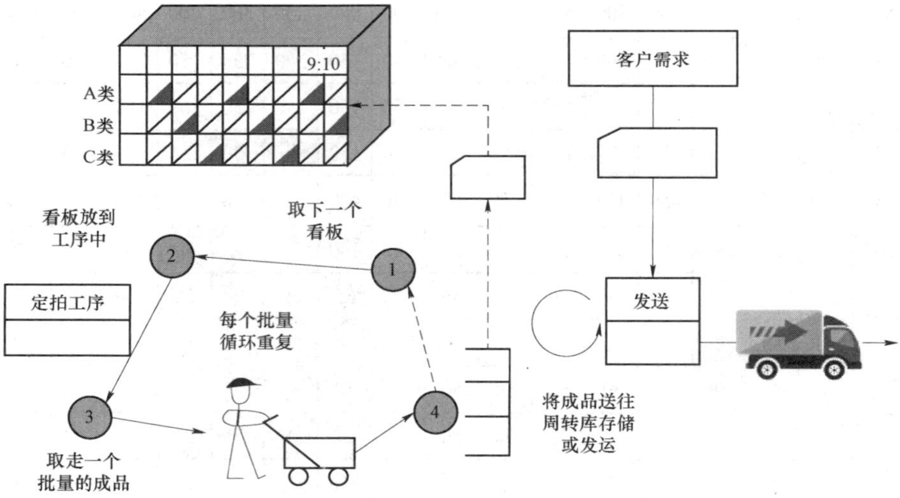

图 5-24　使用装载均衡箱的看板循环过程

2）指定座

对于像涂装、电镀等采用批量生产的工序，可采用指定座的方法进行生产均衡化。所谓的指定座，是指对号入座。

例如，图 5-25 为传统生产排产使用的指定座实例（改善前），是用于挂 A、B、C 三种产品的挂架。A 产品的挂架每个架子可挂 8 个，共有 3 个架子；B 产品的挂架每个架子可挂 6 个，共有 2 个架子；C 产品的挂架每个架子可挂 9 个，共有 2 个架子。这样 A、B、C 三种产品批量分别为 24 个、12 个、18 个。

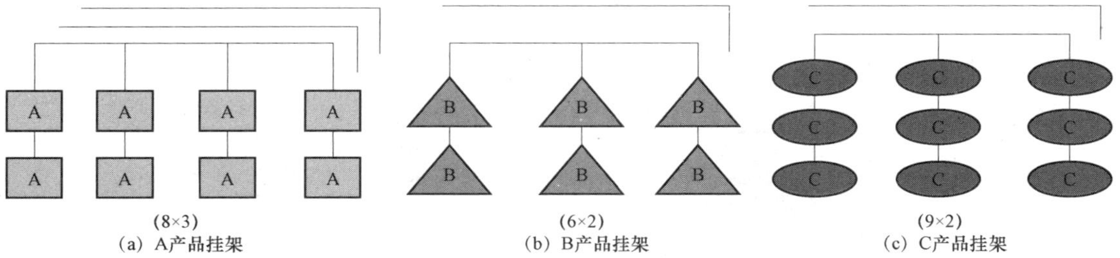

图 5-25　改善前指定座实例

这种传统的生产排产方式会发生以下问题：

① 以批量的方式到前工序领取零部件，从而形成较多的在制品库存。

② 涂装以后采取批量堆积搬运的方式，容易造成擦伤，使不良品增多。

③ 涂装工序没有流程化，妨碍整体效率的提高。

图 5-26 为改善后的指定座。每一个挂架可挂 4 个 A 产品、2 个 B 产品和 3 个 C 产品，共 6 个挂架，这就是均衡化的指定座方法，这样可以削减在制品库存量，减少空间需求，对生产变动也能很快地响应。

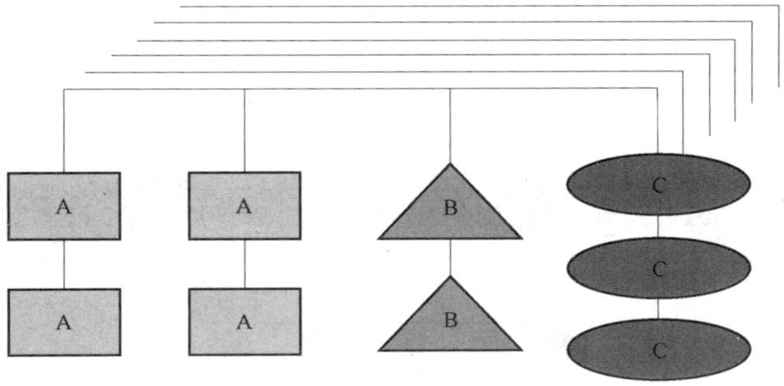

图 5-26　改善后指定座实例

3）接棒区方式

对于组装生产线，各工位作业平衡是非常重要的，而多品种少批量的混合生产线要保持平衡是有一定难度的。为了保持各工位的均衡性，可以采用接棒区方式。这与接力赛时采用的接棒区类同，即在相邻的两个工序之间划出一个接棒区，如图 5-27 所示。当前工序的作业人员发现其产品已经流动到接棒区的时候，就请求下工序的作业人员支援，帮助完成工作。用此种方式可以确保每一个工作站都能在工作周期内完成工作。所以，作业人员必须训练成多能工，并建立相互支援的机制。

图 5-27　接棒区方式

4）分支方式

当产品工时差别较大时，依靠接棒区方式就不能有效地解决问题。这时，可采用分支方式，即在正常的生产线中再设立一条分支生产线，将超出主生产线作业量的部分在分支生产线上加工生产，直到达到正常作业量时再返回正常的生产线，如图 5-28 所示。

分支方式是混流生产线上各产品工时相差较大时的一种解决方法，是其他改善方法达不到要求时采用的一种应变手段，而不是最佳的方法。必须朝着努力减少不同产品的作业量差异的方向努力，这才是理想的改善。

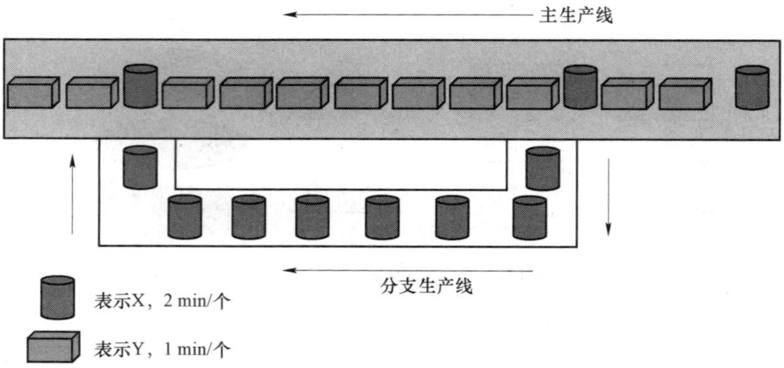

图 5-28　分支方式

4. 均衡生产改善案例

某轿车生产厂焊装车间通过学习准时化生产管理而推行均衡生产方式，将四门两盖工位的大批量生产改善为小批量混流生产。图 5-29 为改善前焊装车间布置图。

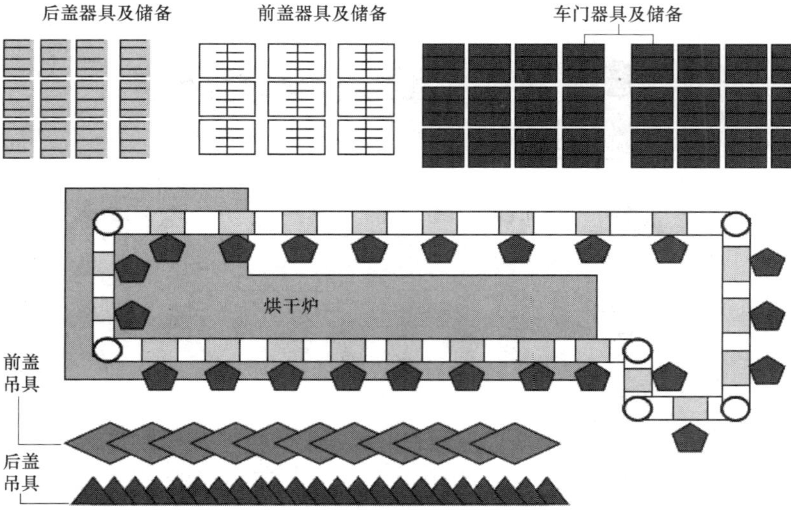

图 5–29　改善前焊装车间布置图

1）改善前存在的问题分析

四门两盖工段采用大批量生产，存在以下问题。

① 采用单品种、大批量的压合和烘干方式。每个品种集中压合后再更换模具；每个品种烘干完成后，再更换吊具进行另一品种的烘干。

② 在制品多，压合处有 12 辆份的前后盖储备，烘干炉的储备是车门 72 辆份、前盖和后盖各 36 辆份。

③ 占用工位器具多，四门两盖占用工位器具共 64 个。

④ 占地面积大，共占用面积 126 m^2。

⑤ 生产操作人员多达 16 人。

⑥ 过量生产导致大量的资金被积压。

⑦ 工件质量不好控制，质量问题源的追溯受到阻碍。

⑧ 现场摆放器具过多造成秩序混乱，工位器具不足。

⑨ 制造过剩掩盖了生产过程存在的计划、人员和设备的管理问题。

2）改善方案

根据均衡生产的方法，对四门两盖烘干工位进行改善，具体改善方法如下。

① 变单品种、大批量的生产方式为多品种、小批量的生产方式。

② 根据月度生产计划制定基本生产计划，确定每种产品每天的平均生产量。冲压按小时的生产数量进行生产。

③ 重新制定四门两盖的生产节拍，保证各种产品能及时满足需求。

④ 根据每天的生产节拍确定四门两盖每个节拍的需求量，并以此来改良吊具，设计合适的指定座。烘干炉只设 12 辆份的专用吊具和 1 份备用吊具。

图 5–30 为改善后焊装车间布置图。

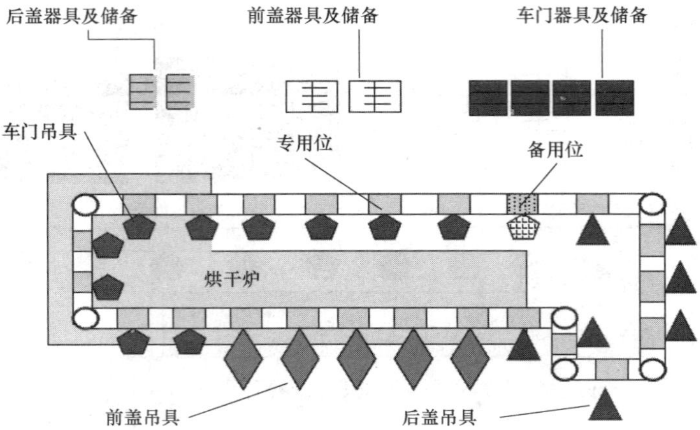

图 5-30　改善后焊装车间布置图

3）改善后的效果

实行均衡生产后，各项指标明显得以改进，如表 5-11 所示。

表 5-11　四门两盖工位各项指标改善前后对比

产品	储备/辆份	工位器具/个	人数/人	吊具/个	更换吊具/个
改善前	72	64	16	81	54
改善后	12	26	9	27	0

改善后达到以下效果。

① 只按节拍生产下道工序需要的产品，体现准时化生产。

② 不会出现零件滞留，保证零件先进先出。

③ 小批量生产，很容易保证质量。

④ 在制品少，使问题源的追溯性成为可能。

⑤ 减少工位器具，使工作现场整洁有序。

⑥ 能及时暴露出设备停止、生产不均衡等问题。

5.3.2　生产线不平衡分析改善

生产线不平衡分析改善

1. 改善原则

考虑对瓶颈工序进行改善。

1）改善耗时长的工序，缩短作业时间

分析生产线中的瓶颈工序，通过分割作业、改善作业、并行作业等方法优化工序，缩短作业时间（表 5-12）。

表 5-12　改善瓶颈工序

原生产线

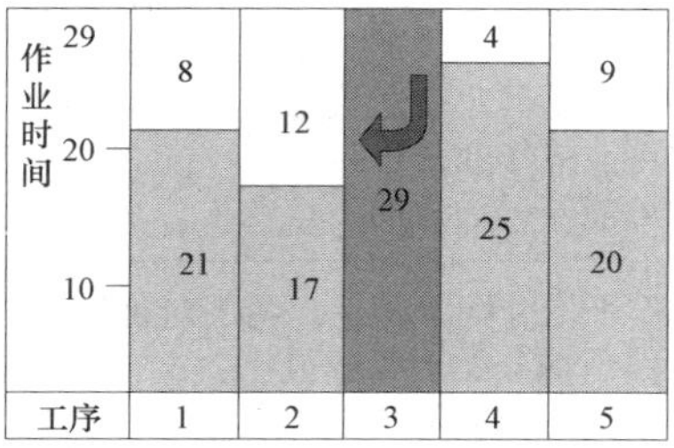

分割作业

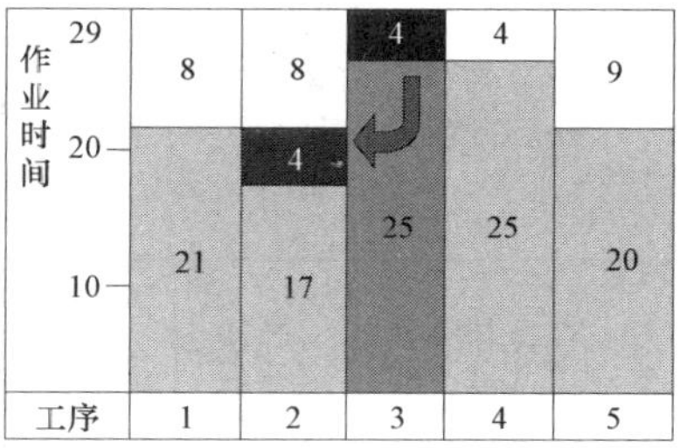

增加作业人数

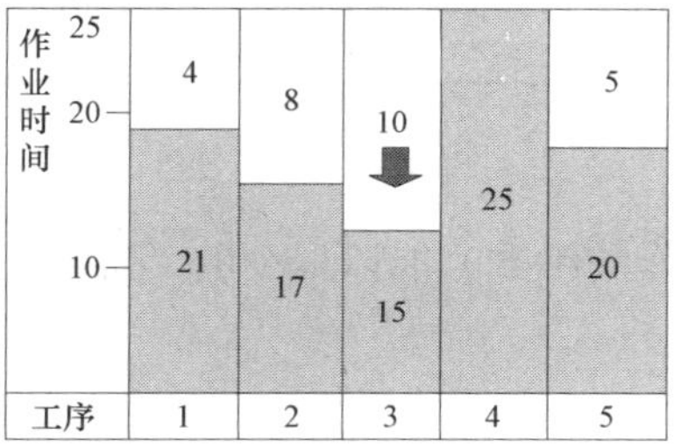

作业时间压缩

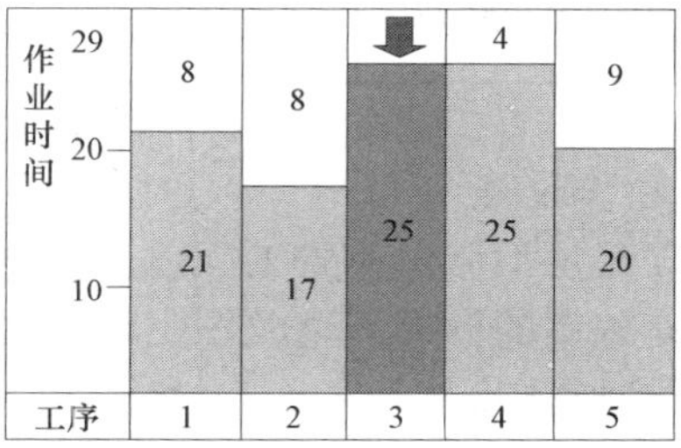

① 分割作业。分出部分作业给耗时较短的工序。

② 改善作业。通过以下方法缩短作业时间：更换技术水准更高、动作更快的作业人员，提高设备效率，提高作业技能，改进工具夹具。

③ 并行作业。通过增加作业人数缩短作业时间。

2）改善耗时较短的工序

① 重新分配，省略原工序。

② 接收部分耗时长的其他工序作业内容。

③ 组合耗时短的工序。

④ 把需要两个人完成的工程，改成一个人就能完成的工程。

2. 运用 ECRS 法进行作业改善

ECRS 法指采取工业工程中的取消、合并、重排与简化的方法。它的作用是降低瓶颈工位工作时间，协调流程节拍，提升流水线平衡性，最终提高产能与效率，具体如表 5-13 所示。

表 5-13　ECRS 法

符号	名称	目的	具体方法
E	取消（eliminate）	对于不合理、多余的动作或工序给予取消	（1）剔除所有不必要的作业、步骤或动作； （2）剔除不方便或不正常的动作； （3）剔除必须使用肌力才能维持的姿势； （4）剔除必须使用肌力的工作，而以动力工具取代； （5）剔除以手作为持物工具的工作； （6）剔除必须克服动量的工作

续表

符号	名称	目的	具体方法
C	合并（comebine）	对于无法取消又是必要的动作或工序，看是否可以合并，以达到省时、简化的目的	（1）把必须突然改变方向的各个小动作结合成一个连续的曲线动作； （2）合并各种工具，使之成为多用途工具； （3）合并可能的作业； （4）合并可能同时进行的工作
R	重排（rearrange）	改变加工顺序或替换工序，以提高效率	（1）使工作平均分配于两手，两手对称性同时动作； （2）把工作平均分配于各成员； （3）把工作安排成清晰的直线顺序
S	简化（simplify）	采用最简单的方法或设备替代繁杂工序，以节省人力和时间	（1）减少每一动作的复杂性，使用最低等级的肌肉工作； （2）保持在正常动作范围内工作，缩短动作距离

3. 动作改善

动作经济原则又称省工原则，指的是使作业（动作的组成）能以最少的“工”的投入，产生最有效率的效果，达成作业目的的原则。

1）同时使用双手

工具的改善、方法的改善或零件摆放方式的改善等，使双手能同时动作，双手的动作呈对称性，或脚也能同时使用，如图 5-31 所示。

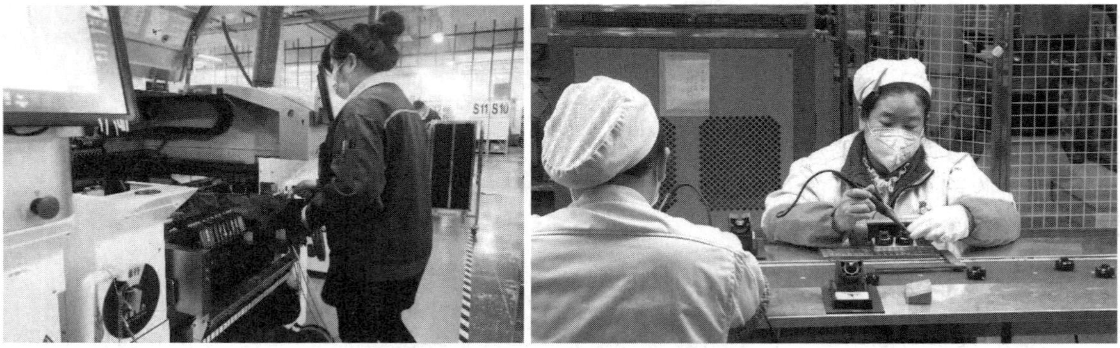

图 5-31　同时使用双手

2）减少动作次数

通过以下方法缩短动作时间、消除浪费：省掉更换动作，取消暂放动作，减少查找、选择、判断的时间，合并工具、减少取放，减少拿工具的姿势变换等。

3）缩短移动距离

缩短伸手、步行、转身、蹲下等动作的距离，从而缩短动作时间，消除浪费，如表 5-14 所示。

表 5-14　缩短移动距离

✧ 工具要尽量吊在与紧固位置接近的位置	✧ 尽量缩短步行距离（1 步） ✧ 部件要尽量靠近放置	✧ 可在直线状态下取配件，配件要容易看到 ✧ 配件箱等要倾斜
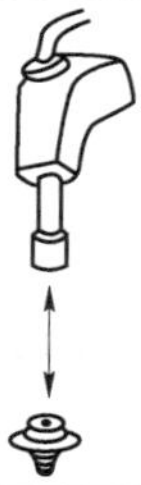	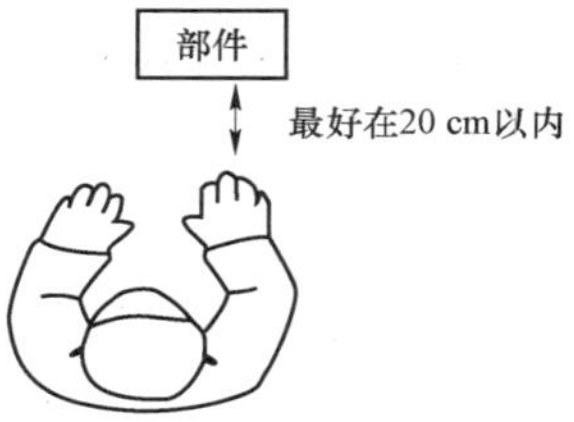	

4）动作舒适

尽量用最低等级动作来工作，用时尽量短且不易疲劳，如表 5-15 所示。

表 5-15　动作舒适级别

级别	一级	二级	三级	四级	五级
运动枢轴	手节	手腕	肘	肩	身躯
人体运动部分	手指	+手掌	+前臂	+上臂	+肩
动作范围	手指节的长度	手掌的张度	前臂的长度	上臂的长度	上臂+ 身躯弯曲
速度	1 m/s	2 m/s	3 m/s	4 m/s	5 m/s
体力消耗	最少	少	中	多	最多
动作力量	最弱	弱	中	强	最强
疲劳度	最小	小	中	大	最大
时间（25 mm 为主）	0.001 6 min	0.001 7 min	0.001 8 min	0.002 6 min	0.042 min

4. 生产线排产及平衡改善案例

【例 5-10】 一条自行车组装线（其生产活动见表 5-16）的总装配时间为 66 min。工厂确定每天的工作时间为 480 min，出产量为 40 件。试画出顺序图并找出工序的最小数目，然后安排工序以平衡组装线，并计算这条组装线的平衡率。

表 5-16　自行车组装线生产活动

任务	生产时间/min	前项任务
A	10	—
B	11	A
C	5	B
D	4	B

续表

任务	生产时间/min	前项任务
E	12	A
F	3	C、D
G	7	F
H	11	E
I	3	G、H
总时间	66	

在给定了生产时间后，最小工序数应为：

$$S_{\min}=\left[\frac{W}{C}\right]$$

式中：W——制造单位产品所需全部作业元素加工时间总和；

C——瓶颈工序单位产品产出时间；

[ ]——大于或等于 W/C 的最小整数。

解：生产节拍 TT=480/40=12（min）；

最小工序数 $S_{\min}$=[66/12]=6，自行车生产线工序分配如图 5-32 所示。

平衡率=66/（6×12）=91.7%。

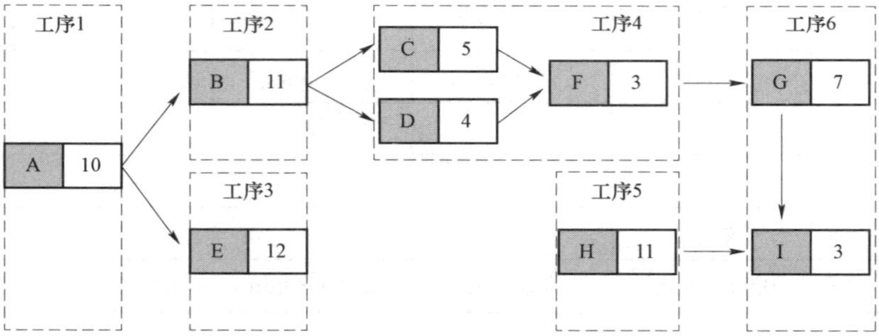

图 5-32　自行车生产线工序分配图

【例 5-11】 电风扇装配由下列任务组成（其生产活动见表 5-17），每天需要装配 100 台风扇，每天工作 8 h，其中两次休息时间分别为 30 min，请进行生产线平衡排产。

表 5-17　电风扇装配线生产活动

任务	时间/min	任务描述	紧前任务
A	2	装配外框	无
B	1	安装开关	A
C	3.25	装配电机架	无
D	1.2	将电机架装入外框	A、C

续表

任务	时间/min	任务描述	紧前任务
E	0.5	安装扇叶	D
F	1	安装栅格	E
G	1	安装电缆	B
H	1.4	测试	F、G

解：① 确定生产节拍 TT：

TT=（480−2×30）/100=4.2（min）

② 画优先图（图 5−33）：

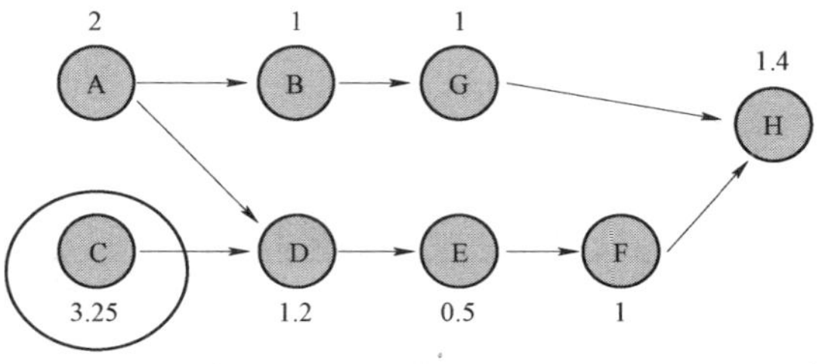

图 5−33　电风扇装配线优先图

③ 确定 CT：

任务 C 决定了生产线的 CT，故 CT=3.25 min，最大产出率=(480−2×30)/3.25≈129(台)。

④ 确定理论最小工序数：

S=［（2+1+3.25+1.2+0.5+1+1+1.4）/4.2］=3

⑤ 排产：紧后工序数目最多的工作优先安排；在紧后工序数目相同的情况下，作业时间最长的任务先排，如图 5−34 所示。

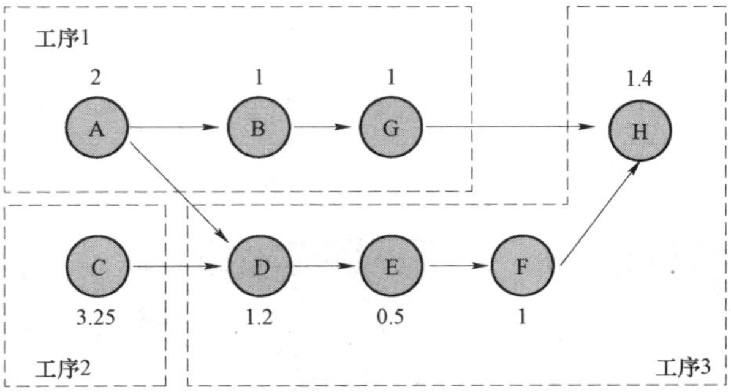

图 5−34　电风扇装配线工序分配图

⑥ 平衡率：平衡率=任务时间总和/（实际工序数×瓶颈工序时间）

=（2+1+3.25+1.2+0.5+1+1+1.4）/（3×工序 3 时间）

=11.35/（3×4.1）=92.3%。

实战演练

1. 航空铝块螺栓装配生产线工时测定练习

根据给定的航空铝块螺栓装配作业指导书，进行各工序工时测定和计算，并完善作业指导书。

材料：秒表（手机）、工时测定表、铅笔。

步骤：

① 整理资料，确定工艺、操作员；

② 划分操作单元；

③ 测定时间；

④ 计算标准时间；

⑤ 完善作业指导书（表 5-18）。

表 5-18　航空铝块螺栓装配生产线作业指导书

1. 来料检验工位作业指导书				
操作顺序	抓取工件	外观检测	尺寸检测	工件转运
图片示例	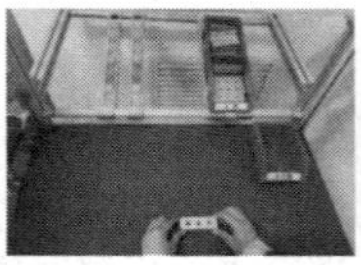		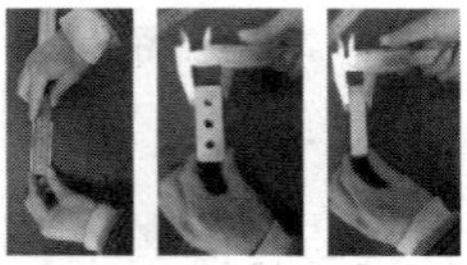	
操作方法	从物料架上抓取工件至工作台面	对比极限样件目视检验工件外观质量	（1）使用直尺检验工件长度（标准：900 mm±0.2 mm）； （2）使用游标卡尺检验工件宽度（标准：30 mm±0.2 mm）、高度（标准：20 mm±0.2 mm）	将合格工件放至传送带上，转运至加工工位；将不合格工件放入不良品盒
标准工时/s				

2. M10 螺栓拧紧工位作业指导书			
操作顺序	抓取工件	顶面 M10 螺栓拧紧	工件转运
图片示例		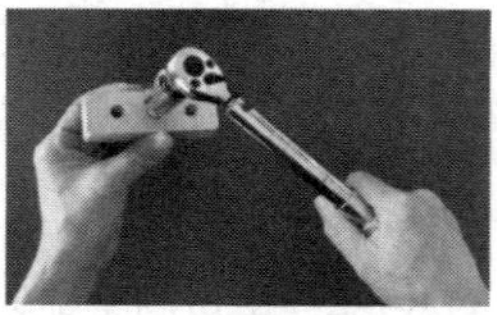	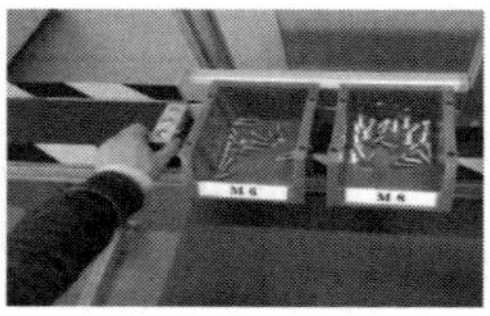
操作方法	从线边存储区抓取工件至工作台面	使用预置力扳手将 1 个 M10 螺栓拧紧至工件顶面中心孔，要求力矩不小于 3 N · m	加工完成后将产品放至传送带上，产品转运至检验交付工位
标准工时/s			

续表

3. M6 螺栓拧紧工位作业指导书			
操作顺序	抓取工件	正面 2 个 M6 螺栓拧紧	工件转运
图片示例		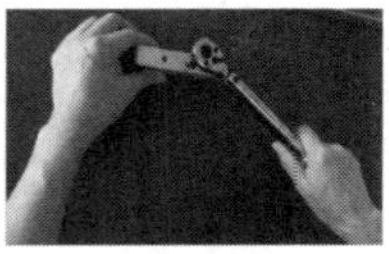	
操作方法	从线边存储区抓取工件至工作台面	使用预置力扳手将 2 个 M6 螺栓拧紧至工件正面侧孔，要求力矩不小于 3 N • m	加工完成后将产品放至传送带上，产品转运至检验交付工位
标准工时/s			

4. M8 螺栓拧紧工位作业指导书			
操作顺序	抓取工件	顶面 2 个 M8 螺栓拧紧	工件转运
图片示例			
操作方法	从线边存储区抓取工件至工作台面	使用 T 形套筒扳手将 2 个 M8 螺栓拧紧至工件顶面两侧孔，要求力矩不小于 3 N • m	加工完成后将产品放至传送带上，产品转运至检验交付工位
标准工时/s			

5. 检验交付工位作业指导书					
操作顺序	抓取产品	正面 2 个 M6 螺栓拧紧检验	顶面 M10 螺栓拧紧检验	侧面 2 个 M8 螺栓拧紧检验	工件转运
图片示例			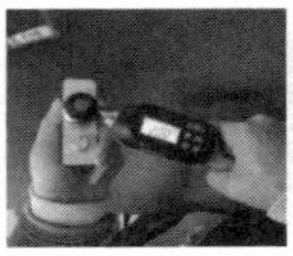		
操作方法	从线边存储区抓取产品至工作台面	使用数显扳手检验正面侧孔拧紧力矩，要求力矩不小于 3 N • m	使用数显扳手检验顶面中心孔拧紧力矩，要求力矩不小于 3 N • m	使用数显扳手检验 2 个例孔拧紧力矩，要求力矩不小于 3 N • m	将检验合格产品放入成品库，检验不合格产品放入不良品盒
标准工时/s					

2. 纸飞机制作流程改善

任务：生产 15 架纸飞机

要求：

（1）各小组建立一个模拟的生产线，4 个工位，1 位物流员，1 位统计员。

（2）安排 3 轮赛程，每个赛程各小组生产 15 架飞机。

（3）每轮赛事需统计以下数据：

① 记录第一批/架飞机从领料到入库的时间；

② 记录 15 架飞机从生产到入库的总时间（总耗时）；

③ 赛程完成后，统计本小组的 WIP 量（在制品量，即所有工序未完成的半成品纸飞机数量）。

（4）统计员工作任务：

① 记录第一批/架飞机从领料到入库的时间；

② 记录 15 架飞机从生产到入库的总时间（总耗时）；

③ 赛程完成后，统计本小组的 WIP 量（在制品量，即所有工序未完成的半成品纸飞机数量）。

备注：统计时间须换算成秒（s）。

第一轮赛程

规则 1：批量为 3，下游工位从上游缓存盒领料时，只能以 3 个为基本单位领取，当上游缓存盒里的物料少于 3 个时，该工序是不能领料的。工位 4 成品入库时，也必须是以 3 个为一个批次入库，具体工序如图 5–35 所示。

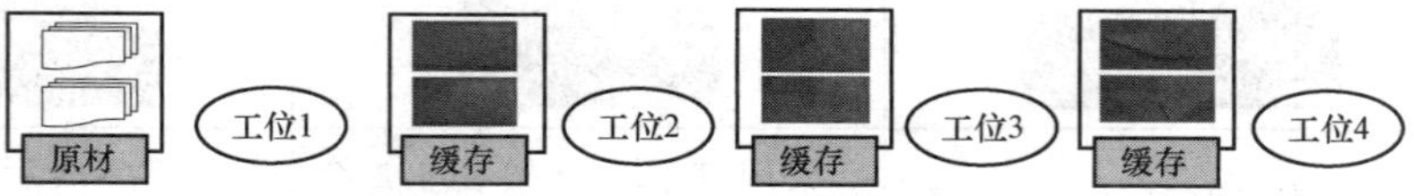

图 5–35　第一轮赛程工序

规则 2：各工位只要满足规则 1 就必须领料并进行生产，不能无故停止生产。

规则 3：入库 15 架飞机时，统计员叫停，此刻各工位停止手中工作，统计员做相关统计。

第二轮赛程

规则 1：批量为 1——下游工位每次领料只从上游工位领取 1 个，具体工序如图 5–36 所示。

图 5–36　第二轮赛程工序

规则 2：只能在下列情况下才能生产：其下游缓存盒没有半成品或只有 1 个半成品；反之，当下游缓存盒有 2 个半成品时，该工位是不能领料生产的。

规则 3：入库 15 架飞机时，统计员叫停，此刻各工位停止手中工作，统计员进行统计。

第三轮赛程

规则 1：在工位数、人员不变的前提下，可自由运用精益方法和工具，进行精益改善；你的地盘，你做主！

规则 2：入库 15 架飞机时，统计员叫停，此刻各工位停止手中工作，配合统计员进行相关统计。

提示：

（1）可运用 ECRS 法，提高生产线平衡；

（2）可改变拉式生产的生产触发机制，比如只有在下游缓存盒没有半成品时，该工位才能领料生产。

讨论：

（1）第一轮赛程和第二轮赛程在第一批/架飞机入库时间、总耗时和在制品数量上有什么区别？什么原因？说明了什么问题？

（2）第三轮赛程做了哪些调整和优化？与第二轮赛程相比在入库时间、总耗时和在制品数量上有什么区别？为什么？

熟记动作改善检查表（表 5–19）。

表 5–19　动作改善检查表

基本原则	动作数量的减少	同时进行作业	缩短作业距离	作业的舒适
暗示启发	是否有查找、选择动作	是否有等待、保持	是否进行了不必要的大动作	能否排除
优化动作的原则	（1）排除不必要的动作； （2）减少眼睛的移动； （3）考虑 2 个以上动作的结合	（1）从始至终双手同时作业； （2）双手同时呈反对称方向作业	（1）在身体最适合的部位做动作； （2）在最短的距离内做动作	（1）动作尽量不受限制，要接近舒适的动作； （2）要利用重力及其他力做动作（例如提升机）； （3）利用力的惯性及反作用力做动作； （4）动作的方向及其变换要流畅
作业场所的维护原则	（1）材料及工具在作业之前要放在一定的场所； （2）材料及工具要按作业顺利放置； （3）材料及工具要放置在较容易作业的状态	要考虑使双手可同时动作的配置	作业区域要小到不妨碍作业的程度	作业位置的高度要适中
夹具的使用原则	要使用容易取到材料及配件的容器、器具	（1）要利用保持工具对作用对象进行长时间的保持； （2）要利用脚进行较简单的作业、需要力气的作业	要采用利用重力的器具进行材料的提取与搬送	要利用夹具或导轨等来限制所定的作业路线（例如小型铁轨）
夹具及机械设备的设计原则	（1）机械的移动方向要与动作方向相同； （2）2 个以上的工具用 1 个代用； （3）对夹具的固定要使用动作数少的装置	考虑可双手同时动作的夹具	机械的操作位置要放在动作最适合的身体部位	（1）握持部位要做成容易抓握的形状； （2）夹具要在容易看到的较舒适的位置工作

学习评价

学习本单元后，请学生根据自身学习体会，结合下表所列内容进行评价。

单元 5.3 学习评价表

姓　名		组　别		班　级			
日　期		综合评价等级					
评价指标	评价标准	分值	评价方式				
			自我评价（占 30%）	小组评价（占 30%）	教师评价（占 40%）	单项得分	
课前预学	课前预习本任务相关知识，查找相关资料	5					
	完成问题引导部分的题目	5					
课堂参与	认真听讲和练习	10					
	积极参与小组讨论，并有详细笔记	10					
课堂互动	积极回答教师的问题	5					
	与小组成员有效合作，尊重他人	5					
	在小组活动中能围绕主题发表自己的观点	10					
自主探究	独立思考，自主学习，能发现问题	10					
	主动寻求解决问题的方法	10					
	善于观察、分析、思考，能提出创新观点	5					
综合素养	具有一定安全意识、责任意识、规范意识	5					
	具有吃苦耐劳的精神和严谨认真的学习态度	5					
学习成果	能在规定时间内完成本人的分工任务	10					
	完成课后作业	5					

模块 6

连续流生产

连续流生产是一种生产方式，其特点是产品在生产过程中的各个环节之间没有明显的界限，而是在一个连续的工作流中完成；其主要目的是减少生产过程中的浪费，提高生产效率和产品质量。连续流生产需要有高度自动化的设备和生产线，以及精细的生产计划和控制模式。这种生产方式可以大大提高生产效率，减少生产成本，提高产品质量，增强企业的竞争力。

在国内，连续流生产已经在一些行业得到了应用，如汽车制造、电子制造、石油化工等。连续流生产是现代制造业的发展趋势之一，随着技术的不断进步，这种生产方式将在更多的行业得到应用。

模块概述

连续流生产是一种以需求为导向，按照产品生产顺序，将生产过程划分为多个阶段，实现各阶段紧密衔接、高效协同的生产方式。通过理论讲解与实践操作相结合的方式，读者掌握连续流生产的特点及其与传统批量生产的区别，熟悉连续流生产设备布局的类型与适用领域。通过案例分析，读者掌握生产设备布局的改善方法。通过实操练习，读者亲身体验生产设备布局的改善过程，巩固所学知识，为接下来的学习打下坚实的基础。

教学目标

知识目标	能力目标	素质目标
（1）掌握传统批量生产方式的生产设备布局类型及各自特点； （2）掌握一个流生产的优点与实施技术； （3）掌握连续流生产设备布局要求，了解创建连续流的办法； （4）了解单元生产线的基本要求及其优势； （5）掌握单元生产线的不同类型	（1）能区别传统批量生产方式的生产设备布局与单元生产线设备布局； （2）能够灵活运用创建连续流的办法进行虚拟生产线设计； （3）能够结合所学知识进行生产线案例分析并提出改善方案	（1）提升生产管理工作过程中的操作能力和管理能力，具备解决实际问题的基本能力； （2）培养沟通能力与团队协作能力； （3）培养社会责任感和职业道德； （4）培养创新能力，激发创新思维和创造力

单元导航

单元 6.1　连续流生产的特点及实施技术；

单元 6.2　连续流生产的实施与改善。

单元 6.1　连续流生产的特点及实施技术

传统批量生产方式

问题引导

引导问题 1：传统批量生产方式中按设备功能布局的优势和劣势有哪些？

____

____

引导问题 2：传送带流水线的优势和劣势有哪些？

____

____

引导问题 3：一个流的生产特征是什么？

____

____

相关知识

6.1.1　传统批量生产方式

精益生产的核心思想之一就是要尽量使工序间的在制品数量接近甚至等于零，也就是说，前工序加工一结束就立即转到下一工序进行加工，建立一种无间断的流程。这种连续流生产是实现精益生产的一个基本原则。

传统批量生产也被称为大规模生产，这种生产方式起源于 20 世纪初的工业革命，特别是在美国福特汽车公司的流水线生产方式得到广泛应用之后。

传统批量生产方式的生产线布局一般分为设备功能布局、传送带流水线两种。

1. 设备功能布局

设备功能布局是将相同类型的机器布置在一起形成加工区域的一种生产线布局方式，如图 6–1 所示。在这种布局方式下，待加工对象按各自的加工顺序依次流经各个加工单元。不同产品有完全不同的加工工艺要求和操作顺序，相同的多台设备和不定的工艺路径形成多种生产组合，而多样性生产带来的不是生产便利，而是各种各样的问题。采取这种布局方式的企业通常是设备型企业，例如模具加工企业、锻造冲压企业等。

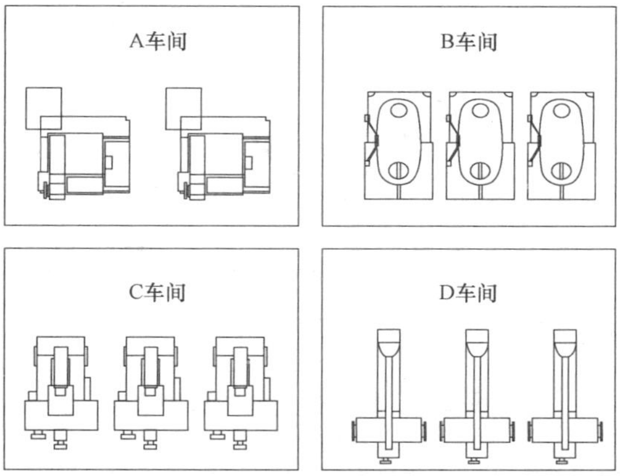

图 6-1 设备功能布局

1）优势

① *有利于设备管理和人员管理* 将相同的设备和作业人员放置在一起，减少变化，自然就能减少管理上的难度，管理者仅需要管理相同类型的设备，具有相同操作技能即可。

② *有利于员工提高技能* 单一技能或者少数技能重复使用，很容易锻炼作业人员的操作技能，容易培养出技术上的尖兵，但是这些尖兵在技术的应用广度上可能有所缺失。

③ *设备故障影响最小* 在相同区域内会有很多台同样的设备，如果一台设备出现了故障，可以直接转到另一台设备，不影响生产。此外，维修人员也相对更容易对设备进行维修，备件也更好管理，因为同样设备的原理和结构都是相似的。

④ *调配设备产能负荷* 设备集中摆放在一起，很容易看出设备的负荷程度，也容易将满负荷设备的工作计划调配到其他设备进行生产。另外，汇总加工工单可以提高设备的使用率，不会出现因为上游工作未完成而造成部分下游生产线等待的现象。

2）劣势

① *在制品多* 当工序（如冲压、注塑等）间需要有换模辅助时间时，批量生产可以使分摊到每一件产品上的辅助时间比较少。因此，在大量制造同一种产品时，生产效率很高；但在制造不同的混合产品时，会产生大量在制品或库存。

② *生产周期长* 生产周期就是产品从开始生产到完成加工的时间。在批量生产中，按批量组织生产，即在生产过程中要待前一工序所有批量产品加工完成后，才能流转到下道工序进行加工，从而导致生产周期长。生产周期长的缺点，除了直接影响交货期，不能及时对市场需求做出反应外，还会引起其他形式的浪费，如在制品增多、等待浪费、搬运浪费等。同时，生产周期长还会对企业产生一系列负面影响，如减少现金流周转次数、产生更多的库存量、无法快速满足客户需要、降低企业竞争力等。

【例 6-1】 在图 6-2 中，有 A、B、C、D 四道工序，每道工序每件产品的加工时间为 1 min，批量为 5 件，则每 20 min 生产出一批零件（5 件）。如第一件产品从 t=0 时刻开始，t=16 时刻完成，每件产品在 4 台设备上的加工总时间为 4 min，延迟的时间都浪费在批量等待上。

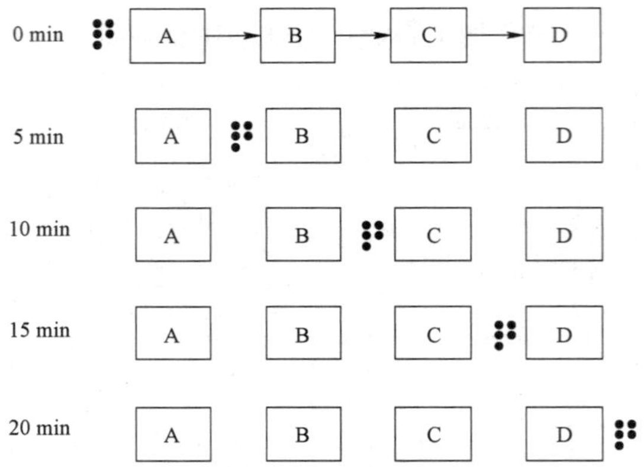

图 6-2　批量生产的物料移动

③ *质量问题多*　在批量生产方式中，尤其是机械加工行业，设备多采用机群式布置方式，即依设备的功能将其集中布置在一起。由于批量生产是以一个批量为单位的，由前一工序流向下一工序，只要下一工序某台设备空闲，就可安排生产。因此，每一批都有可能在每一台机器上进行加工，造成物流路线不唯一，示例如图 6-3 所示。这种流动方式称为乱流方式，其特点是工序越多，乱流的程度也越高。有不良品产出时，难以追溯。

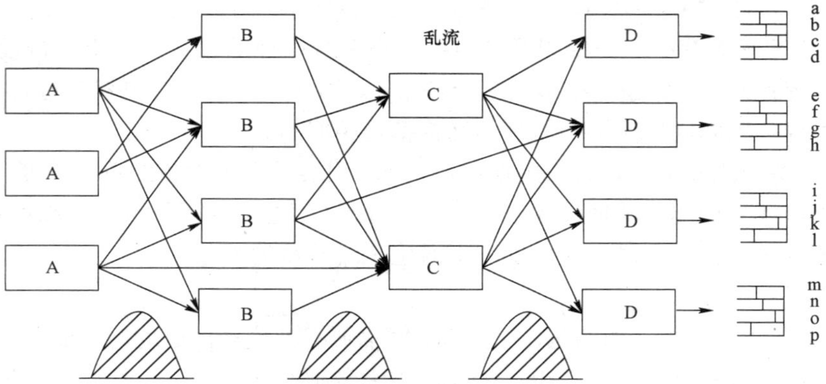

图 6-3　乱流方式

④ *搬运多*　在传统的机械加工行业中，机器设备多采用机群式布置方式，为了完成产品的加工，需要对生产过程中的半成品在各工序之间进行搬运，这就是工序间搬运的浪费，并且与之伴随的物流、信息流也产生了断点。为了减少这种浪费，工厂普遍采取集中生产、集中搬运的方式来减少搬运的次数，所以不仅产品的加工周期变长，而且在制品的数量和生产所需的空间也增大了。

2. 传送带流水线

流水线是由福特公司创始人福特发明的一种设备布局方式，一度成为市场上主要的生产线布局方式。传送带流水线将整体工作分解为一系列标准化的分段作业，每个分段作业由一个作业人员负责，待加工产品通过传送带输送到作业人员面前，流水线上的产品是作业人员的加工对象。流水线常用于大批量生产，批量越大越能减少成本。传送带流水线适用于标准化程度较高或者大批量产品加工的行业中，例如电子工业、汽车工业等。

1）优势

① 加工速度快　每个作业人员被安排操作其中的某个工段，能够在很短的时间内完成工作并将产品传送到下一个工位，从而在短时间内完成一个产品的生产。加工效率提高之后，就可以压低制造成本，以更低的价格卖给客户，满足了当时社会物资需求井喷的情况。

② 对作业人员的要求不太高，作业人员培训的周期比较短　由于每个作业人员只负责一小段工作，动作重复性很高，操作内容也比较少，所以流水线作业可快速将农民转换为工人。

③ 搬运少　产品和零件通过传送带传送到作业人员面前，可以减少很多搬运动作，避免作业人员因寻找、取出物料并将其移到合适的位置而耗费时间。

④ 实现连续流生产　产品通过流水线组装可以实现从原材料变成成品的转换过程，其间没有任何离散型作业。

2）劣势

① 故障会导致全流水线停工　传送带流水线与设备类型的布局不同，如果一个工位停止工作或者出现故障，整条流水线就会停止工作。一个作业人员的工作可以影响整条流水线的产出，如果一个作业人员在规定时间内无法完成工作，将产品直接拿出流水线，将导致后续的作业人员都有一个空节拍。生产线越长，空节拍的问题就越严重，就会产生更多的无效产出。为了防止空节拍的情况，一般会在工位之间放置 1～2 个在制品，当出现空节拍时，作业人员拿出在制品进行加工，从而填补空节拍的时间。

② 生产线平衡差　在生产平衡做得比较好的时候，生产线的平衡率为 80%～90%。如果生产线的平衡率为 80%，意味着 20%的生产力白白损失了。生产线平衡差的表现如下：作业人员在等待上一个工序的产品，上一个工序的产品到达之前一直处于空闲状态，什么活也不做；或者一个作业人员相当卖力地工作，却依旧有很多待加工的产品，而其他工作人员却处于等待产品到达的状态。这些都是生产线不平衡的表现，一边是作业人员没有工作可做，另一边是作业人员怎么做也不能完成工作。将生产线上没事可做的人员数量除以全体作业人员的数量，就可以得出生产线的大致平衡率。要想提高生产线效率，首先要考虑做生产线平衡改善的工作，重新测量每个工位的标准工时，画出生产线山积图，重新调整每个工位的工作内容，使各工位作业人员的工作负荷尽量保持一致。生产线平衡差示意如图 6-4 所示。

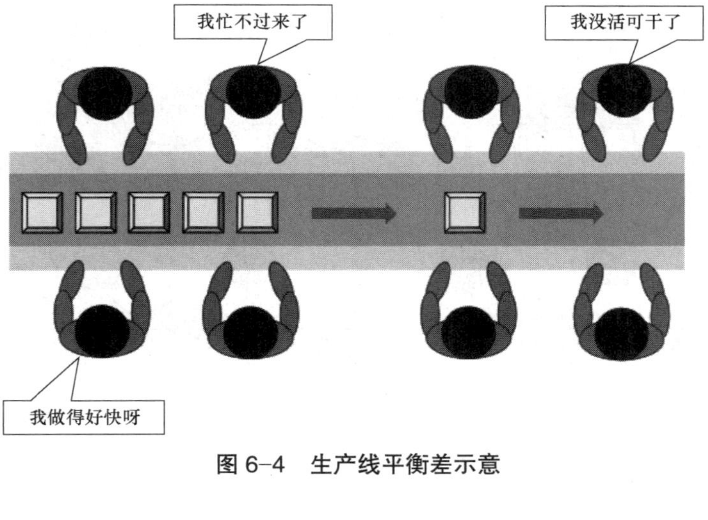

图 6-4　生产线平衡差示意

③ 最慢的人决定产出 作业人员的操作速度有快有慢，很难找到一组人在相同速度下进行生产。若想改善瓶颈工位的问题，有两个途径：一是消除瓶颈工位的浪费动作，二是想办法降低瓶颈工位的作业时间。例如，引入更好的工装夹具实现简易化、自动化，或者将部分工作转移给其他作业人员。有时候，瓶颈工位处会悬挂一个瓶颈工位处标识牌，提醒相关人员对瓶颈工位进行改善。流水线瓶颈如图 6–5 所示。

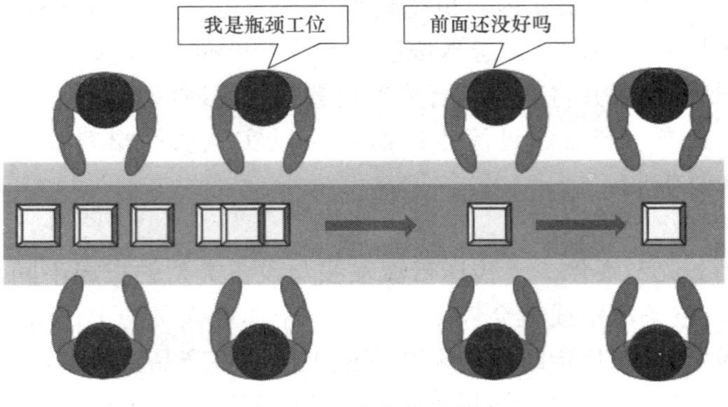

图 6–5 流水线瓶颈

④ 缺少相互帮助 由于作业人员各自负责不同的工作，操作快的作业人员并不一定能够帮助操作慢的作业人员。另外，因为分工不同，有的作业人员是做检验的，有的作业人员是做操作的，做检验的作业人员很难帮助做操作的作业人员，而且想提供帮助的作业人员很难知道前面的作业人员做到哪一步了，所以难以相互帮助。在工作现场，因为总会出现异常，所以作业人员难以总能在设定的时间内完成操作，这些异常包括物料卡住出料盘、设备安装异位、物料方向不对、工作一段时间后需要取新物料等，所有这些情况都会导致传送带无法按时完成动作，需要其他作业人员帮助，如图 6–6 所示。

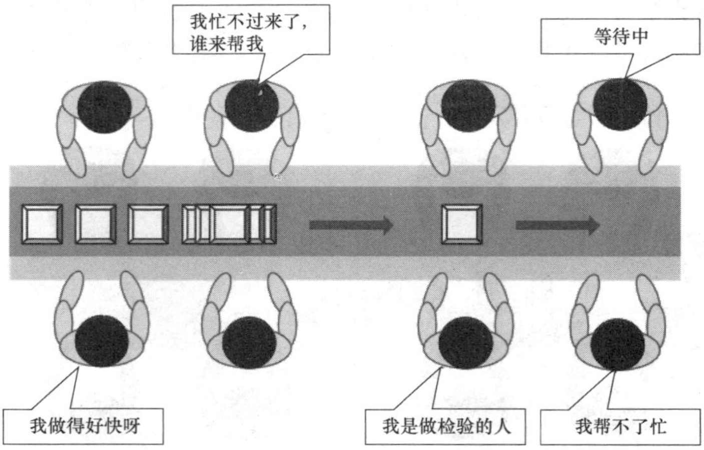

图 6–6 流水线缺乏帮助

6.1.2　一个流生产

一个流生产

连续流生产改变了按照各个流程（工序）单位进行生产的传统思维，它把生产流程看作“河流”，以流水线来生产产品。它的核心在于消除各道工序内部、各道工序之间的物资停滞，实现一个流生产。这要求设计一个理想的生产流程，按照生产流程顺序排列机器设备，减少运输浪费，通常采用 U 形生产线和“二字”形生产线等布置方式，确定流向各道工序的产品品种和产品号，从而消除不均衡的生产状态。

1. 一个流生产的概念

一个流生产又称一件流生产，是指将作业场地、人员、设备合理配置，按照一定的作业顺序，使零件一个个地依次经过各工序设备进行加工、移动。其特点是做一个、传送一个、检查一个，每个工序最多只有一个在制品或成品，从生产开始到生产完成，都没有在制品周转作业。

在工厂内，若各个生产线之间也采用一个流进行同步生产，那么整个工厂就像是用一条“看不见的传送带”把各个工序、生产线衔接起来，形成整个工厂一体化的“一个流生产”。

2. 一个流生产的优点

实施一个流生产时，前道工序加工完一件在制品后，立即将在制品传送到下一道工序继续加工。与批量生产方式相比，一个流生产具有以下优点。

1）最短生产周期

在一个流生产方式中，每次只加工 1 件，与批量生产方式相比，它减少了批量等待的时间，因此生产周期也大为缩短。对于图 6–2 中的例 6–1，采用一个流生产方式后，第 1 件产品只需 4 min 就可以加工完成，而且全部产品加工完成只需 8 min，比批量生产方式的生产周期缩短了 12 min，如图 6–7 所示。生产周期的缩短，有可能把原有的紧急订单变为常规订单，便于生产组织。同时，可使企业资金周转加快，大大提高其获利能力。

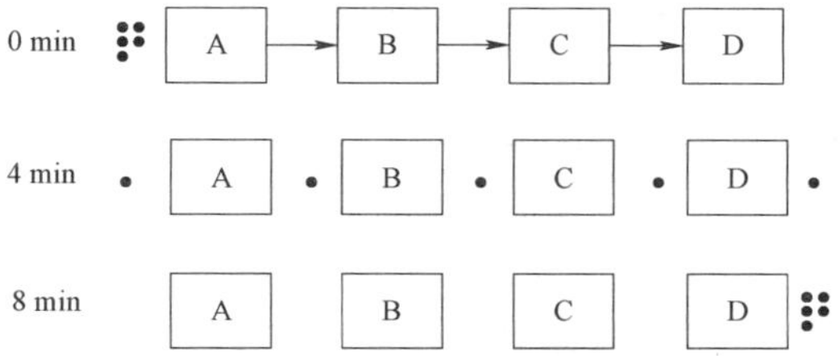

图 6–7　一个流生产缩短生产周期

2）发现问题及时，品质高，成本低

高品质是精益生产所追求的一个重要目标，它依托的是一个流的作业原理，以此形成有效的品质管理体系。在一个流生产中，每一个作业人员都是品质监控者，不让问题进入下一道工序。若上一道工序的作业人员未能发现产品瑕疵，而让其流入下一道工序，那么下一道工序的作业人员也能非常迅速地发现此问题，并立刻反馈诊断，予以纠正。因为一旦质量存在问题，对后道工序就会产生影响，所以发现问题后必须立刻解决。图 6–8 所示为实施一个流前后的品质对比。

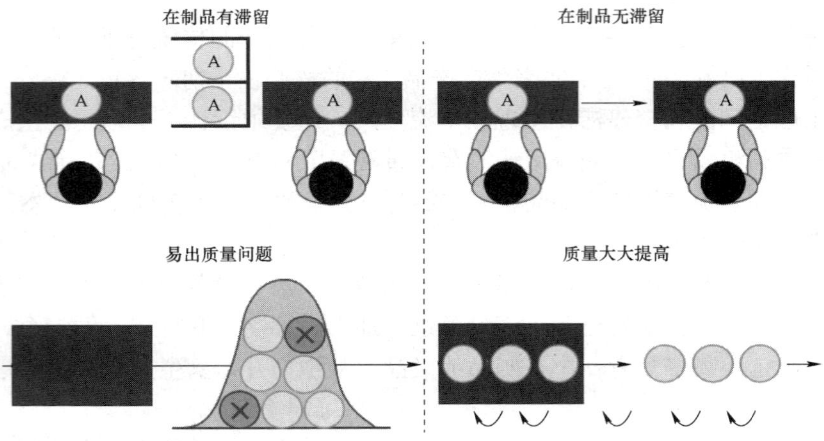

(a) 批量生产 (b) 一个流生产

图 6–8 实施一个流前后的品质对比

与批量生产方式的"乱流方式"不同，在一个流生产中，每个产品都是很清楚地在某一条生产线上流动，称为整流方式，如图 6–9 所示。这样，即使出现异常，也能及时发现，并能追溯到发生异常的工位。

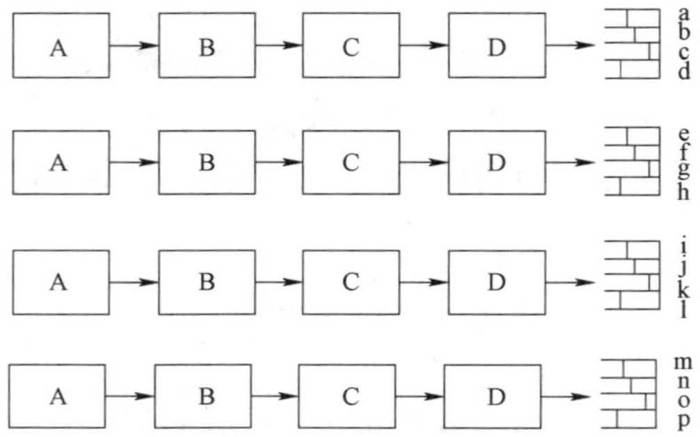

图 6–9 整流方式

3）搬送最小化，创造安全的生产条件

对于生产型企业来说，工伤意外及其他安全事故是一个必须认真面对的问题，采用一个流生产后，厂房内的搬运作业显著减少，对起重机、行车等搬运设备的使用也大大减少，因搬运而发生的工伤事故也大大减少。

4）减少存货和在制品

精益生产认为库存是"万恶之源"，因此精益生产以实现"零库存"为努力目标。采用一个流生产，每个工序最多只有一个在制品或成品，因此在制品大幅度减少。

在制品减少，不仅大幅降低了存货成本，节省了生产空间，而且直接或间接地杜绝了其他形式的浪费现象，如等待浪费、搬运浪费等。

3. 实施技术

工厂里的生产技术分为两种：一种是制造技术，即在各工序上对物料进行加工或装配的技术；另一种是管理技术，一个流生产就是管理技术中最重要的技术之一。实施一个流生产具有以下 6 个要点。

1）实行单件流动

一个流生产的条件，首先是单件流动，就是只做一个，做好后将其传送、检查，将制品经过一个个的加工工序而做成成品。作为一个流生产改善的起点，单件流动并不要求立即改变生产线的布置方式，而是可在原有的设备布置方式下，按照单件流动的方式试做。这样就能将由于批量生产而隐藏在搬运、设备大型化上的浪费显现出来，以此作为改善及建立一个流的起点。

2）按加工顺序布置设备

彻底进行单件流动生产之后，搬运上的浪费就显现出来。图 6–10 为机群式布置方式，原来以 100 件为一个批量在各个工序之间搬运的工作，现在由于采用单件流动的生产方式，每做完一个就必须搬运到下一个工序，所以搬运的浪费就增加了 100 倍。为此，要将这些机器设备靠近，依照产品加工需用到的设备及其加工顺序排列布置，即产品原则布置如图 6–11 所示。

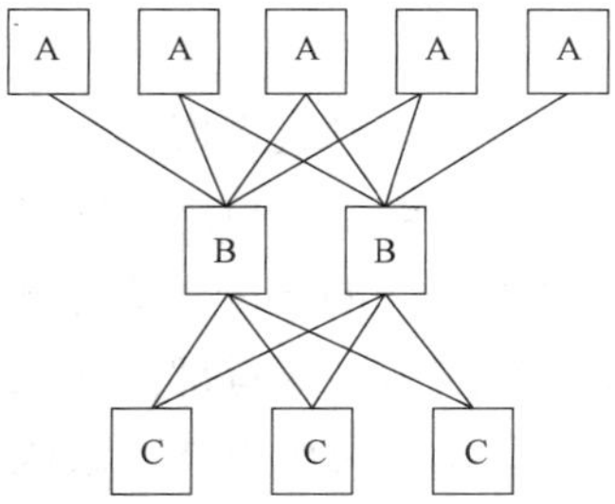

图 6–10　机群式布置方式

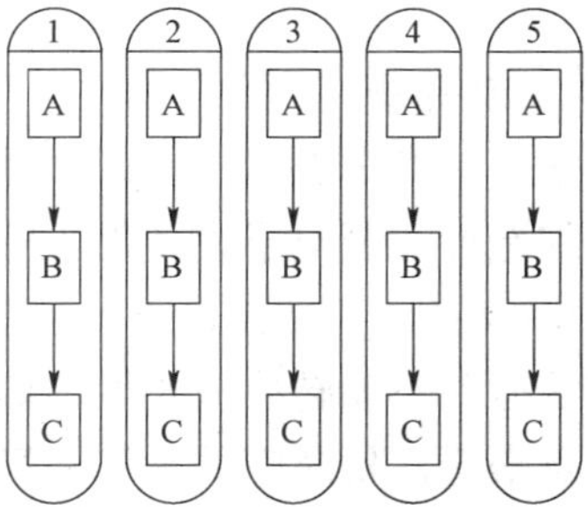

图 6–11　产品原则布置

3）生产同步化

按照加工顺序布置好设备后，产品经过不同的工序设备流动下去，如果各个工序的生产速度不一致，就会在工序之间形成在制品的堆积，从而破坏一个流的顺畅性，就好像河流在流速不一样的地点会产生积水混浊的现象那样，产生浊流的生产现象。为了保证产品流动的顺畅性，消除浊流现象，必须使各个工序严格按照生产节拍的生产速度进行生产，即所谓的生产同步化，如图 6–12 所示。生产同步化追求的是整体效率，而不是个别效率。

图 6–12　生产同步化

4）员工的多能工化

一个流生产方式应尽可能朝员工多能工化方向发展，即向同一作业人员可操作多道工序的方向发展。这种操作方式与操作同一功能机器设备的多机台操作是不同的，如图 6–13 所示。能操作多工序的作业人员称为多能工。在一个流生产中，作业人员的多能工化是极为重要的，只有实现了多能工化，才能达到少人化。

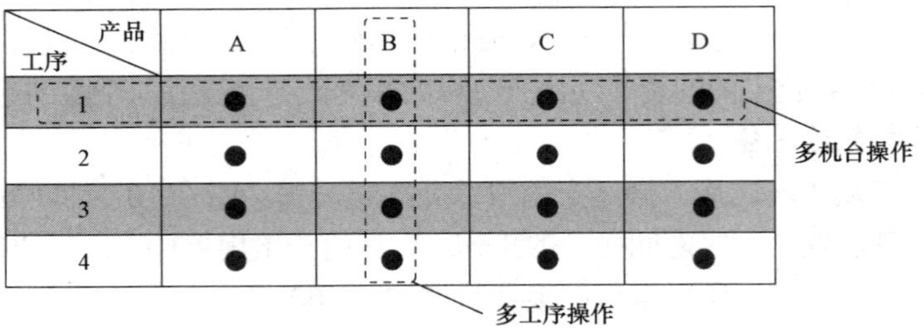

图 6–13　多工序操作

5）站立式走动作业

在一些行业，如汽车制造行业或食品包装行业，站立作业已成为惯例，但在其他的一些行业，如航空制造行业或电子设备加工行业却并非如此。如果在站与坐之间选择，多数人倾向于坐，如图 6–14 所示。然而，通过对在同一操作台坐着工作的装配工人数年观察发现，坐着工作的短期舒适并不能转换成长期的健康，它很容易导致颈椎或背部的疾病。事实上，从人因工程学观点来看，长时间的坐姿势操作比长时间的站姿势操作更佳，人因工程学最优的工作姿势是坐姿和站姿的交替。然而，实际工作却很少能够这样，因为为了按照一定的顺序操作或管理多台设备，作业人员必须是站着工作而非坐着工作，而且站着工作也会使得作业人员在设备出现故障时能够快速地做出反应。

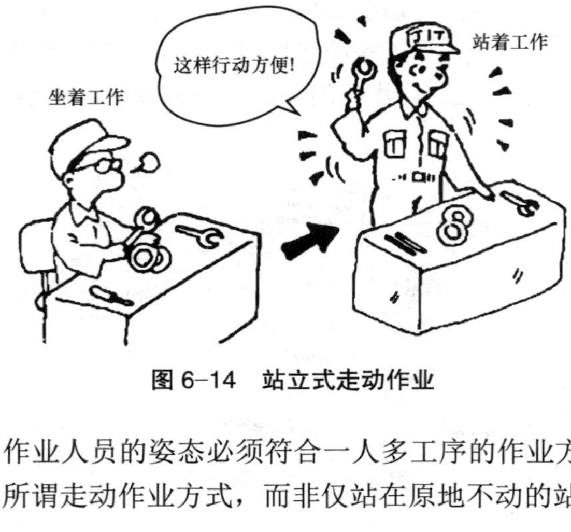

图 6–14　站立式走动作业

实施一个流生产，作业人员的姿态必须符合一人多工序的作业方式的要求，一面走动，一面进行加工动作，即所谓走动作业方式，而非仅站在原地不动的站立作业方式。

6）设备合理布置和设计

在一个流生产中，如果采用多工序操作，将原材料经过一次次的加工而制成成品，作业人员必须沿着加工顺序走动下去。如果设备直线型排布，由一端投入生产，再由另一端生产出来，那么作业人员就会有空手走回原点的动作浪费和时间浪费，如图 6–15 所示。

图 6–15　空手浪费

为此，必须使生产的投入点（input），即材料的放置点与成品的取出点（output）的位置尽可能靠近，即符合“IO 一致”原则。为了符合“IO 一致”原则，生产线应该合理布置，排成英文字母的 U 形或 C 形，一般称为 U 形线。

此外，设备的设计和选用也应符合一个流生产的要求。当进行批量生产时，大型设备或许仍是合适的，但是什么都能做的泛用型大设备上，常积压一大堆的在制品，使生产的流动不顺畅。当今，市场的发展趋势已经走向多品种、少批量，生产线也必须转向细流而快速的复数生产线（即多段短线），只有这样才能更有弹性地响应市场需求的快速变化。所以，机器设备应向小型化、快速化、品质稳定和故障率低的方向发展。

以上介绍了实施一个流生产的 6 个要点。需要注意的是，将传统批量生产方式改为一个流生产方式，只是实施流程化改善的起点。由于传统批量生产方式的机器设备按产品原则布置，一旦机器设备出现故障或者产生次品，整条生产线必然跟着全部停下来。因此，一个流的成功实施，离不开其他的精益生产工具和方法，如 TPM、自动化、标准作业等。

实战演练

1. 查阅资料，举例说明传统批量生产方式存在的问题。
2. 梳理一个流生产的 6 个要素。

学习评价

学习本单元后，请学生根据自身学习体会，结合下表所列内容进行评价。

单元 6.1 学习评价表

姓名		组别		班级	
日期		综合评价等级			

评价指标	评价标准	分值	评价方式			
			自我评价（占 30%）	小组评价（占 30%）	教师评价（占 40%）	单项得分
课前预学	课前预习本任务相关知识，查找相关资料	5				
	完成问题引导部分的题目	5				
课堂参与	认真听讲和练习	10				
	积极参与小组讨论，并有详细笔记	10				
课堂互动	积极回答教师的问题	5				
	与小组成员有效合作，尊重他人	5				
	在小组活动中能围绕主题发表自己的观点	10				
自主探究	独立思考，自主学习，能发现问题	10				
	主动寻求解决问题的方法	10				
	善于观察、分析、思考，能提出创新观点	5				
综合素养	具有一定安全意识、责任意识、规范意识	5				
	具有吃苦耐劳的精神和严谨认真的学习态度	5				
学习成果	能在规定时间内完成本人的分工任务	10				
	完成课后作业	5				

单元 6.2　连续流生产的实施与改善

一个流生产实施技术

问题引导

引导问题 1：简述创建连续流的办法。

引导问题 2：简述支线并入主线工序创建连续流的主要形式和方法。

引导问题 3：简述根据设备类型布局创建连续流的改善措施。

相关知识

创建连续流

6.2.1　基本要求：设备布局——创建连续流

因为设备功能布局方式不具备连续流功能，所以给生产带来了不少的弊端：看似局部效率很高，但是整体效率低下；存在大量搬运、分开断点和大量的在制品库存，引发人员浪费、等待浪费、过量生产浪费、动作浪费等常见的浪费。非连续流对生产百害而无一利，因此创建连续流成为精益改善的一个突破点。在工业工程中，很少提及需要创建连续流，但在精益生产中创建连续流却是五大原则之一。

1. 连续流生产线的基本要求

连续流能够避免孤岛作业和因盲目生产而产出过量的产品；连续流能减少安排生产计划的难度和控制生产进度的情况；原来的生产计划要下达到每个前置加工工序，但创建连续流后只要将生产计划下达到生产线的某一个工位即可。此外，连续流还有以下作用。

① 缩短制造周期　原来加工工件需要在不同的工序间等待搬运、等待加工、等待检验；创建连续流后可以减少工序间的等待时间，产品可以一件一件地被加工出来。制造周期对比如图 6-16 所示。

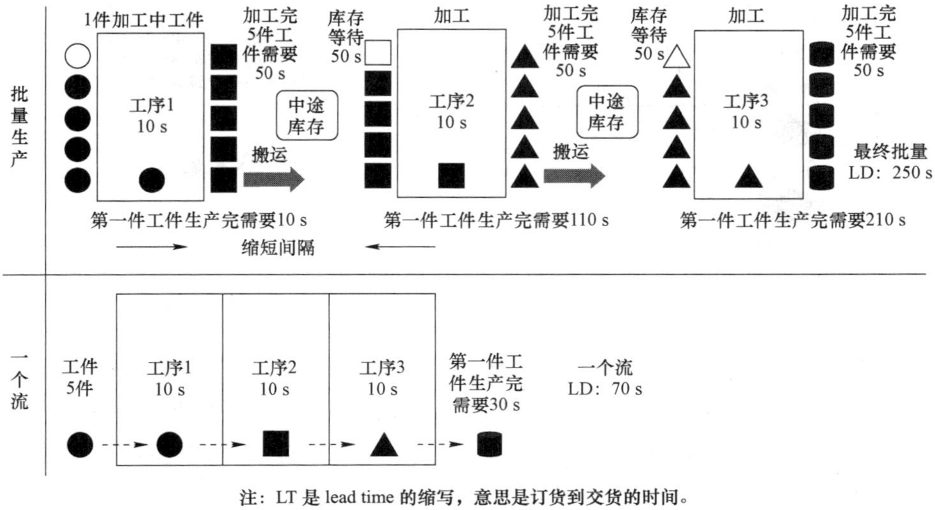

注：LT 是 lead time 的缩写，意思是订货到交货的时间。

图 6-16　制造周期对比

② 减少搬运和库存　有搬运就有库存，一件产品在不同工序间加工也需要搬运；创建连续流后，前后工序间的移动距离变小，从而减少搬运作业，也减少了在制品库存。

③ 提升品质　产品品质一旦出现问题，就能立刻反映到产品的生产上，从而有效减少不良品的产生。

④ 减少空间面积　减少库存后，生产线更紧凑，生产更有效率。

创建连续流生产线或者单件流生产线可以产生巨大的价值，但是在实践中会遇到各种阻力。例如，生产线需要大量的多能工来应对一人操作多个工序的情况，但一人操作多个工序会导致所需的物料、工具、测试设备变多，从而导致工作台面不足。不管出于什么理由，改善的方向是不断创建连续流，通过连续流改善现场的管理情况，提高整体的生产效率，提升作业人员及时解决问题的能力。

2. 创建连续流的办法

1）合并上下游工序创建连续流

这是最常见的创建连续流的办法，上游工序为冲压工序，下游工序为包装工序，将上游冲压工序和下游包装工序连接到一条线上实现连续流。合并上下游工序创建连续流经常遇到的问题是：设备使用率不高、设备数量不够，可以通过采购小型化设备解决这个问题。

上下游工序必须分开的理由通常是设备太大或者设备生产速度太快，需要单独放置；其余工序需要特殊处理，例如电镀、老化、喷漆等。在设计生产线时，应尽量考虑将上下游工序合并成一个连续流。具体操作时，也应当考虑：如果将两个工序合并在一起？合并时会发生什么？会产生什么样的不良影响？如何消除不良影响？合并后会带来什么样的好处？能否对大型设备进行改造？连续流指标对比如图 6–17 所示。

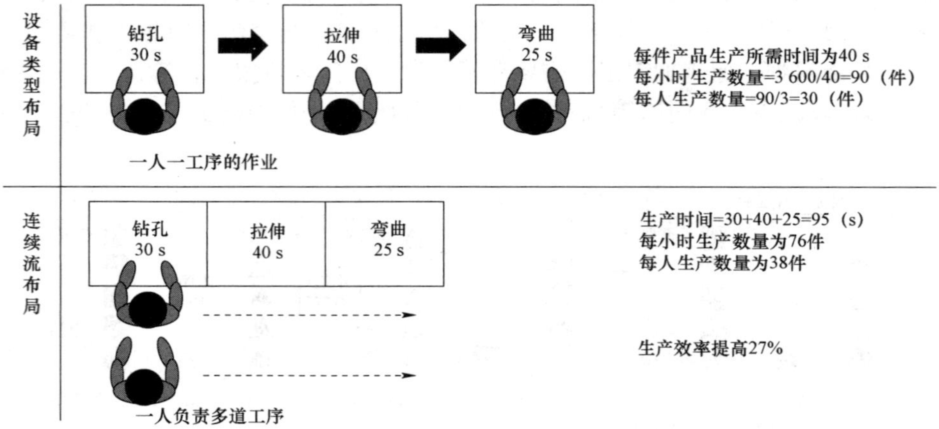

图 6–17　连续流指标对比

在合并上下游工序时经常会遇到以下问题。

① 很多企业喜欢购买大型设备，认为大型设备操作速度快、效率高，但是大型设备也会带来一系列问题。例如，大型设备价格比普通设备高，一般需要技能很高的作业人员；如果生产订单不够饱和，会使设备闲置；设备需要固定位置，很难随时根据生产的需要灵活移动。解决的办法是以大型设备为中心，排布上下游的加工工序。

② 高速设备并入生产线会对其速度产生影响。例如，高速设备原来一天可以加工 1 000 件产品，但并入生产线后就只能加工 800 件产品，浪费了 200 件的产能，所以不建议高速设备并入生产线。解决的办法是：在采购时，不采购高速设备，而是购买柔性化更强的小型通用设备，这样就可以使设备灵活地并入生产线。

③ 一个公用设备往往需要同时满足几条生产线的加工需求，如果将其并入一条生产线，会出现其他生产线难以生产的情况。

④ 合并后，作业人员的工作内容将发生变化，需要学习新的操作技能。

⑤ 合并后，前后生产工序的速度产生差异，解决问题的办法是合并生产线后重新平衡生产线，根据客户的节拍时间重新编排每个作业人员的工作内容。

2）支线作业并入主线工序创建连续流

生产线上总会有前加工工序。例如，塑胶外壳经加胶作业和安装零件工序后才能被主线使用，加胶作业和安装零件为前加工工序，也称为支线作业。前加工通常在主线外进行，形成离岛作业，有的企业有时会将所有的前加工工序放置在一条生产线上统一生产。离岛作业与前后工序分离一样，增加了各种各样的浪费。离岛作业经常会出现信息断裂的情况，例如，主线已经换了型号，但是支线还继续做原来的产品；或者支线生产数量不受控制，生产了很多不需要的产品；还需要安排人员将支线物料送到主线上，需要不断通知支线需要生产什么产品，需要生产多少种产品，也会存在信息沟通问题。

将支线并入主线的方法是：简单地在两三个支线工位使用小传送带或者使用工作台上的滑轨传递物料。支线并入主线方法 1 如图 6-18 所示。

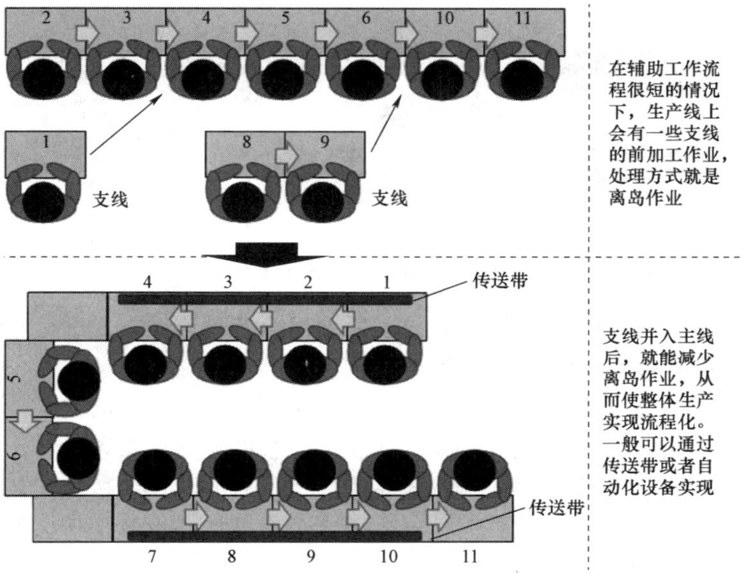

图 6-18 支线并入主线方法 1

跨工位的传递方式有窗帘式上下滑道、自动吊挂输送链、台车、输送带、滚筒等。跨工位的传递方式如图 6-19 所示。

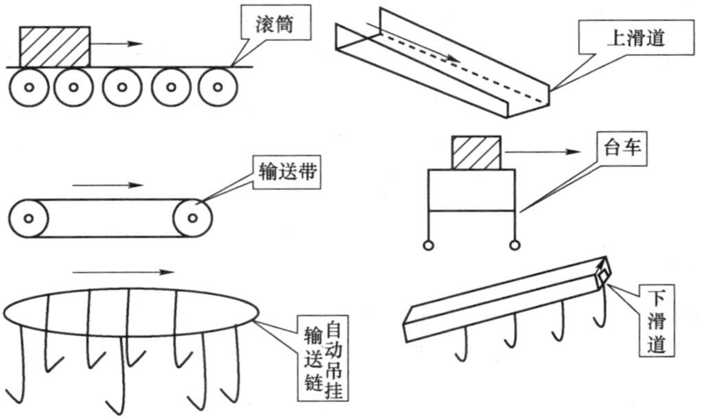

图 6-19 跨工位的传递方式

如果支线由多个工位组成，就可以考虑使用双U形生产线布局方式，或者把更多的U形生产线组合在一起。图6–20中的案例是将两个支线组合成一个U形生产线，然后通过工位9和工位10将物料进行汇总以实现连续流。

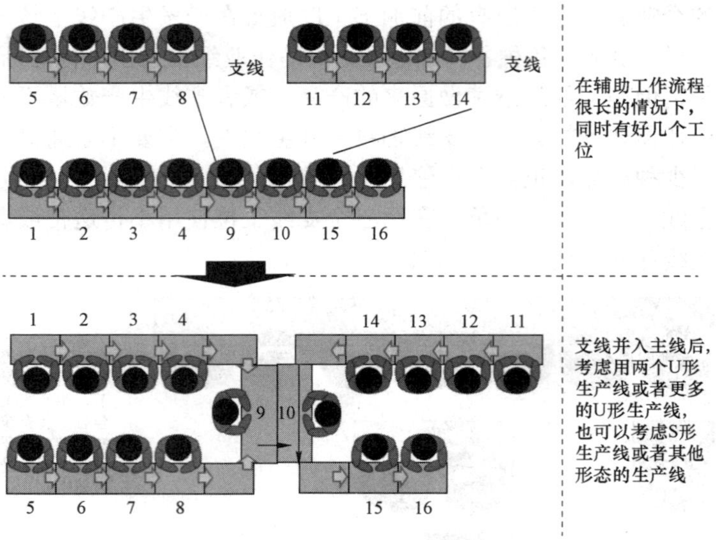

图6–20　支线并入主线方法2

更为复杂的情况是支线上还有支线，这就需要组合各种连线方式进行连续流作业。

3）用设备类型布局生产线创建连续流

在以设备加工为主的企业，很容易看到用设备类型布局生产线的方式，但是这种布局方式会带来各种各样的浪费。优化的布局是按照工艺流程的顺序来布置设备，也就是产品流线化生产布局。若一个产品需要几种不同的设备来完成，就要将设备按照工艺流程依次排列，满足连续流生产需要。在设计生产线时，一定要考虑产品族（也就是什么型号的产品可以被看成相同的产品，可以在同一条生产线生产）。

划分产品族有以下两个原因。

① 设计完生产线后，产能不够饱和，需要把具有类似工艺的产品也纳入本条生产线，以保证充分利用生产线。

② 企业加工的产品可能在工艺流程上有差异，但企业不可能按照每个产品的工艺流程单独安排独立的连续流生产线，而是需要将产品分类，将工艺流程类似的产品分进一个产品族，统一进行生产，以减少生产线的数量，同时也可以降低设计生产线的难度。

生产线布置整理过程如图6–21所示。

针对客户需求量大的产品，应将设备类型布局生产线应变成连续流生产线。如果将需求量小的产品布局成连续流生产，可能导致设备闲置时间增多，生产线改造的成本也可能大于连续流生产带来的收益。在进行产品数量（products quantity，PQ）分析时，C类产品最好采用通用生产线，设备类型布局生产线是通用性最好的生产线，远远高于连续流生产线，任何产品都可以在这种布局内生产，只是移动搬运次数较多，所以在机加工生产车间，会看到两种布局方式同时存在，连续流生产线适用于量大的产品，而量小的产品则适用于设备类型布局的生产线。

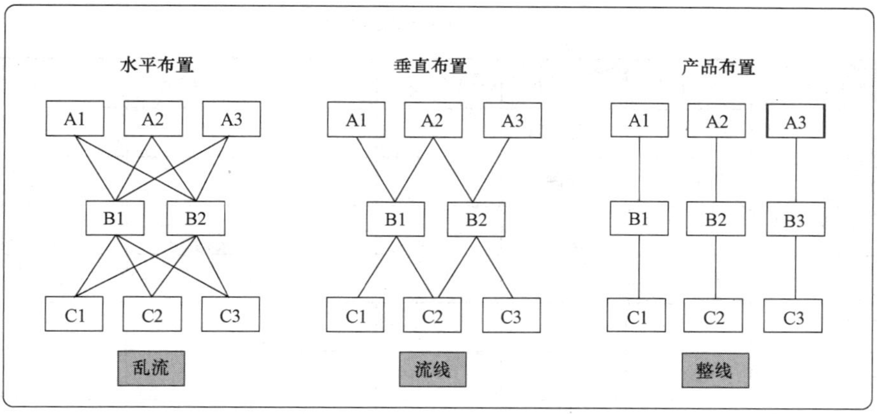

图 6–21 生产线布置整理过程

改善步骤 1：使乱流虚拟流线化

在乱流的工作环境中，设备生产什么产品是不被指定和限定的，只要设备空闲就随机安排生产。设备越多，乱流的情况就越明显。乱流改善的第一步就是使乱流虚拟流线化，做出相应规定，例如，当 A1 设备和 A2 设备完成产品生产后，只能流到 B1 设备上进行后续生产，定向流动能让生产从乱流变为有序流，形成虚拟流线化。

为什么是虚拟流线化？因为设备还在原有位置，不构成实际的连续流布局，只是通过简单的规定来定向生产，从而解决乱流问题。同时，虚拟流线化还能暴露问题，例如设备故障多、设备空闲、设备产能不够、产品族内产品是否适合在同一条生产线生产等，为下一步的整流化做铺垫，将乱流变成有序流。例如，马路上设有小客车、客车和货车通道，目的就是防止车速慢的货车驶进小客车通道，影响小客车快速通行。虚拟流线化如图 6–22 所示。

图 6–22 虚拟流线化

改善步骤 2：划分产品族

划分产品族的好处是可以知道哪些产品可以放在一起生产，共用一组生产线。如果产品种类特别多，划分产品族就成为重要的流线化步骤。产品系列是按照客户要求或者产品开发功能定义的，不一定适合生产制造，应当按照生产工艺流程的顺序划分产品族，将具有相同加工工序的产品划分到一族。在划分产品族时，采用矩阵图将产品型号列在竖行，然后将工艺或者设备放在横列，只要产品经过，就在工艺下面打钩。为了便于划分产品族，可将一个工艺定义成一个数值，数值为 1、2、5、10、20、50、100、200、500 等，最后总得分相近的就属同一个产品族。划分产品族如表 6–1 所示。

表 6–1　划分产品族

产品名称	工序 4	工序 2	工序 6	工序 7	工序 1	工序 5	工序 3	类别
产品 1	√		√	√	√		√	A 类
产品 14	√		√	√	√		√	
产品 17	√		√	√	√		√	
产品 4	√		√	√			√	
产品 5	√	√		√	√	√		B 类
产品 10	√	√		√	√	√		
产品 19	√			√	√	√		
产品 15	√	√		√		√		
产品 7		√		√		√		C 类
产品 13		√		√		√		
产品 18	√	√	√	√	√			D 类
产品 3	√		√	√	√			
产品 12	√		√	√	√			
产品 6	√			√	√			
产品 2	√	√	√					E 类
产品 8	√	√	√					
产品 9	√	√	√					
产品 11	√	√	√					
产品 16	√	√	√					

划分产品族时需要注意：工艺路线必须相似，且易于弹性配设作业人员和作业时间。

改善步骤 3：分配相应的设备

划分产品族后，就可以确定工艺顺序和设备。这时需要结合产品的数量和设备的产能挑选合适的设备。如果设备数量不够，可以考虑购买新设备。设备编排成连续流布局后，需要考虑物料的传递方式，是用传送带、滑轨传递，还是用手工传递。工作面的高度也要尽量统一，设备的高度不统一会增加加工的难度，所以各工序最好能在同一条水平线上作业。另外，用各种便利装置对设备进行改造也尤为重要，例如加工完成后设备自动停止装置、加工后物料自动退出装置，以及为了让操作更加方便而更改开关位置等。分配设备如图 6–23 所示。

改善步骤 4：设备布局

如果作业人员是站立作业，且一个人需要操作几台设备，建议用 U 形布局方式。U 形线的优点如下。

① U 形线占用的区域较小，厂房利用效率可以有较大提升。

② U 形线空间紧凑，作业人员走动距离小，作业效率有较大提升。

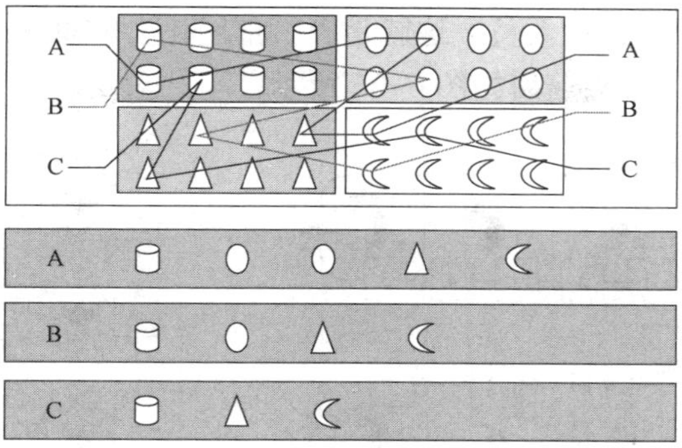

图 6-23　分配设备

③ U 形线的设计可以按照客户的 TT 变化，灵活地安排作业人员，提高生产线的柔性。

④ U 形线上作业的开始点与完成点的位置应尽可能地靠近，这叫 IO 一致原则，这样可以减少因“返回”而造成的步行时间浪费。

⑤ U 形线应按照工艺流程进行逆时针的作业设计，这样可提高生产流动性。

⑥ U 形线应安排同一作业人员负责首尾作业，以加强生产线正常运行的判断和管控。

⑦ U 形线设计强调作业人员在工作中的互相协同配合，可以提高团队作业的综合效率。

⑧ U 形线应设计成外部上料、内部取料，如此可以将作业人员和物流配送人员的工作路径进行内外分离，提升整体的物流工作效率。

⑨ U 形线在设计时要保证原材料的投入点与成品的产出点尽量贴近，以提升物料的配送效率。

在设计时，应采用由上到下的方式配置设备电路、水路或者气路，以便于作业人员操作和日后快速变更生产线。另外，需要考虑在制品的放置位置、成品和原材料的放置位置，以及相应可视化道具的放置位置等。可以使用 3D（three dimensional，三维）立体图模拟整个布局，3D 设备布局如图 6-24 所示。3D 立体图可以使用 Pro/ENGINEER 或 SolidWorks 等专业工具，将所有设备、仪器和相关物料用 3D 软件绘制出来，然后放置在一个平面上布局，从各个角度审查布局是否存在不合理的地方，进一步增加布局的可行性。

图 6-24　3D 设备布局

4）“大部屋化”创建连续流

在计算生产线作业人员数量时经常会出现余数，例如，遇到 3.5 人或 6.3 人这种情况，处理方式都是直接将数据向上取整，但这会造成一定的浪费。如果将 2 条带有余数的生产线合并在一起，就可以节省一个作业人员，这就是“大部屋化”的思想——合并生产线以减少作业人员数量。“大部屋化”改善前后如图 6–25 所示。

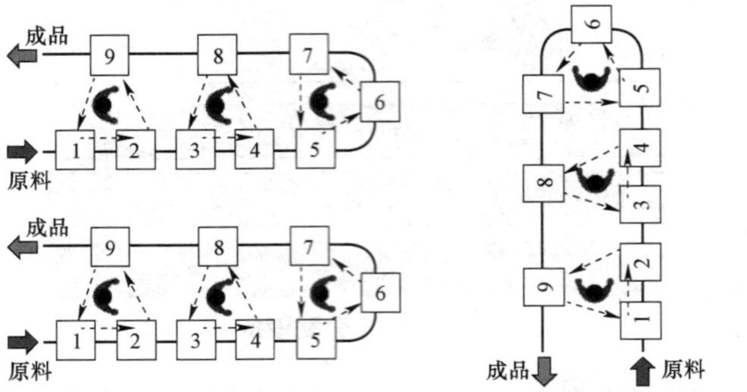

(a) 改善前

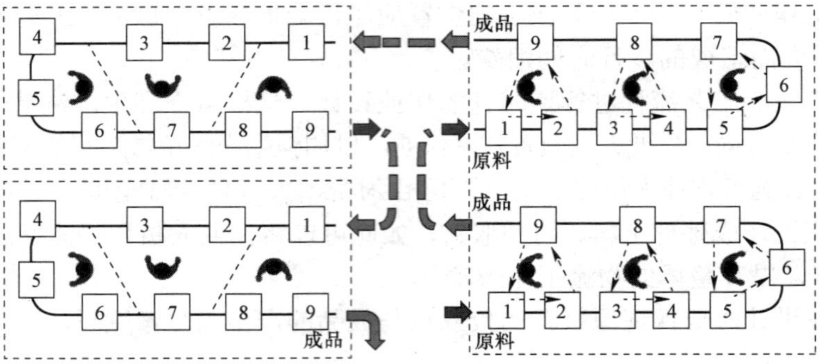

(b) 改善后

图 6–25 “大部屋化”改善前后

合并生产线时，可以把两条 I 形生产线变成一条 U 形生产线，以减少生产线之间的停滞、搬运与等待；也可以将多个 U 形生产线合并在一起，变成一个大 U 形生产线等。

“大部屋化”连接的生产线可以是直接连接线，也可以是虚拟连接线。在现场我们经常会看到不同的加工点分布在不同的区域，在这种布置下产品需要在不同的区域流动，而这很容易产生极大的浪费。例如，表面贴装技术（surface mounted technology，SMT）在一楼生产，板子通孔制程（plate through hole，PTH）在二楼生产，最终在三楼完成装配生产，成品仓库在一楼，产品流动时需要在不同楼层间搬运；如果采用“大部屋化”，就可以将 SMT、PTH 和装配线放在一楼，然后使成品直接进入一楼的成品仓库。

究竟是虚拟连接还是直接连接，需要再次分析。虚拟连接的优势是可以在每个生产环节设置在制品以应对各种异常，保证正常产出；直接连接的优势是可以缩短制造周期，减少库存、搬运，防止过量生产，其劣势是所有生产线都连接在一起变成长线，如果有一个工位异常，就会影响整条生产线。

6.2.2 基本要求：物料定时配送

物料定时配送

生产线建成后，物料就成为单元线能否正常运行的重要条件。传统的物料配给方式是按照生产工单在一天之内分成 1～2 次向单元线配送物料。这种配送方式存在一定的弊端。例如，配送次数少会造成生产线上堆放了大量待加工的原材料，需要设置额外的原材料暂存区；在配送次数较少的情况下，生产线的柔性就会降低，当需要切换到另一个临时品种时，若这个品种没有相应物料，就会导致生产无法继续进行；对于仓库人员来说，由于配送次数少，会导致某个时间段工作量超饱和，另一些时间段工作量不足。例如早上有很多物料需要配送，特别繁忙，但是此后就会有大量的空闲时间。

为了提高物料的配送效率，常用水蜘蛛多频次进行配送，水蜘蛛按照固定的路线、固定的频次、固定的时间向生产线补充消耗的原材料，保证生产线的原材料库存小且准时进行补充，物料通过水蜘蛛多频次的搬运可以满足生产线的实时需要。水蜘蛛配送如图 6–26 所示。

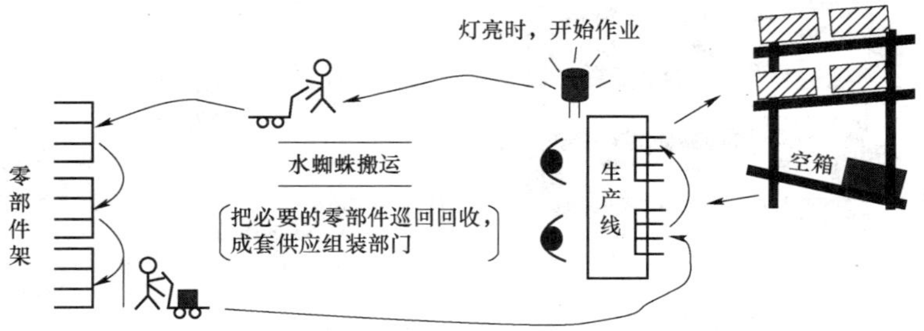

图 6–26　水蜘蛛配送

为了保证作业人员专心致志地工作，不为补充物料或者物料拆包等工作所打扰，作业人员只负责做最有价值的装配工作，剩下的不定期的工作或者不增值的工作就交给水蜘蛛完成。水蜘蛛的配送频率为 15 min、半小时或 1 h 配送 1 次。规定水蜘蛛向生产线补充原材料的路线和补充内容，并循环周期性地工作，这样可以改善原来物料人员只在配料时间忙但其余时间空闲的情形。

水蜘蛛的工作需要具备以下 5 个要素：

① 配送信号　什么时候进行配送，配送多少。

② 配送路径　沿着什么路径配送。

③ 超市和使用点　超市是物料放置区域，将超市的物料配送到使用点。

④ 配送工具　配送小车、配送周转箱等。

⑤ 配送标准作业　用标准作业保证工作质量。

1. 配送模式选择

不同的配送模式会有不同的配送效果。

① 物料看板拉动模式　通过看板补充被消耗的物料，让看板成为搬运和配送的信号。

② 物料呼叫灯拉动模式　若相应型号物料灯亮起，就补充这个型号的物料。

③ 排序拉动模式　针对大件产品，先固定生产顺序，按照这个生产顺序依次将物料配送到生产线上。

④ Kit（齐套配送）模式　这是汽车厂需要的配送方式，其特点是将一个工位上需要的物料配送到生产线上。Kit 配送的优势是可以节省作业人员后期挑选物料的时间。另外，Kit 配送可以防止作业人员多用物料还是少用物料，起到纠错的效果。

除了可以选择配送模式，配送工具也有多种，可以选用自动导引运输车（automated guided vehicle，AGV）、自动搬运小车搬运物料，也可以用牵引车来拉一长串的“小火车”搬运物料，或用小推车搬运物料，甚至可以考虑用输送链进行物料搬运。

2. 配送路线规划

物料配送是循环进行的周期性工作，需要考虑搬运路线、物料分选、看板卡交换、物料上周期车、步行、物料上线等环节的操作，总时间不能超过配送周期，如果超过配送周期就意味着无法按时完成相应的工作。配送路线如图 6–27 所示。

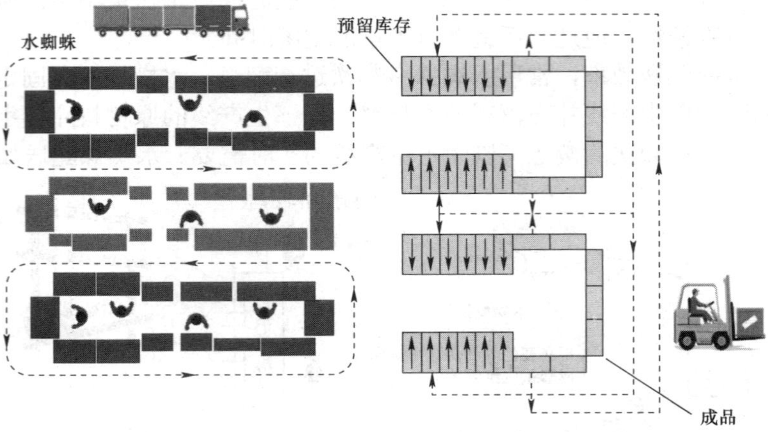

图 6–27　配送路线

配送路线和配送时间有对应的关系，配送路线长则工作量大，配送时间长。在配送过程中，所有的动作时间需要用秒表测量，然后将配送周期定义为节拍时间，画出山积图来划分不同的路线，实现工作负荷平衡。另外，设计配送路线时，不要出现交叉、迂回等不需要的动作，以免造成浪费。

3. 设置物料超市和使用点

为了便于物料及时、准确配送，要对物料超市和使用点进行规划。物料超市和使用点实景如图 6–28 所示。

图 6–28　物料超市和使用点实景

物料超市区域一般是具有先进先出功能的流利式货架①，每当物料用完一盒后，新的物料就会自动滚动下来。另外，为了便于水蜘蛛分拣物料，也要保证物料超市中物料的高度和物料的出现频率。物料如果还需要进行拆包作业，就需要规划一个拆包作业区，但应尽量通过改善举措来消灭拆包作业。物料超市区域的物料可能是用卡板直接放置的，也可能用带有移动

① 流利式货架又称滑移式货架，采用辊轮铝合金、钣金等流利条，利用货物台架的自重，从一边通道上货，从另一边通道取货，具有先进先出、存储方便，以及一次补货、多次取货的功能。

小车的塑胶箱数量，这样做是为了方便作业。物料超市一般用看板作为补充物料的信号，需要准备相应的辅助工具，如看板回收箱、看板分拣箱、供应商看板箱等。物料使用点也需要进行标识和定位，以便让水蜘蛛快速配送物料到生产线上。此外，还需要考虑物料的放置区域是否足够大、是否方便作业人员操作、空箱是否能顺利回传、使用点的物料能否保证先进先出等。

4. 标准化作业

物料配送包括各种各样的标准化作业：作业过程标准化、配送时间标准化、容器标准化、搬运小车标准化等。标准化作业保证每个水蜘蛛工作的时间都是一致的，保证在循环的补充周期内完成相应的补货工作。容器标准化能够避免物料在不同的容器之间切换，例如，标准化之前，纸包装物料拆包后放到塑胶箱内，操作时又需要将物料从塑胶箱拿出再放到生产线小容器里，实现标准化后就可以全程直接使用塑胶箱。标准执行能够保证作业高效完成，并驱使进一步改善生产线。

6.2.3　基本要求：设备柔性化

设备柔性化

在小批量、多品种的时代，单元生产设备具备小型、半自动、流动化和方便操作的特点。企业经常会购买大型、高速、昂贵的设备，但是没有考虑设备使用情况、客户需求数量和生产线的柔性化，从而造成后续的很多问题，例如设备的使用率不高、通用性差、设备离岛作业、需要重新购买新的合适的设备等。小型、可移动、便于操作、能实现嵌入式生产线作业的设备是单元生产的前提条件，是为了能够灵活应对各种各样的变化。

1. 设备小型化

在传统的批量生产中，企业往往会追求速度快的大型设备，从而减少单位成本，却忽略了过量生产的问题。速度太快，超过了市场要求的生产速度，就会产生很多库存。在批量生产时期，一些生产企业被各种问题拖累的原因之一就是使用了大型设备。例如，设备投资大，就会导致盈亏线上升（盈亏线是指企业销售多少数量的产品才能盈利的一条数值线），企业需要销售更多的产品才能保证不亏本；生产批量大，不愿意接收小批量订单，造成客户流失；大型设备维修保养难、费用高，需要外部支援。当昂贵的大型设备摆在眼前，人们就会不由自主地考虑怎样提高它的开动率，并且尽可能大量生产。如此这般，我们就会忽视一个事实：设备是因为作业而存在的，作业是因为订单而存在的，订单是因为客户需求而存在的。批量生产表面上看起来生产效率很高，但那是“只见树木不见森林”，导致的直接后果是产品整体流动发生混乱，必然使成本上升。

另外，大型设备一般体型和重量都大，为了保证地面有足够的承重力，地面需要特别处理，地面处理后设备就只能永远固定在这个位置难以移动，因为移动的成本太高了。当确实需要移动设备时，还需要支付费用请专业的搬运公司完成，设备移动后还需要付费请原厂维修工程师进行调校。

小型设备具有以下优点。

① 可以节省空间。

② 设备之间的距离比较近，可以减少作业人员走动的距离，减小设备摆放的空间。

③ 提高了设备的可移动性，当流程发生变化或试验新产品时，把它们移动到另外的地方会变得容易。

④ 设备小型化，价格也就更便宜，可以方便增加新的生产线。

⑤ 由于小型设备结构简单，可以减少等待维修的时间。

如今，经常使用的产品的生命周期较短，并且客户需要的品种较多，市场需求变为小批量、多品种的模式。大型设备只能通过不断换线以应对不同品种的生产，但是不断换线会浪费正常的生产时间，反而不如多台小型设备同时生产更有效率。另外，在产品更新换代时，大型设备可能需要投入不少资金进行设备改造，但是小型设备的改造费用较低，因为它们的结构更加简单。

2. 设备移动化

单元生产线最为显著的优点之一就是柔性化，它使得企业能根据客户的订单数量调整单元线的产出数量，然后将多余的作业人员安排到其他的生产岗位。当然，这种柔性化不可能时刻变化，最好能够根据订单数量以周为单位调整生产线的编制。除了数量的柔性化，生产工作台也是柔性化的，工作台采用精益管理，根据工艺的要求排成一字形、U 形或 M 形，能够对工作台内部的高度、物料架高度进行快速改变或增加新的结构以实现柔性化。为了配合生产的柔性化，设备也具有很强的柔性。

设备柔性化的对策是地脚作战，给不能灵活应变的设备安装轮子，根据订单进行灵活设计，调整现场工艺布局。

地脚作战的原则与理念有以下 3 条。

① 无论何种设备，都要安装脚轮。

② 地脚螺栓是柔性化生产的“敌人”，需要全部拆除。

③ 设备加装脚轮时，要保证设备的高度与作业高度处于合理位置。

3. 设备操作便利化

要想设备有利于作业操作，具体来说有以下 3 种方法。

1）设备入口与出口一致

传统设备物料的出入口通常设计为横长纵短，原材料从设备一端进入，成品从另一端流出，容易造成人员和使用空间浪费。例如，作业人员需要从开始位置投入产品，然后步行一段距离到另一端将产品取出，这不仅会造成移动时间的浪费，而且很难达到一人操作几台设备的目的，对不合格品的来源反应迟钝，不易追查。设备的入口与出口应当设计在同一个位置或使二者尽量靠近。为了便于物料在各个工序之间流动，上道工序的出口应和下道工序的入口连接起来，避免因搬运和走动造成的时间浪费。

为了实现设备入口与出口一致的目的，通常把设备设计成横短纵长形，设备操作面窄，其他部分依次向后排列成窄长型设备布局。设备有时也设计成 U 形布局，用传送带或滑道将加工好的产品滑到入口附近的区域，使设备入口与出口保持一致。

2）设备附属装置在侧面或者后面

尽量不在前面放置设备附属装置，而是把设备附属装置放置在侧面或者后面。例如，开关、参数调整装置、屏幕等放置在设备前面，备用电源、处理装置、控制器等放置在设备的后面，这样可以减小设备的宽度，减少人员的走动距离。

3）自动设备摆在设备后面

带有传送装置的自动设备可以把物料从开始位置传递到设备后面，设备两排放置：一排放置普通设备，另一排放置自动化设备。

让设备有利于作业人员操作，除了从减少作业人员移动距离的方面考虑，还要从便于作业人员操作方面考虑。例如，设备高度和作业人员操作高度保持一致，以进一步通过自动化减少作业人员的操作动作，增加更多的自动弹出结构或者自动检验防错结构，思考如何消除作业人员的等待时间或者如何让作业人员一人操作多台设备。最好在设计阶段就将这些问题直接告诉设计人员，避免后期再进行大改。

6.2.4　基本要求：品质内建

质量控制（quality control，QC）是指以经济的方式生产满足客户品质要求的商品及服务的过程。质量控制的目标是确保商品及服务在一定的水准之上，为质量控制进行的活动称为品质保证。品质保证是品质管理活动中的核心活动。

1. 自检

作业人员有责任执行自检。例如，不让本工序产生的缺陷传到下一道工序，如果下一道工序发现缺陷，生产线能立即停止以便作业人员看到有缺陷的零件。为了保证组装产品的品质，生产线应该一开始就严格遵守品质“三不”原则（不接受不良品、不制造不良品、不流出不良品）。首先，作业人员应该确认前面的作业有没有异常；其次，作业人员确认自己的作业有没有异常和出现不良品，坚决不给后面的生产线提供不良品，所有的产品要用全数检查的方法来检验。自检流程如图 6–29 所示。

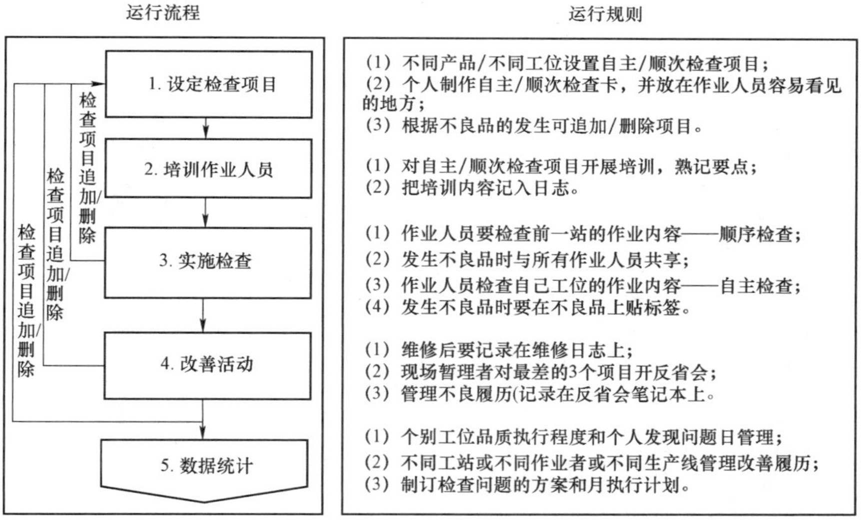

图 6–29　自检流程

1）设定检查项目

检查项目要有明确的规定，不能什么都检查，这将占用大量的操作时间。

2）培训作业人员

作业人员需要先培训，再进行相应的资格考试，考试合格的作业人员才能上岗。

3）实施检查

控制计划虽然规定了检查内容，但也需要更加关注怎样把工作做好。需要时，在工作指导中描述怎样判定操作是否正确、出现缺陷零件（报废和返修）时怎么办。针对外观缺陷，可以使用图片、极限样件或缺陷样件的方法。极限样件对比可以避免因个人主观判断而引起的误差。另外，一个基本的质量原则是：出现问题时应立即停止生产。

一旦发现任何可疑现象，作业人员可以通知组长请求快速支援。如果作业人员不能在节拍时间内完成工作，应立即停止生产，然后小组人员集中起来对问题进行观察分析并快速采取行动。组长的另一个任务是对照工作指导的步骤观察作业人员的工作，以保证作业人员遵守标准化的工作流程。若出现任何偏离，组长要对作业人员进行再培训。

4）*改善活动*

作业人员有责任执行自检。不让本工位产生的缺陷流到下一道工序。如果在生产线的下游发现缺陷，就要立即停止生产线以防止缺陷零件流出。

组长需要执行下面两个基本的检查步骤：

① 工作指导是否要求检查该缺陷？标准化工作是否足够清晰以便检查缺陷？

② 是否对作业人员进行充分的标准化工作培训？是否开展过记录检查培训？

如果这些检查内容都已经实施过，则作业人员必须对未检出事件负责并且接受再培训。主管跟踪每个人的相应绩效指标：流出缺陷数量（个人漏检追踪表见表 6–2），若缺陷流出重复发生，将会导致作业人员技能降级；在年度个人绩效回顾中，流出缺陷数量超过设定的周期是评估作业人员绩效的一个关键组成部分。

表 6–2　个人漏检追踪表

年:__________ 月:__________

作业人员姓名:__________________　班次:________　GAP:__________

工位:__________　开始日期:____________　GAP LEADER:________________

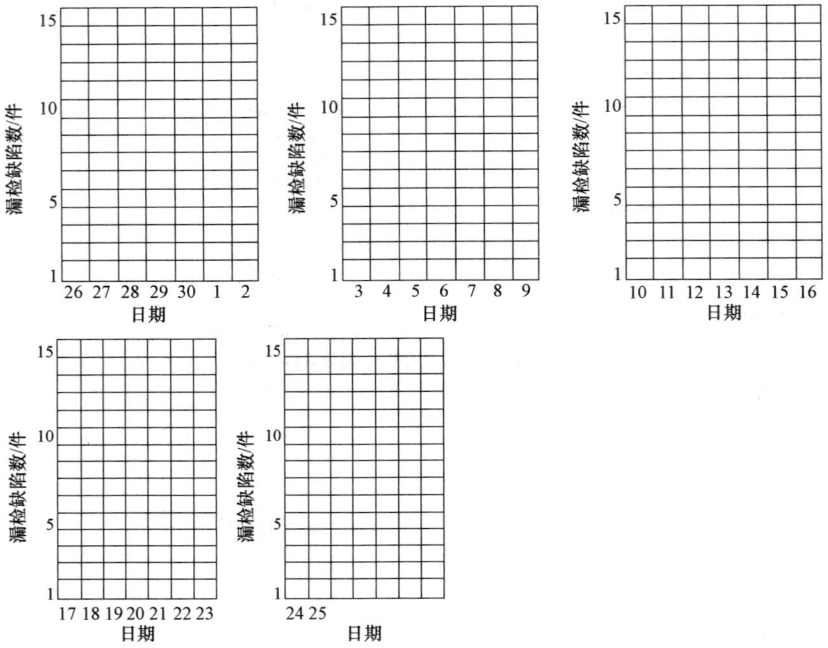

反馈规则：1. 针对个人流出的缺陷，班长立即通知作业人员进行整改，并记录在此表格中及时跟踪。

2. 每月月底，主管对个人漏检缺陷情况进行汇总，并张贴在改善看板上，针对出现最多的前5个问题，对其进行整改。

备注：

____

____

2. 不合格数量管理

处理不合格产品的流程如图 6–30 所示。

红箱只是一个概念（例如箱子、挂钩、手推车、架子等都可以被称作红箱），用红箱放置不合格零件（例如外构件、半成品或成品）的目的有以下两个：

① 从生产流中分开并隔离不合格品或可疑品；

② 为缺陷分析提供样件，以便清除这些缺陷。

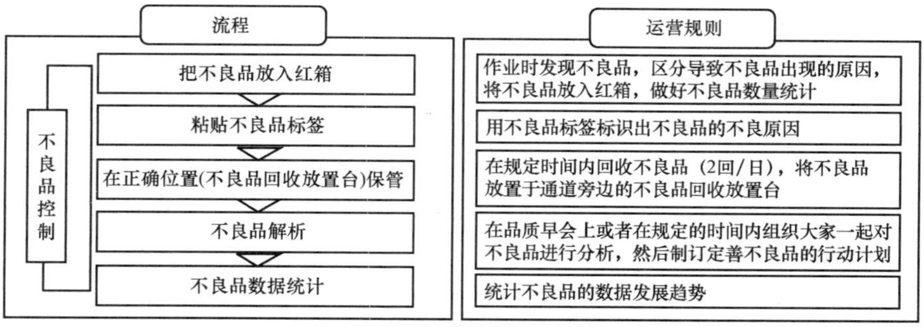

图 6–30　处理不合格产品的流程

3. 首件合格

更改和停止生产都存在质量上的潜在风险，因此企业必须预先对符合安全生产合格件的所有条件进行检查。如果任何一项检查不合格，生产就不能开始。只有问题被解决且所有条件再次被检查合格后，或者适时地应用专门的备份模式后，生产才能开始。首件合格是指首件经巡检检验合格。

1）首件合格指导书

除了启动正常的班次，控制计划要清楚地描述其他需要应用首件合格程序的情况。重新启动首件合格程序的典型情况包括：因工装或原材料更换，或设备损坏，抑或出现质量问题，检查项目需要根据启动情况设置。变化指导书应规定每项检查的备用模式，例如如果检查不合格该做什么、谁来负责实施备用模式、怎样判断和管理追溯最后一次检查合格后的可疑产品等。

2）首件合格检验记录

首件合格检查清单上要求记录所有的检查项目，包括检查的日期、班次、时间、相关零件，以及首件的可追溯性。一旦下一步中出现质量问题（例如客户提出的缺陷、内部缺陷、下一次启动时不合格等），这个记录就可以切实有效地确定可疑产品的范围。所有的计量型产品或过程的关键特性都要记录下来（例如尺寸、温度等）。如果控制计划要求做统计过程控制（statistical process control，SPC），这些都要记录在控制图上。需要根据文件保存期要求对首件记录进行保存。

3）首件合格件展示

在车间要有一个专门的地方展示合格的首件，如果使用相同的工装或检具实施同样的操作，那么每个工装制造的零件都要单独进行首件确认并展示。

4. 防呆

从保证质量的角度单独开展过程能力调查和过程管理活动，即使做得再好，因人为失误造成的不良情况（例如偶发的不良、统计分布的异常值等）也不能完全杜绝。实际上，为了真正满足客户要求的质量保证，防止不良品流入客户手中，管理人为失误造成的异常值是很有必要的，企业需要对全自动装置进行检查与挑选，对后续工序也应该进行管理，防止不良品流入。因此，使用 POKA-YOKE 就起到了非常重要的作用。POKA-YOKE 是一个能够防止不良品再次产生的有效工具，日文名称为“ポカヨケ”，意为“防误防错”，英语名称为“error & mistake proofing”，又称防错法、防呆法，即在失误发生前加以防止的方法。这就要求作业人员对产生不良品的原因进行分析，针对人为原因产生的失误采取防止手段和措施。

有关不良品再发生的防错对策如图 6-31 所示。

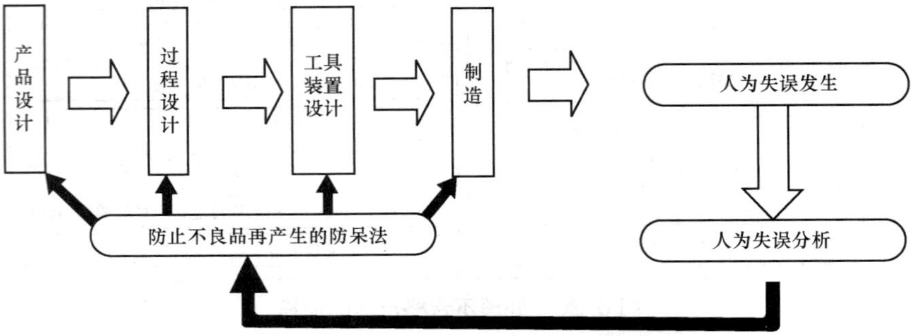

图 6-31　有关不良品再发生的防错对策

6.2.5　基本要求：作业人员多能工化

把生产现场的作业人员训练成在所有工序的所有岗位上都能熟练操作的人就是作业人员的多能工化改善。

1. 作业人员多能工化改善的背景

当市场发生变化时，客户需求也会随着发生变化，相应的生产订单也会进行调整。制造型企业现在固有的大批量生产方式使生产线的作业人员劳动分工很细，作业技能单一，作业内容固化，很难对客户需求的变化做出及时有效的工作调整。怎样应对这种挑战呢？这就需要生产线的作业人员掌握多种作业技能，实现多能工化，在客户订单变化时能及时有效地调整作业范围和工作内容。

企业大规模制造模式多使用专业化设备生产，造成作业人员劳动分工专业化、作业单一化、动作机械化，同时作业时长变短、作业频率加快，这种作业模式造成作业人员劳动负荷加大，作业意识缺失，成为设备的“奴隶”，工作的成就感丧失。同时，这种制造模式中作业人员的个体意识加强，工作配合减少，团队意识薄弱，对生产线管理造成很多困难。解决这些问题的手段也是从帮助员工掌握更多的作业技能方面入手。

2. 作业人员多能工化改善的目标

在推行生产线作业人员多能工化改善时，还需要制定改善目标，这个目标应该是定量的、有针对性的。要把这项改善工作做好，需要在多技能率和多能工率两个方面分别制定改善目标。

1）多技能率

多技能率针对的是生产线中的每个作业人员。他们要经过指导和训练，熟练掌握生产线中各个工序、各个岗位的作业技能，为将来灵活的工作调整和安排做准备。多技能率的计算

公式为

$$多技能率=\frac{作业人员掌握技能的工序数}{生产线工序总数}\times 100\%$$

日本丰田公司的多技能率目标是作业人员第一年要达到 60%，第二年要达到 80%，第三年实现 100%的全技能。在这个过程中，作业人员不单单是通过劳动获得收入，更是通过学习和培训掌握更多的技能，工作的信心和成就感会大幅提升，精神风貌也会发生很大转变。

2）多能工率

多能工率是针对生产线全体作业人员的技能管理的。生产线的班组长要针对每个作业人员的具体情况和特点有针对性地制订培训计划，指导和训练作业人员，使之掌握更多的操作技能。多能工率的计算公式为

$$多能工率=\frac{\sum_{i=1}^{N}各作业人员掌握技能的工序数}{线内作业工序总数\times N}$$

式中：N——线内作业人员数。

当生产线的作业人员都能掌握更加全面的作业技能时，班组长的现场管理难度会下降，处理各种问题的能力会增强，遇到如生产线多人请假缺勤或客户要求马上调整生产任务时，就会准备充分、处置高效、非常从容。

3. 作业人员多能工培养的方法

进行多能工培养时，要先对生产线中作业人员的技能情况进行现状确认，然后根据生产线管理需要，参考作业人员的具体情况和特点，制订有针对性的培训计划。多能工培养计划如图 6-32 所示。

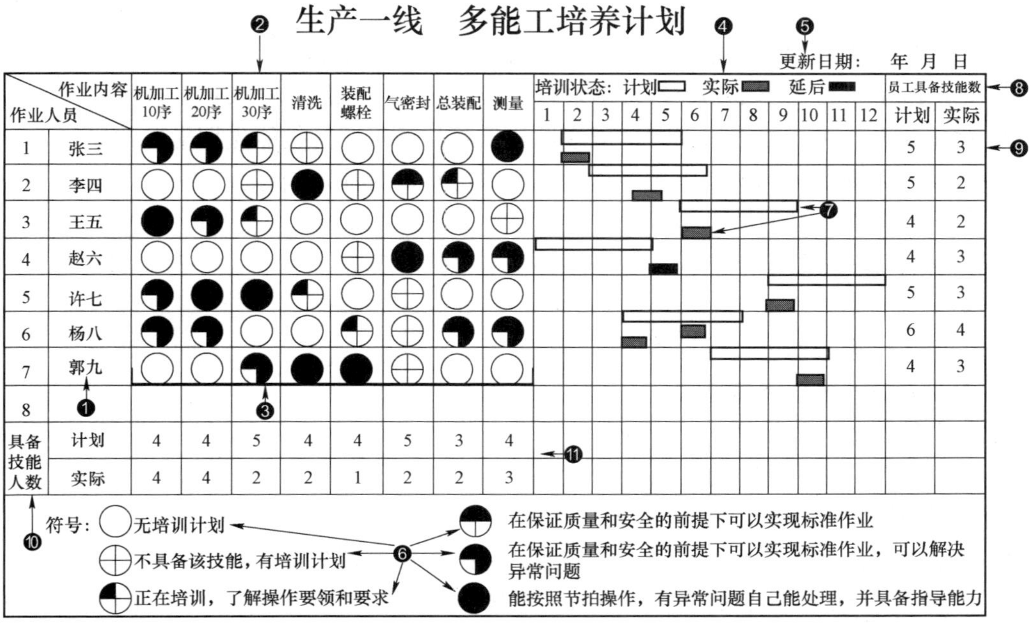

图 6-32　多能工培养计划

1）多能工培养计划的填写说明

① 此列填写生产线中所有作业人员的姓名。

② 此行填写生产线所有的作业工序。

③ 填写每位作业人员全工序的作业技能状态。

④ 填写培训状态的各种标识：

- “▭”代表计划进度条。
- “▬”代表实际进度条。
- “■”代表延后进度条。

⑤ 填写培训计划的管理更新日期。

⑥ 作业人员技能培训的状态标识符号：

- “○”代表无培训计划。
- “⊕”代表不具备该技能，有培训计划。
- “◔”代表正在培训，了解操作要领和要求。
- “◓”代表在保证质量和安全的前提下可以实现标准作业。
- “◕”代表在保证质量和安全的前提下可以实现标准作业，可以解决异常问题。
- “●”代表能按照节拍操作，有异常问题自己能处理，并具备指导能力。

⑦ 填写培训计划和实际进展的进度条。

⑧ 员工具备技能数，即作业人员的多技能管理。

⑨ 填写每个作业人员计划掌握和实际掌握的技能数量。

⑩ 填写具备技能的人数，即生产线的多能工化管理。

⑪ 填写生产线每个工序需要熟练掌握相应作业技能的计划人数和实际人数。

2）多能工培养计划的应用

① 可以按照 TT 作业并能够处理异常为技能要求基本状态。

② 生产线上每个工序必须保持 2 名及以上技能符合要求的作业人员。

③ 对作业人员进行技能培训时，应遵循相邻或相近工序的技能先期学习的原则。

④ 培训计划要参考各个工序的多技能人员情况有针对性地制订。

⑤ 要重视培训计划的认真执行。

⑥ 班组长每个月要定期更新本生产线的多能工培养计划。

3）多能工培养的方法

① 生产线班组长的多技能培养。

② 作业人员的多技能培养。

③ 每天数次的岗位轮换。

④ 注意 TT 对每日岗位轮换次数比较大的影响。

实行岗位轮换制，在提升作业技能的同时还有以下优点。

① 调节作业人员的劳动强度，降低作业疲劳感，还能预防工伤事故的发生。

② 消除了“越能干就越需要承担复杂繁重操作任务”的不公平感。定期轮换可以实现复杂作业的多人轮替，既能消除作业中的不公平感，也有助于改善作业人员之间的人际关系，

促进作业人员在作业中的互相协作。

③ 因为每个作业人员在轮岗的过程中会接触到不同的岗位，所以作业人员视野开阔，考虑事情会全面，从而对生产线的工作有更加强烈的责任感。

④ 班组长等人员技能水平高，工作经验丰富，他们通过岗位轮换可以将作业知识和技能更好地传授给年轻的作业人员和下属，对整个生产线的运营能力提升非常有帮助。

4）多能工教导的基本方法

多能工培训时，需要进行大量训练。没有有效的针对性训练，是无法取得好结果的。多能工教导方法一般分以下 4 个阶段进行。

（1）指导前准备工作阶段。

告诉作业人员不要紧张，放松心情。告诉作业人员今天将要学习哪种作业技能，询问作业人员对这项工作的认知程度，引导他进入训练的位置。

（2）传授作业技能阶段。

① 将主要的作业步骤一步一步地讲给作业人员听，做给作业人员看。

② 示范时要强调作业要点。

③ 要清楚地、完整地、耐心地指导作业人员。

④ 指导过程中询问作业人员是否听懂了。

（3）作业人员进行试操作阶段。

① 作业人员一边试着操作一边说出作业步骤。

② 作业人员在试做过程中还要讲出相应的作业要点。

③ 直到作业人员确实掌握为止。

（4）检查验证阶段。

① 作业人员开始进行作业。

② 指定班组长不在时可以协助作业人员的人员。

③ 要经常检查和确认作业人员的状态。

④ 要鼓励作业人员在操作过程中遇到疑问就提出来。

⑤ 随着作业人员熟练程度的提升，逐步减少观察的次数。

多能工化程度将直接决定适应客户需求变化的能力，也会影响生产效率的高低。多能工化教导过程充分体现了对人性的尊重，有利于团队意识的形成。为鼓励作业人员掌握更多的技能，还可以将多能工化水平作为评定作业人员技能高低的一项指标，将其与作业人员的工资和福利挂起钩来。

6.2.6　基本要求：可视化管理

可视化管理最大的优点就是直接、快捷，因而也会应用在生产线上，用来快速解决问题和传递信息，如“安灯”系统和看板管理等就是常见的可视化管理手段，详细见 2.3 节的内容。

6.2.7　应用案例

【例 6-2】 某汽车零配件厂一个流改善实例。

某汽车零配件厂主要生产汽车零配件。图 6–33 为实施一个流之前采用的按机群式布置方式，主要由成型区、单品检查区、组装区、成品检查区、出货区等组成。

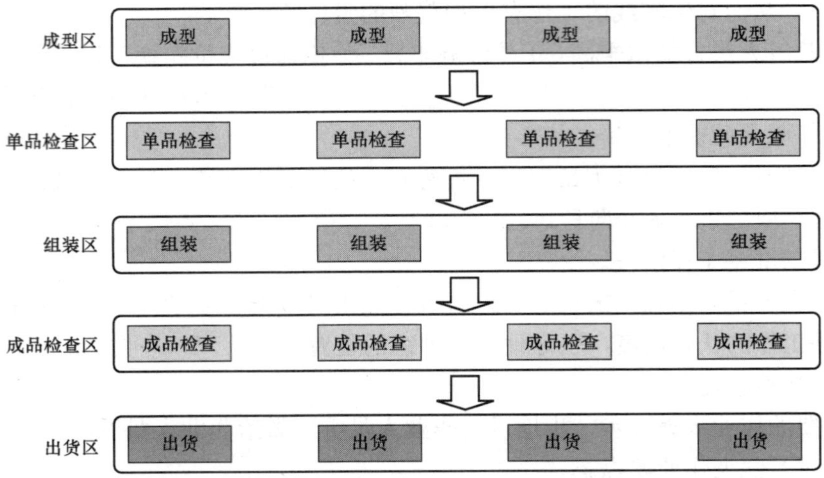

图 6–33　某汽车配件厂机群式布置方式

在实施流程化时，先选组装段作为改善示范生产线。图 6–34 为实施一个流生产前的组装段生产线，表 6–3 为组装段生产线工序，有弹簧插入、滑块插入、垫圈插入、插板插入等 4 道工序。各工序的作业时间不一样，瓶颈节拍为 5.4 s，共 4 位操作工，平均每人每小时产出约 167［3 600/（5.4×4）］件。工序中的半成品和等待现象比较多，工序间的半成品按托盘计算，平均每托盘半成品为 60 件。

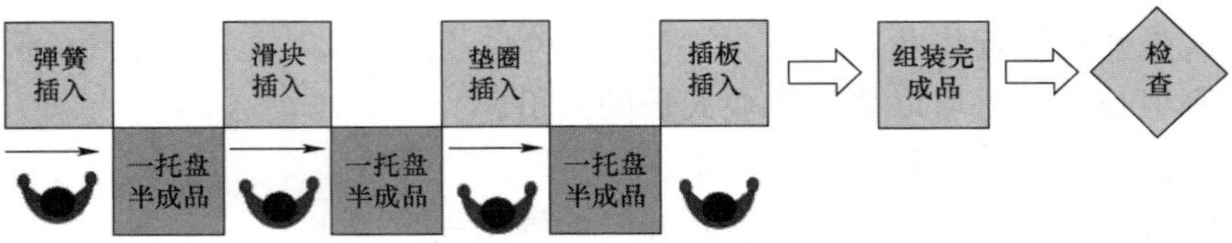

图 6–34　实施一个流生产前的组装段生产线

表 6–3　组装段生产线工序

工序名称	作业时间/s	操作工/人	半成品/件	吊具/个	更换吊具/个
弹簧插入	3.5	1	60	81	54
滑块插入	5.4	1	60	—	—
垫圈插入	4.5	1	60	—	—
插板插入	4.3	1	60	27	0

实施一个流改善，由一名操作工完成所有工序，将生产线布置成 U 形线，如图 6–35 所示。实施一个流生产后，虽然增加了相关工装夹具，但产品加工时间明显缩短，平均每件产

品的加工时间为 14.3 s，平均每人每小时产出 251 件产品。

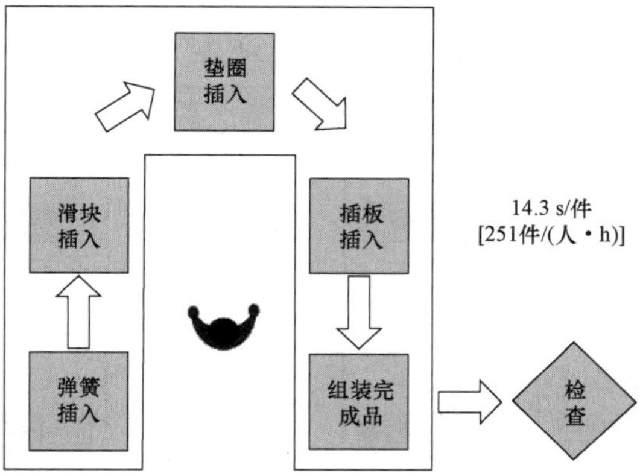

图 6–35　组装段生产线 U 形布置

同时，在推行一个流时，通过加强对员工的作业训练，制定作业标准，使产量稳步提升。图 6–36 为改善前后个人日产量对比图。

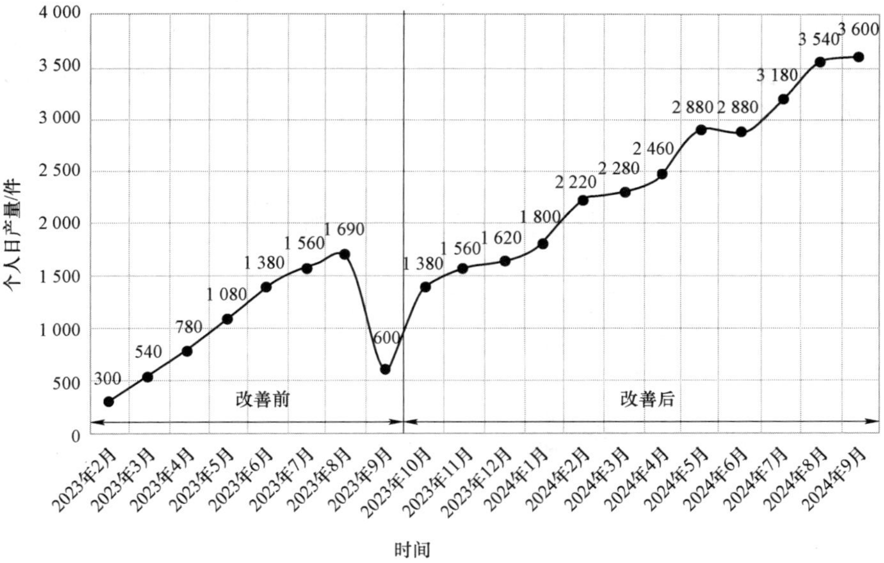

图 6–36　改善前后个人日产量对比图

组装段实施一个流生产后，进一步做整体的流程化。因原布置方式为机群式布置（图 6–33），各工序之间有暂存处，有出入库过程，时间间隔较长，因此要对工厂布置进行调整，改为按产品原则进行布置，如图 6–37 所示。

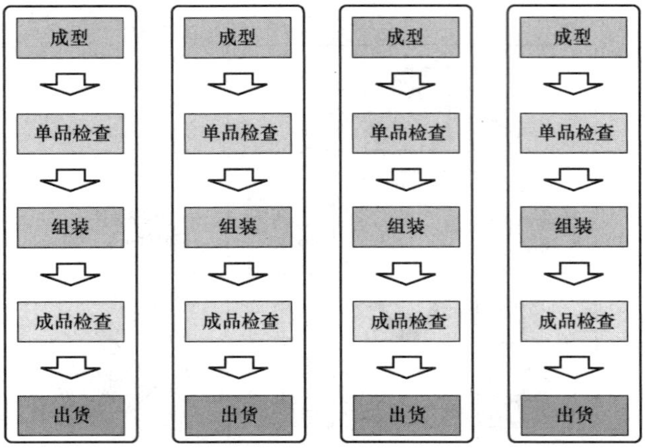

图 6–37　整体的流程化布置方式

图 6–38 为分步流程化。

（1）把单品检查与组装作业流程化，生产提前期由以前的 6 天缩短为 2.7 天。把组装作业成功实施一个流后，再把成型作业完成后直接进行组装，去除单品检查入库过程，同时成品检验与出货检查合并，生产提前期由以前的 6 天缩短为 2.7 天。

实施生产流程化，成形作业完成后直接进行单品检查、组装作业、成品检查，去除了各暂存处，使得生产提前期缩短为 1.4 天。提前期的缩短，增强了应对市场变化的能力，同时产品不良率明显降低，品质得到显著提升。表 6–4 为改善前后某产品不良率对比。

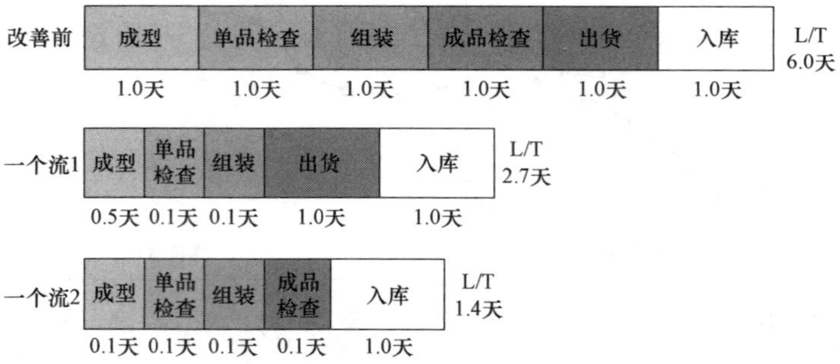

图 6–38　分步流程化

表 6–4　改善前后产品不良数对比

月份	1月	2月	3月	4月	5月	6月	7月	8月	9月
总生产数量/件	1 217 400	723 000	1 273 800	1 146 269	1 113 541	981 104	884 613	874 125	1 108 680
不良品总数/件	203	204	1 083	578	252	180	13	5	1
不良率	0.016 7%	0.028 2%	0.085 0%	0.050 4%	0.022 6%	0.008 1%	0.001 5%	0.000 6%	0.000 1%
组装产量/件	1 217 400	723 000	1 273 800	855 300	819 600	666 524	0	0	
改善后产量/件	0	0	0	290 965	29 394	314 580	884 613	874 124	1 108 680

续表

月份	1月	2月	3月	4月	5月	6月	7月	8月	9月
组装不良数/件	203	204	1 083	521	251	179	0	0	
改善后不良数/件	0	0	0	57		1	13	5	
组装不良率	0.016 7%	0.028 2%	0.085 0%	0.060 9%	0.030 6%	0.026 9%			
改善后不良率	—	—	—	0.019 6%	0.000 3%	0.000 3%	0.001 5%	0.000 6%	0.000 1%
改善措施				流程化1台			流程化4台		

【例6-3】 某设备制造公司一个流改善实例。

某公司主要生产通风空调末端设备，产品种类多达上千种，属于多品种少批量生产型企业，随着市场业务的扩展，原批量生产方式明显不能适应市场多样性和多变性。为此，公司高层决定导入一个流生产方式。下面以风量调节阀生产线为例，介绍实施一个流的过程。

图6–39为改善前设备布局图，为机群式布置，不能实现一个流生产。

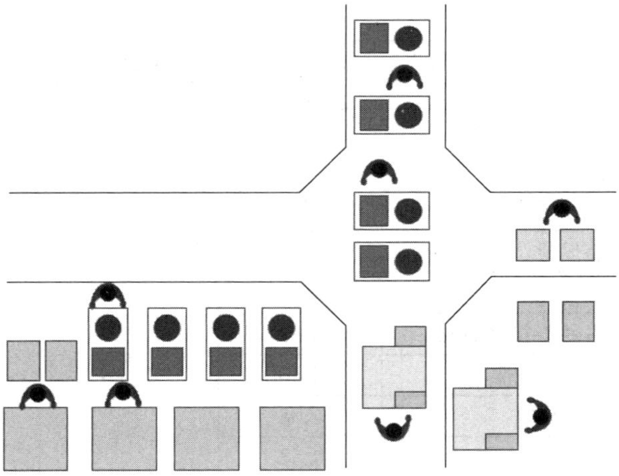

图6–39　改善前设备布局图

1. 基本情况与问题分析

① 占地面积：33 m^2，由于地方狭窄，装配工作在通道完成。

② 在制品数量：取决于订单，最少时50台，最多时100台。

③ 产能：日产量4台，人均0.5台（一天工作时间为7.5 h），生产效率过低，经常不能按时完成订单任务。

④ 操作工8名，分工不明确，生产组织形式混乱。

⑤ 生产过程中搬运动作过多，堆放场物料放置过多，且混乱。

2. 改善过程

图6–40为改善后的总流程图。

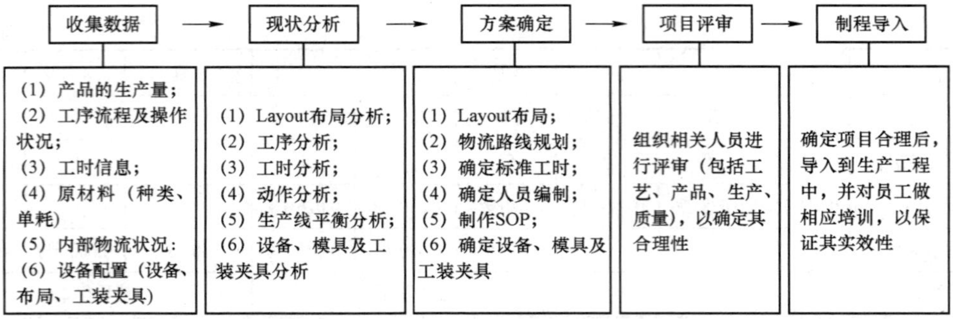

图 6–40　改善后的总流程图

① 收集数据　包括产品的生产量、工序流程及操作状况、工时信息、原材料（种类、单耗）、内部物流状况、设备配置（设备、布局、工装夹具）。

② 现状分析　包括布局分析、工序分析、工时分析、动作分析、生产线平衡分析，以及设备、模具及工装夹具分析。

③ 方案确定　根据工艺分析，确定由 6 个工位组成流水线，如表 6–5 所示。

表 6–5　6 工位流水线方案

工位	工序名称	标准工时/min	工位总工时/min	工位工时/min	人员数
工位 1	箱体与吊装角、吊装加强片铆接	8.58	21.42	10.71	2
	贴箱体消音棉	12.84			
工位 2	粘贴风机侧板消音棉	5.80	10.58	10.58	1
	装风机	4.78			
工位 3	接管侧板组件与箱体铆接	7.88	20.46	10.23	2
	风机侧板组件与箱体铆接	7.58			
	隔板贴消音棉	1.40			
	装隔板组件	2.08			
	滤网固定座贴密封胶条	1.52			
工位 4	装轴盖	0.64	10.44	10.44	1
	装气管	7.04			
	电器盒座贴密封胶条	1.18			
	装电器盒组件	1.58			
工位 5	接线	10.78	10.78	10.78	1
工位 6	箱体内清洁	0.52	11.02	11.02	1
	箱体盖板贴消音棉	3.66			
	装箱体盖板组件	3.40			
	滤网固定盖贴密封胶条	0.58			
	装滤网	2.86			

具体方案为：

① 布局调整，即按照加工工艺要求，将设备按加工顺序排列布置，各工序间利用原废弃

的滚筒作为传送设备，如图 6–41 所示。

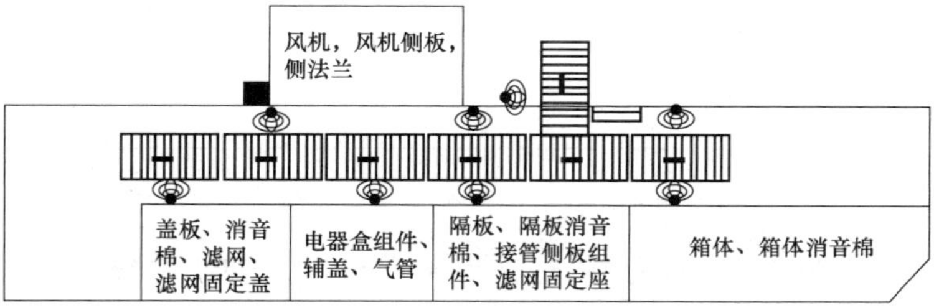

图 6–41　一个流后的布局图

② 确定设备、模具及工装夹具。

③ 确定标准工时和人员编制。

④ 制作标准作业指导书。

⑤ 组织相关人员（包括工艺人员、产品人员、生产人员、质量人员）进行评审，确定其合理性。

⑥ 导入到生产工程中，并做相应培训，以保证其实效性。

3. 改善效果

① 生产节拍为 11.02 min，生产线平衡率为 96.43%，如图 6–42 所示。

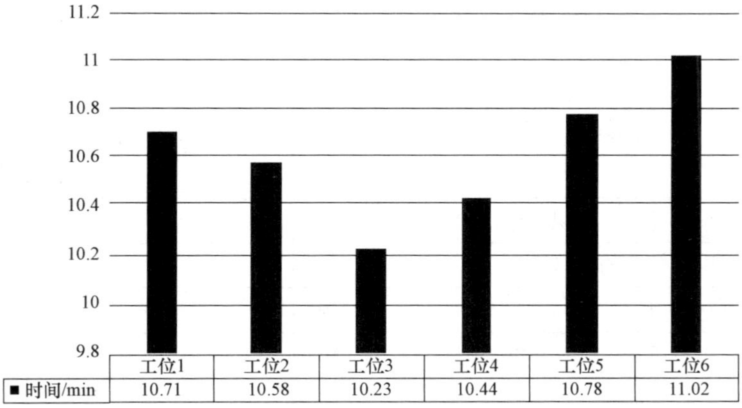

图 6–42　工位工时柱状图

② 改善后增加为 12 人，组内 8 人，从别组借调 4 人做辅料，日产量改善前的 4 台提升为 40 台，人均 3.3 台（1 天工作时间 7.5 h）。

③ 占地面积减少为 8 m^2，物流顺畅，腾出了通道空间。

④ 在制品数量减少为 6 台。

实战演练

某电路板插件生产线想提高生产效率，改善前生产线如图 6–43 所示，改善着眼点如下：

① 去掉输送带，以塑料托盘支撑印刷电路板，在工作桌面上手推传送。

② 区分标准作业和非标准作业，标准作业由在线作业人员承担，变异大、难预期的非标准作业由线外“水蜘蛛”承担。

③ 改变物料盒及其摆放位置。

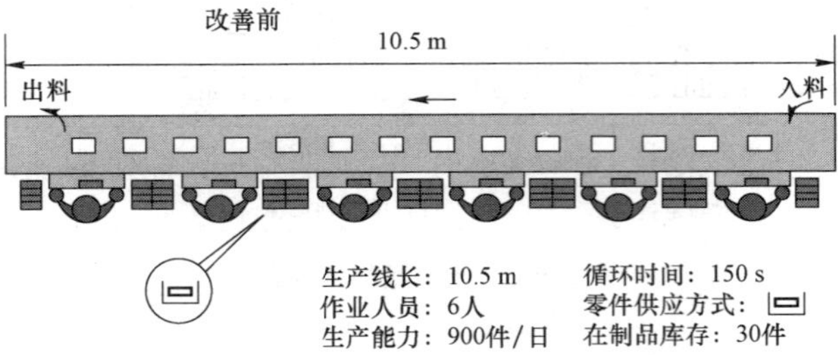

图 6-43　改善前生产线

请运用所学知识，合理布置生产线，画出改善后生产线示意图并分析改善成果。

学习评价

学习本单元后，请学生根据自身学习体会，结合下表所列内容进行评价。

单元 6.2 学习评价表

姓　名		组　别		班　级		
日　期		综合评价等级				
评价指标	评价标准	分值	评价方式			
			自我评价（占 30%）	小组评价（占 30%）	教师评价（占 40%）	单项得分
课前预学	课前预习本任务相关知识，查找相关资料	5				
	完成问题引导部分的题目	5				
课堂参与	认真听讲和练习	10				
	积极参与小组讨论，并有详细笔记	10				
课堂互动	积极回答教师的问题	5				
	与小组成员有效合作，尊重他人	5				
	在小组活动中能围绕主题发表自己的观点	10				
自主探究	独立思考，自主学习，能发现问题	10				
	主动寻求解决问题的方法	10				
	善于观察、分析、思考，能提出创新观点	5				
综合素养	具有一定安全意识、责任意识、规范意识	5				
	具有吃苦耐劳的精神和严谨认真的学习态度	5				
学习成果	能在规定时间内完成本人的分工任务	10				
	完成课后作业	5				

参考文献

[1] 刘树华，鲁建厦，王家尧. 精益生产［M］. 北京：机械工业出版社，2009.
[2] 张平亮. 班组精益生产管理教程［M］. 北京：中国工人出版社，2024.
[3] 王清满，林炜生. 图解精益单元生产实战手册［M］. 北京：人民邮电出版社，2020.
[4] 王文胜. 图表解生产线管理精益改善实战［M］. 北京：机械工业出版社，2023.
[5] 潘家轺，曹德弼. 现代生产管理学［M］. 2 版. 北京：清华大学出版社，2003.
[6] 陈心德，吴忠. 生产运营管理［M］. 北京：清华大学出版社，2011.
[7] 科英布拉. 物流与供应链改善［M］. 郑玉彬，宋殿辉，等译. 北京：机械工业出版社 2016.
[8] 门田安弘. 新丰田生产方式［M］. 王瑞珠，等译. 2 版. 保定：河北大学出版社，2006.
[9] 大野耐一. 丰田生产方式［M］. 谢克俭，李颖秋，译. 北京：中国铁道出版社，2014.
[10] 杨剑，张艳旗. 优秀班组长基础管理培训［M］. 北京：中国纺织出版社，2017.
[11] 陈国华，贝金兰. 质量管理［M］. 北京：北京大学出版社，2010.
[12] 高军，李涛，田洪伟. 质量管理教程［M］. 北京：北京航空航天大学出版社，2011.
[13] 文义明. 班组长质量管理工作手册［M］. 2 版. 北京：经济管理出版社，2018.
[14] 李晓宇，袁猛，刘元元. 班组设备管理精益工具手册［M］. 北京：中国工人出版社，2018.
[15] 越前行夫. 图解生产实务：5S 推进法［M］. 尹娜，译. 北京：东方出版社，2011.
[16] 崔生祥. 班组长安全管理手册［M］. 2 版. 北京：人民日报出版社，2018.
[17] 王淑敏. 班组现场成本管理：实战图解版［M］. 北京：人民邮电出版社，2015.
[18] 冯志新，蒋勇. 班组长如何抓管理［M］. 北京：电子工业出版社，2018.
[19] 李晓宇，袁猛. 班组长精益现场管理手册［M］. 北京：中国工人出版社，2015.
[20] 莱克：丰田模式：精益制造的 14 项管理原则：珍藏版［M］. 李芳龄，译. 北京：机械工业出版社，2016.